Le chien andalou

et autres textes poétiques

Préface de Philippe Lançon

Édition de Jordi Xifra

Traduit de l'espagnol par Jean-Marie Saint-Lu

ÉDITION BILINGUE

nrf

GALLIMARD

Ouvrage publié avec le soutien de la Députation provinciale de Teruel.

© 2021, Fondation Centro Buñuel Calanda,
au nom de la succession Luis Buñuel.

© Plon, 1995, pour la traduction française,
à l'exception des poèmes inédits et de « Illisible, fils de flûte ».

© Éditions Gallimard, 2022, pour la préface, la traduction française
des poèmes inédits « L'aveugle aux tortues »
et « Le combat prodigieux entre les cathédrales et les wagonnets »,
et la présente édition.

PREMIERS SOUPIRS

À la fin de sa vie, Luis Buñuel est sourd, presque aveugle, mais il n'est pas amnésique. Dans Mon dernier soupir, *les Mémoires écrits avec son scénariste Jean-Claude Carrière et publiés en 1982, un an avant sa mort, il revient sur ses années surréalistes et résume, avec la netteté qui le caractérise, ce qui lui en reste : « Bien au-delà de toute découverte artistique, de tout affinement de mes goûts ou de ma pensée, c'est une exigence morale claire et irréductible à laquelle j'ai tenté, à travers vents et marées, de rester fidèle. Cette fidélité à une morale précise n'est pas aussi facile à maintenir qu'on pourrait le croire. Elle se heurte sans cesse à l'égoïsme, à la vanité, à la cupidité, à l'exhibitionnisme, à la facilité, à l'oubli. Quelquefois j'ai succombé à une de ces tentations et j'ai violé mes propres règles – pour des choses que je crois de peu d'importance. Dans la plupart des cas mon passage au cœur du surréalisme m'a aidé à résister. Et c'est peut-être ça, au fond, l'essentiel. » Les textes rassemblés dans cette édition sont les premières traces de cette morale.*

Ils seront vite recouverts par les images qui ont fait, à raison, la gloire insulaire du cinéaste. En voici un, « Polissoir miraculeux », écrit par un jeune homme bientôt surréaliste :

Ce paysage est moins gelé sur la glace
que sur les ongles des morts
qui doivent ressusciter
avec les doigts changés en fleurs
en fleurs d'agonie éteinte et de salut

Ou encore, dans « Oiseau d'angoisse » :

quels désirs, quels ardents désirs de mers brisées
changées en nickel
ou en chant œcuménique de ce qui aurait pu être une
tragédie,
naîtront, oiseaux de nos bouches unies,
tandis que la mort entre en nous par nos pieds ?

et cette chute, qui télescope en altitude troupeau et procession :

À six heures on entendit les petites chèvres des Alpes
conduites à l'autel par les moines.

Buñuel craint la mort et l'enfer et ne pense qu'à eux, mais il introduit la vie, dans l'ombre, par ce vitrail particulier qu'est le trou du cercueil.

Quiconque est entré dans ses films comme en terre irréductible d'enfance, terre intime parce que étrangère et étrangère parce que intime, découvrira ou retrouvera dans ce recueil de quoi cette morale est faite : d'un rejet laconique, sarcastique et sans compromis des mensonges de la société, des procédures de soumission qu'elle ne cesse de mettre en œuvre et de justifier par des croyances, des récits exclusifs et cohérents et, pour couronner le tout, de plus ou moins savantes explications. C'est une morale de la révolte et du mystère. Révolte et mystère sont les voies d'accès à la vérité, crue comme un oignon sur une tranche de pain. Ce sont des portes étroites, mais, une fois ouvertes, elles conduisent à l'océan. On ne peut prétendre ni le vider, ni en voir le fond, ni contrôler le vent et les courants qui l'agitent. On peut l'observer, décrire ce qui en sort et qui nous envahit. « J'ai choisi ma place, écrit-il dans Mon dernier soupir, *elle est dans le mystère. Il me reste à le respecter. »*

Comment faire pour respecter le mystère ? Et d'abord, comment ne pas faire ? « La furie de comprendre et par conséquent de rapetisser, de médiocriser – toute ma vie on m'a harcelé de questions imbéciles : pourquoi ceci ? Pourquoi cela ? –, est un des malheurs de notre nature. Serions-nous capables de remettre notre destin au hasard et d'accepter sans défaillance le mystère de notre vie, un certain bonheur pourrait être proche, assez semblable à l'innocence. » Puis : « Quelque part entre le hasard et le mystère se glisse l'imagination, liberté totale de l'homme. Cette liberté, comme les autres, on a essayé de la réduire, de l'effacer. » Libérer l'imagination, jumelle active et jumelle noire de l'innocence : tel est le sens du combat. Un mérite de Buñuel est de rappeler qu'il n'est jamais gagné. Dans ses jeunes années, les forces qui s'opposaient à cette libération étaient puissantes, écrasantes même, mais visibles et fixées. Depuis, elles ont changé. Elles sont plus fluides, apparemment plus ouvertes. Elles ne cessent de produire et de distribuer de l'imagination pour tous afin de mieux étouffer dans l'œuf celle de chacun. Elles ont appris à faire passer pour du sur-mesure leur prêt-à-porter. C'est ainsi qu'elles rapetissent et détruisent, mieux encore que les bourgeois, les contremaîtres et les curés. Pour en prendre conscience, la profondeur de champ de Buñuel n'est pas inutile.

La plupart de ces textes datent donc des années 1920. Le surréalisme naissant y détruit des châteaux en Espagne. Buñuel, fils d'une famille bourgeoise et fortunée de l'Aragon, a entre vingt et trente ans. Il aime les insectes et les armes. La collection de Colt, héritée de son père qui les vendait à Cuba jusqu'à l'indépendance de l'île, ne le quittera jamais. Il a été éduqué chez les jésuites. Il commence des études d'agronomie tout en découvrant la littérature, le cinéma muet. Devenu vieux, il se souvient : « Le cinéma n'était encore qu'un divertissement. Aucun de nous ne pensait qu'il s'agissait là d'un nouveau moyen d'expression, à plus forte raison d'un art. Seules comptaient la poésie, la littérature, la peinture. Jamais, à cette époque-là, je n'ai pensé devenir un jour cinéaste. Comme les autres j'écrivais des poèmes. Le premier qui fut publié, dans la revue Ultra (à moins qu'il ne s'agît d'une autre revue, Horizonte), s'intitulait "Instrumentation" et présentait une trentaine d'instruments de musique. Quelques mots, quelques lignes s'attachaient à chaque instrument. Gómez de la Serna me félicita chaudement pour ce poème. Il est vrai qu'il y reconnaissait facilement son influence. »

Dans « Instrumentation », les instruments deviennent des images, comme dans Pierre et le loup, mais ces images, encore naïves, sont tantôt agressives, tantôt ornementées :

des images de jeune homme insolent et cultivé qui veut foutre en l'air l'orchestre et, plus encore, le public. Violons ? « Demoiselles snobs de l'orchestre, insupportables et pédantes. Scies du son. » Hautbois ? « Bêlement fait bois. Ses ondes, profonds mystères lyriques. Le hautbois a jadis été le frère jumeau de Verlaine. » Violoncelles ? « Rumeurs de mer et de forêt. Sérénité. Yeux profonds. Ils ont la persuasion et la grandeur des discours de Jésus dans le désert. » Jésus ne peut commencer son œuvre que lorsqu'il a refusé les pouvoirs magiques que lui propose le Diable. Buñuel commence la sienne en les acceptant. Il a vingt-deux ans et beaucoup d'imagination.

Ce qu'il écrit dans les années suivantes est, le plus souvent, électrisé par des souvenirs : l'enfance est la seule expérience dont la jeunesse dispose. L'un de ses plus beaux textes est aussi l'un des plus simples. Il décrit la San Valero, à Saragosse. On fête ce martyr, patron de la ville, le 29 janvier. C'est sa sœur que Buñuel fait parler : « On retrouvait la rue San Pablo pleine de gens inhabituels, des baronnes, des comtesses, ces dames Parellada avec de grands chapeaux. Puis, pour entrer dans l'église San Pablo, il fallait descendre quelques marches et à l'intérieur, sur un méchant autel, se trouvait San Valero, qui est un saint noiraud avec un doigt levé et un anneau de cierges. Puis, rentrés à la maison, nous mangions un San Valero *de sucre et tout le monde était très joyeux et très triste. Peut-être parce que c'est ce jour-là que mourut notre grand-père. » La procession de gens inhabituels, le saint noiraud au doigt levé, le saint en sucre qu'on mange : c'est déjà presque* Viridiana *ou* L'Ange exterminateur. *Presque, seulement : l'image réaliste n'a pas rejoint l'étoffe du rêve. Quand elle le fera, il deviendra impossible de différencier la réalité du rêve ; alors, chacun puisera sa force en l'autre, trouvera sa forme par l'autre. L'écrit, chez Buñuel, commence à libérer ce que l'image va construire.*

Étudiant à Madrid, il est influencé par les ultraïstes ; en particulier, comme il le dit, par Ramón Gómez de la Serna, l'auteur des Greguerías. *En voici une, prise au hasard, qui annonce la férocité burlesque et la transparence opaque du cinéaste : « Le Créateur garde les clés de tous les nombrils. » Un nombril ressemble à un coquillage, mais aussi à une serrure. Et qui sait, si on l'ouvrait avec la clé des songes ou avec celles de saint Pierre, ou simplement avec un bon couteau, ce qu'on trouverait à l'intérieur ? Des tripes, certes, mais aussi quelques monstres, que l'on porte malgré soi et en toute ignorance. Goya écrit que le sommeil de la raison engendre des monstres. Buñuel ajoute que le règne de la raison les nourrit en les réprimant. Des monstres sous le nombril, donc ? Ou un plat cuisiné au pinceau par Chirico ? Prenons le scénario d'*Illisible, fils de flûte *(« rime assonante avec fils de pute », lettre du 2 avril 1948). Il date de 1947. Buñuel l'a écrit avec l'écrivain espagnol Juan Larrea, en s'inspirant d'un texte que celui-ci avait écrit en 1927 et qu'il a perdu pendant la guerre civile.*

Un homme rentre chez lui, après avoir assisté au suicide d'un policier, qui s'est tiré une balle dans le palais. Il a récupéré le pistolet. On devine qu'il est au bout du rouleau. Il pense s'endormir avec l'arme, au lit : il arrivera bien quelque chose et ses problèmes seront résolus : « Le pistolet qui a donné la mort à un policier possède à coup sûr un pouvoir spécial. » Dans sa chambre, « on voit une grande statue du Penseur *de Rodin dont la tête est couverte d'un séchoir de salon de coiffure ». Il sort l'arme, sa femme a peur qu'il se tue. Il lui dit de s'en aller, « s'approche alors du* Penseur *de Rodin. Il débranche le casque et le retire avec précaution. Il met une petite clef dans une serrure que la statue a dans l'oreille gauche, puis après l'avoir tournée, il prend un linge pour lui enlever, en faisant bien attention de ne pas se brûler, le couvercle du crâne. Il en retire une colombe rôtie dont la forme rappelle celle d'un cerveau. Il en coupe une aile et un peu de blanc qu'il mange ». Suit un vaudeville fantastique. L'homme prend un téléphone dont le fil sort un miroir et parle à un interlocuteur indéterminé, avant de prendre du véronal. Au réveil – mais dormait-il ? –, il découvre l'amant de sa femme et celle-ci, qui l'a cru mort. Il menace le couple, l'attache pour en faire des siamois qui dansent. Goya avait dessiné ça en le sous-titrant : « Union naturelle sûre ».*

La suite du scénario est tout aussi imprévisible. Plus tard, Buñuel dira à Max Aub à propos de L'Âge d'or, *son deuxième film, interdit pendant un demi-siècle, une chose qui vaut pour* Illisible, fils de flûte *: « Les images naissent des images, s'enchaînent. Ce qui ne veut pas dire que, si j'avais été bon écrivain, je n'aurais pas eu l'idée de faire du cinéma, mais je te l'ai déjà dit, je suis un mauvais écrivain, et j'ai toujours eu besoin de quelqu'un qui m'aide à écrire mes dialogues. » Un producteur américain trouve le scénario « saisissant », mais plein d'incohérences. Buñuel répond qu'on ne peut juger ce qu'il a écrit selon les normes propres au cinéma ordinaire. Il a essayé autre* *chose. Il ne se fait aucune illusion et il a raison : le film ne sera jamais tourné. Ce scénario qu'on lit, c'est le fantôme de la liberté. Buñuel cherchera à lui donner vie dans les années où, parallèlement, après* Los Olvidados *(1951), il est mondialement célébré.*

Vingt ans avant Illisible, fils de flûte, *à la Résidence des étudiants de Madrid, il est devenu l'ami de Dalí et de García Lorca. Paris l'attire et le séduit vite. Il commence par n'y rien faire, puis devient assistant de réalisation. En 1927, il est sur le tournage de* La Sirène des tropiques, *un film avec Joséphine Baker. L'année précédente, il a été assistant de Jean Epstein. Quand celui-ci lui propose de donner un coup de main à Abel Gance, il refuse sous prétexte qu'il le trouve pompier. Epstein rétorque : « Comment un petit con comme vous ose parler ainsi d'un aussi grand metteur en scène ? » Et il le congédie.*

À cette époque, il commence à travailler pour le cinéma. Il veut écrire des scénarios, des réflexions théoriques sur cet art naissant, car, écrit-il à un ami, « en Espagne, pour le cinéma, le champ est vierge. Ce qui existe pour l'instant est tellement putréfié que tout homme sensible s'en éloigne ». La putréfaction revient souvent, par une image ou par une autre, dans ses écrits comme dans ses films. Il a vu son premier mulet mort à huit ans, avec son père : vous en trouverez des traces dans un poème. La charogne n'ouvre sur aucune mélancolie. Elle libère des mouches qui, en bombinant, deviennent ce que l'imagination en fait. La mort n'est pas plus loin du ciel que le sang et la merde, de l'air que signe leur vol.

À dix-sept ans, il a lu Darwin et Nietzsche et perdu la

foi. Vous lirez comment le vent, qui hante et vide les rues d'un village espagnol, peut y transformer les curés en parapluies renversés. Buñuel est un mystique froid. Il observe une société qui grouille, qui l'écœure, rêvant sa vie entière d'une utopie médiévale : pauvreté matérielle, richesse spirituelle. Le monde qui l'entoure et qui se développe se fonde toujours davantage sur le contraire : confort matériel, vide spirituel ; mais, si le vide est pour presque tout le monde, le confort n'est que pour certains ; et la mort, naturellement, est pour tous. Musique : Wagner, Beethoven, Brahms.

En 1929, son premier film réalisé avec Dalí, Un chien andalou, *est projeté au studio des Ursulines. La plupart des surréalistes sont dans la salle. Le film les enthousiasme. Buñuel devient surréaliste et lit, comme il se doit, Lautréamont. Les poèmes en vers et en prose qu'il a écrits peu avant indiquent que chez lui, déjà, le surréalisme tenait l'enfance par la main. Le ciel romantique a des odeurs de bar espagnol :*

Les restes d'étoile accrochés à tes cheveux
crissaient comme des gousses de cacahuètes.

Les images s'associent, comme des malfaiteurs, pour casser la banque où sont stockés les désirs qu'on refoule. Buñuel les vole aux riches pour les donner aux pauvres – aux pauvres que nous sommes :

comme la bouche d'une fille
dont la chevelure est source d'une rivière
dans chaque goutte un petit poisson
dans chaque petit poisson une dent en or

dans chaque dent en or un sourire de quinze ans,
pour que se reproduisent les libellules.

Un vers blanc, puis la libellule se pose sur la rive, dans la chaleur de l'été, et devient petite sirène :

À quoi peut bien penser une pucelle
lorsque le vent découvre ses cuisses ?

Si l'on excepte le roman, vaste et répugnante camisole narrative, forme incurable, il s'essaie comme ses compagnons aux genres qu'il s'agit de subvertir : poèmes en vers, poèmes en prose, théâtre. Les tentatives sont inégales, mais elles révèlent l'enfant qu'il fut, l'homme qu'il est, le cinéaste qu'il va devenir. Il n'est pas inutile de rappeler quel est alors son état d'esprit. Lettre du 17 février 1929 : « Le surréalisme ne fait rien de plus que donner vie à la réalité courante avec toutes sortes de symboles occultes, avec la vie étrange et souterraine de notre subconscient, et que l'intelligence, le bon goût, la merde poétique *traditionnelle étaient parvenus à supprimer entièrement. Voilà pourquoi il est tellement vital, si proche des sources primaires de la vie, du sauvage et de l'enfant.* C'est une réalité authentique, *sans déformation* a posteriori. [...] Il faut combattre *avec tout notre mépris et notre colère toute la poésie traditionnelle depuis Homère jusqu'à Goethe en passant par Gongora* – la bête la plus immonde dont a accouché sa mère – *jusqu'à atteindre les ruineuses déjections de la poétaille d'aujourd'hui. » Tabula rasa, donc. Vaste et emphatique programme dont il sourira plus tard, sans toutefois le renier. La société mérite d'être* détruite avec ses bardes, mais qui peut prétendre y arriver ? Le poète surréaliste dont il paraît le plus proche, dans ses meilleurs textes, me paraît être Benjamin Péret ; lequel vivra également au Mexique, cette terre dure, corrompue et magique où, pour les surréalistes, rêve et réalité s'unissent dans un lit de lumière et de mort. Buñuel et Péret, contrairement aux autres, ne se brouilleront jamais avec André Breton.

À quoi ressemble Buñuel, à trente ans ? Breton parle de sa « fougue », de ses « allures de jeune taureau toujours prêt à foncer sur l'obstacle », de sa « grande intégrité native » et de sa « profonde humanité ». Il lui fait aussitôt, c'est son habitude, un minutieux horoscope, cette carte qui objective le hasard. Il fait 108 pages. Breton se préoccupe de l'avenir de ses amis, puisque c'est un mystère. Au futur cinéaste, il prédit une mort dans les mers du Sud ou par ingestion fautive d'un poison. André Thirion, dans *Révolutionnaires sans révolution*, se rappelle « un garçon athlétique, avec des yeux ronds à fleur de tête, peu bavard, très actif, franc comme l'or et bon comme le pain ». Notez bien ces yeux ronds à fleur de tête, car ils sont aussi, des pétales aux racines, à fleur de peau. Buñuel voit tout, parce qu'il voit sans limite. Dans son regard, la surface rejoint la profondeur.

Il l'explique dans une conférence de 1953, « Le cinéma, instrument de poésie » : « Octavio Paz a dit : "Il suffit qu'un homme enchaîné ferme les yeux pour qu'il puisse faire éclater le monde", et moi, en le paraphrasant, j'ajoute : il suffirait que la paupière blanche de l'écran puisse refléter la lumière qui lui est propre, pour qu'il fasse exploser l'univers. » Évidemment, on pense aussitôt à la *scène qui ouvre* Un chien andalou *: Buñuel, clope au bec, aiguise son rasoir et en teste le tranchant sur l'ongle et sur un air de tango ; puis il sort sur le balcon, regarde la nuit, la lune, le nuage qui la traverse, comme un loup-garou, et, avec le rasoir, tranche l'œil d'une femme assise, qui était en réalité un œil de veau mort. « D'ailleurs, on s'y est mal pris, dit-il bien des années plus tard à son ami l'écrivain Max Aub, coscénariste de* Los Olvidados. *On lui a mis du rimmel sur les cils. Mais on aurait pu le faire avec un veau vivant. Enfin, ç'a eu beau être mal fait, comme ce qui vient après frappe très fort, le public ne se rend pas compte. »*

*La gestation d'*Un chien andalou, *premier film réalisé avec Dalí en 1929, informe sur les poèmes qu'il a écrits au même moment, sur ce qu'ils cherchent et sur ce qui leur manque. Ce qu'ils cherchent : « Un équilibre instable et invisible entre rationnel et irrationnel, tel qu'à travers ce dernier nous puissions comprendre l'inintelligible, unir le rêve et la réalité, le conscient et l'inconscient, en dehors de tout symbolisme. Il ne s'agissait pas de lier une image à une autre en fonction de la raison ou de l'absence de raison, mais, exclusivement, de trouver une continuité qui soit satisfaisante pour notre inconscient sans léser le conscient et, d'autre part, qui n'ait pas de rapport direct avec le rationnel. » Ce qui leur manque : « Nous avons fait le script en dix jours, en éliminant tout ce qui pouvait être associations à peu près normales, souvenirs ou logique. Par exemple, il prend un paquet de Gitanes, le pose sur une table basse. Et moi, je dis : "Maintenant, à la place du paquet, il y a un crapaud." Éliminé : c'est mauvais. Pas de magie. Non. Rien que des choses qui nous faisaient* *plaisir, qui ne signifiaient rien, des images que nous aimions. Sur six, on en éliminait cinq. Les premières nous sont venues très facilement. » Le cinéaste va conduire le poète vers la sobriété.*

Vous lirez ici non seulement le scénario du film, qui éclaire (un peu) ce que l'on voit, mais aussi le livre de poèmes que Buñuel écrit au même moment, et qui, après avoir eu un autre titre, Polismos *(Polismes : multiplication des « ismes »), porte celui du film.* Un chien andalou *fait-il allusion à García Lorca, originaire de Grenade ? Ceux qui sont hostiles à Buñuel, à sa brutalité et à son peu de goût pour les homosexuels, l'affirment. C'est possible, car Buñuel a eu parfois des mots très durs pour les poèmes de Lorca, mais ce n'est pas intéressant : c'est une explication psychologique, donc une tentative de soumission. Dans une lettre du 10 février 1929, il écrit à son ami José Bello que ce titre « nous a fait pisser de rire, Dalí et moi, lorsque nous l'avons trouvé. Je dois noter qu'il n'y a pas de chien dans le livre. Mais il fait très bonne impression et a l'air docile. En plus de souriant et idiot ». Parle-t-il du chien qui n'existe pas, du livre qui existe ? On ne le saura pas, et tant mieux.*

Il recopie ensuite pour son correspondant l'un de ses poèmes, « L'arc-en-ciel et le cataplasme ». Quelques questions essentielles y sont posées :

Est-ce qu'une touche est un pou ?
M'enrhumerai-je sur les cuisses de ma maîtresse ?
Le Pape excommuniera-t-il les femmes enceintes ?
Un policier sait-il chanter ?
Les hippopotames sont-ils heureux ?
Les pédérastes sont-ils marins ?
Et ces questions, sont-elles faciles elles aussi ?

Le pire serait de fournir des réponses, qui ne seraient que les réponses des autres. Les mots transforment les pulsions en questions. L'image va transformer les questions en actions.

L'œil de femme et de veau tranché conduit à un autre poème, l'un des plus remarquables, « Cela ne me semble ni bien ni mal », écrit peu avant la réalisation du film. Il débute ainsi :

Je crois que parfois nous contemplent
par-devant par-derrière par les côtés
des yeux rancuniers de poule
plus terribles que l'eau croupie des grottes
incestueux comme les yeux de la mère
morte sur l'échafaud

Les yeux de poule resurgissent vingt-cinq ans plus tard dans Los Olvidados. *L'image du volatile rythme la descente aux enfers des gamins de Mexico. À partir d'elle, un écrivain et critique, Claude Mauriac, se lance dans l'analyse psychologique du cinéaste. Il parle de sa « nostalgie passionnée de la pureté et sa complaisance, jusqu'à satiété, envers la douleur ». L'ayant lu, Buñuel écrit à un ami, en décembre 1951, ces mots qui indiquent combien le libertaire est devenu un professionnel :*

« Je regrette de décevoir un aussi fin psychanalyste, mais il n'y a dans mes films pas un seul élément qui ne soit utilisé de manière froide et calculée pour obtenir l'effet désiré. Par exemple les moments de cruauté et les éléments obsessionnels comme […] l'interpolation constante de la

poule, etc., ont été "vicieusement" employés pour renforcer l'action dramatique par laquelle le spectateur devait sentir que nous ne vivons pas dans le meilleur des mondes, et que notre réalité n'est ni si fixe ni si certaine qu'il pourrait le croire. » Il conclut : « Personnellement, je ne peux voir souffrir une mouche, comme on dit vulgairement, mais si je parviens à faire croire au spectateur qu'on la martyrise et que le bourreau est à la solde d'une société aussi amoureuse de la guerre que la nôtre, je trouverai justifié le martyre fictif de cette mouche. »

Si les insectes sont aussi fascinants, c'est parce qu'ils sont à la fois une réalité et une métaphore parfaites, parfaites et silencieuses. Dans Un chien andalou, *les fourmis qui sortent du trou de la main sont de vraies fourmis. Le 22 mars 1929, Buñuel écrit de Paris à Dalí : « Toi, vas-y, tu peux te charger des fourmis. Ici, c'est impossible d'en trouver. Tâche d'en trouver le jour même de ton voyage, et, en arrivant à Paris, tu les apportes aussitôt au studio où je les filmerai. [...] Il dépend de toi que je ne fasse pas sortir du trou de la main des chenilles, des mouches ou des lapins. Tu peux transporter les fourmis dans une petite boîte en bois bien fermée, sauf un petit trou couvert d'une fine toile métallique. À l'intérieur, mets du coton. Comme tu les attraperas le jour de ton départ, je pense qu'elles pourront survivre deux jours. » Finalement, comme Dalí n'est bon à rien, Buñuel en trouvera grâce au Muséum d'histoire naturelle.*

Les fourmis, les mouches... A-t-il lu les Souvenirs entomologiques *de Jean-Henri Fabre ? A-t-il lu ceci à propos des lucilies, mouches qui luisent : « On éprouve quelque surprise à voir si riche costume orner ces ouvriers de la putréfaction » ? À Max Aub, il dit qu'il peut « rester je ne sais combien de temps à regarder une mouche. Un scarabée, je le contemplerais des heures. Je ne sais pas, pour moi c'est le mystère de la vie. L'incompréhensible. Quelque chose qui est "au-delà" ». Cet « au-delà », Julio Cortázar le sent et le lui écrit, le 30 novembre 1962, dans une lettre admirative : « Dans le cinéma que vous faites, il y a toujours ce trou vertigineux dans la réalité, cette ombre d'autre chose qui, en définitive, est la seule chose qui compte pour un poète. » À la fin du poème, les yeux rancuniers de poule deviennent le regard d'un enfant de la campagne :*

Je crois que s'il me naissait un fils
il resterait éternellement à regarder
les bêtes qui copulent à la tombée du jour

La violence du désir rejoint son innocence ; et c'est l'imagination qui l'élève.

C'est au moment où il réalise les chefs-d'œuvre des années soixante et soixante-dix, de Tristana *au* Charme discret de la bourgeoisie, *que Buñuel affirme avoir « pleinement compris et accepté l'innocence de l'imagination » : « Il m'a fallu tout ce temps pour admettre que ce qui se passait dans ma tête ne regardait que moi, qu'il ne s'agissait en aucune façon de ce qu'on appelait "des mauvaises pensées", en aucune façon d'un péché, et qu'il fallait laisser aller où bon lui semblerait mon imagination, même sanglante et dégénérée. Depuis lors j'accepte tout, je me dis : "Bon, je couche avec ma mère, et alors ?" et presque aussitôt les images du crime et d'inceste me quittent, chassées par mon indifférence. L'imagination est notre premier privilège. Inexplicable comme le hasard qui la provoque. » Il a fallu une vie pour donner forme entière à cette découverte dont on lit ici les prémices.*

Luis Buñuel est mort à quatre-vingt-trois ans, au Mexique. Un an plus tôt, il écrivait à l'acteur Francisco Rabal (qui jouera ensuite Goya devenu vieux, exilé et solitaire dans un film de Carlos Saura) : « Je ne sors plus sous aucun prétexte de chez moi. Parfois, un ami me rend visite. Le reste du temps, je le passe en bêtises, dans l'infecte société humaine, là où elle nous entraîne. Aussitôt, pour oublier, je me sers un Martini. »

PHILIPPE LANÇON

LE CHIEN ANDALOU

ME GUSTARÍA PARA MÍ

Lágrimas o sauce sobre la ribera
de dientes de oro
de dientes de polen
como la boca de una muchacha
de cuyos cabellos brotaba el río
en cada gota un pececillo
en cada pececillo un diente de oro
en cada diente de oro una sonrisa de quince años,
para que se reproduzcan las libélulas

¿En qué puede pensar una doncella
cuando el viento le descubre los muslos?

J'AIMERAIS POUR MOI

Larmes ou saule sur la berge
aux dents en or
aux dents de pollen
comme la bouche d'une fille
dont la chevelure est source d'une rivière
dans chaque goutte un petit poisson
dans chaque petit poisson une dent en or
dans chaque dent en or un sourire de quinze ans,
pour que se reproduisent les libellules

À quoi peut bien penser une pucelle
lorsque le vent découvre ses cuisses ?

POLISOIR *MILAGROSO*

En invierno caen al mar los gritos de los semáforos
acribillados de viento y de crucifixión
Un barco puede naufragar en una gota de mi sangre
de mi sangre cuando cae sobre el pecho
de una marquesa Luis XV de espuma

Ese paisaje se hiela menos sobre el espejo
que sobre las uñas de los muertos
que han de resucitar
con los dedos convertidos en flores
en flores de agonía extinta y de salvación

Partida como un valle de Josafat
les espera la raya de mi cabeza
Mientras Cristo condena
la Virgen María en peinador blanco
dará un pedazo de pan a los condenados
y pondrá un pájaro de caricias
en la frente de los que se salven

POLISSOIR MIRACULEUX

En hiver les cris des sémaphores tombent à la mer
criblés de vent et de crucifixion
Un bateau peut faire naufrage dans une goutte de mon
 sang
de mon sang quand il tombe sur le sein
d'une marquise Louis XV d'écume

Ce paysage est moins gelé sur la glace
que sur les ongles des morts
qui doivent ressusciter
avec les doigts changés en fleurs
en fleurs d'agonie éteinte et de salut

Partagée comme une vallée de Josaphat
la raie de ma tête les attend.
Tandis que le Christ condamne
la Vierge Marie en peignoir blanc
donnera un morceau de pain aux condamnés
et posera un oiseau de caresses
sur le front de ceux qui seront sauvés

NO ME PARECE NI BIEN NI MAL

Yo creo que a veces nos contemplan
por delante por detrás por los costados
unos ojos rencorosos de gallina
más temibles que el agua podrida de las grutas
incestuosos como los ojos de la madre
que murió en el patíbulo
pegajosos como un coito
como la gelatina que tragan los buitres

Yo creo que he de morir
con las manos hundidas en el lodo de los caminos

Yo creo que si me naciese un hijo
se quedaría mirando eternamente
las bestias que copulan en los atardeceres

CELA NE ME SEMBLE NI BIEN NI MAL

Je crois que parfois nous contemplent
par-devant par-derrière par les côtés
des yeux rancuniers de poule
plus terribles que l'eau croupie des grottes
incestueux comme les yeux de la mère
morte sur l'échafaud
poisseux comme un coït
comme la gélatine qu'avalent les vautours

Je crois que je mourrai
les mains enfouies dans la boue des chemins

Je crois que s'il me naissait un fils
il resterait éternellement à regarder
les bêtes qui copulent à la tombée du jour

AL METERNOS EN EL LECHO

Los restos de estrella que quedaron entre tus cabellos
crujían como cáscaras de cacahuete
la estrella cuya luz descubriste
hace ya un millón de años
en el instante mismo en que nacía
un diminuto niño chino

«LOS CHINOS SON LOS ÚNICOS QUE NO TEMEN
LOS FANTASMAS
QUE TODAS LAS NOCHES A LAS DOCE NOS SALEN DE
LA PIEL»

Es lástima que la estrella
no supiera fecundar tus senos
y que el pájaro de la lámpara de aceite
la picotease como a una cáscara de cacahuete
tus miradas y las mías dejaron en tu vientre
un signo futuro y luminoso de multiplicación

EN NOUS METTANT AU LIT

Les restes d'étoile accrochés à tes cheveux
crissaient comme des gousses de cacahuètes
l'étoile dont tu découvris la lumière
voici déjà un million d'années
à l'instant même où naissait
un tout petit enfant chinois

« LES CHINOIS SONT LES SEULS À NE PAS AVOIR
PEUR DES FANTÔMES
QUI SORTENT DE NOTRE PEAU TOUS LES SOIRS À
MINUIT »

Quel dommage que l'étoile
n'ait pas su féconder tes seins
et que l'oiseau de la lampe à huile
l'ait picorée comme une gousse de cacahuète
tes regards et les miens ont laissé dans ton ventre
un signe futur et lumineux de multiplication

HISTORIA DECENTE

Carmencita era muy dócil. La inocencia de Carmencita era proverbial. Su madre velaba por ella noche y día y ponía frente a su hija la muralla de su vigilancia, contra las añagazas del mundo. La madre, al llegar Carmencita a los doce años, se mostraba preocupadísima. «El día que mi hija menstrúe por primera vez *—pensaba—, adiós su dorada inocencia». Pero llegó a resolver el problema. Cuando vio ponerse pálida a Carmencita* por primera vez, *se echó a la calle como una loca y a poco volvía con un gran ramo de flores rojas. «Toma, hija mía, toma; ahora empiezas a ser mujer». Y Carmencita engañada y contenta con aquellas maravillosas flores rojas se olvidó de menstruar. Todos los meses, doce veces por año, durante muchos años, Carmencita fue así engañada y preservada de la ruin verdad. Con las ojeras precursoras* del 30 *de cada mes, su madre le ponía en las manos las flores rojas.*

Carmencita cumplió los cuarenta años. Su madre, ya muy anciana, le llamaba aún Carmencita, pero todos la nombraban doña Carmela. En esa edad,

HISTOIRE DÉCENTE

Carmencita était très docile. L'innocence de Carmencita était proverbiale. Sa mère veillait sur elle jour et nuit, et dressait devant sa fille la muraille de sa vigilance, contre les appeaux du monde. Carmencita allait avoir douze ans, et sa mère était fort préoccupée. « Le jour où ma fille aura ses règles *pour la première fois*, se disait-elle, adieu à son innocence dorée. » Mais elle parvint à résoudre le problème. Lorsqu'elle vit Carmencita pâlir *pour la première fois*, elle se lança dans la rue comme une folle, et en revint peu après avec un gros bouquet de fleurs rouges. « Tiens, ma fille, prends, voilà que tu commences à être femme. » Et Carmencita, trompée et contente de recevoir ces merveilleuses fleurs rouges, oublia d'avoir ses règles. Tous les mois, douze fois par an, durant de nombreuses années, Carmencita était trompée de la même façon et préservée de la vile vérité. Dès qu'elle voyait ses cernes précurseurs *du 30* de chaque mois, sa mère lui remettait son bouquet de fleurs rouges.

Carmencita eut quarante ans. Sa mère, très vieille désormais, continuait à l'appeler Carmencita, mais tous les autres l'appelaient doña Carmela. À cet âge-là,

llegó un mes en que Carmencita ya no tuvo ojeras y entonces su madre le regaló un bouquet *de flores blancas. «Toma, hija mía, es el último ramo que te ofrezco, ya has dejado de ser mujer». Carmencita se sublevó. «Pero, mamá, si no me he enterado de que lo he sido». A lo que la madre respondió: «Tanto peor para ti, hija mía». Aquel* bouquet *blanco, ya marchito, deshojado, esparcido, seco, fue el que pusieron en el ataúd de Carmencita.*

HISTORIA INDECENTE

A Mariquita, cuando llegó a la edad crítica, su madre quiso hacerle lo mismo que hiciera la de Carmencita, y cuando la vio ponerse ojerosa y pálida, le regaló un bouquet *de rosas rojas. Pero Mariquita era mucho más descarada que Carmencita. Cogió el* bouquet, *abrió la ventana, arrojó por ella las flores y se puso a menstruar como Maruja, la que tú, Pepín, viste concursar en aquel concurso inolvidable.*

un mois arriva où Carmencita n'eut pas de cernes, et sa mère alors lui offrit un *bouquet* de fleurs blanches. « Prends, ma fille, voici le dernier bouquet que je t'offre, tu as cessé d'être femme. » Carmencita s'indigna. « Mais maman, je ne me suis même pas aperçue que j'en étais une. » Ce à quoi sa mère répondit : « Tant pis pour toi, ma fille. » Ce fut ce *bouquet* blanc, fané, effeuillé, disséminé, sec, que l'on plaça dans le cercueil de Carmencita.

HISTOIRE INDÉCENTE

Lorsque Mariquita atteignit l'âge critique, sa mère voulut faire avec elle la même chose que celle de Carmencita, et quand elle la vit pâlir et avoir des cernes sous les yeux, elle lui offrit un *bouquet* de roses rouges. Mais Mariquita était beaucoup plus effrontée que Carmencita. Elle prit le *bouquet*, ouvrit la fenêtre, jeta les fleurs dehors, et eut ses règles comme cette Maruja, que toi, Pepín, tu as vue concourir dans cet inoubliable concours.

CAVALLERIA RUSTICANA

En medio de la tarde truncada sin paisaje ni remota luna un árbol seco crispaba sus implorantes ramas, tendiéndolas hacia el espejo inflexible del cielo que reproducía hasta el infinito aquel atroz gesto.

Sobre la cuerda intacta del horizonte, tres pastores inmóviles sin conciencia ni cayado, ponían una enigmática viñeta al increíble atardecer.

¿Por qué los dos sutiles remos de la tarde —luz y sombras— no surcan aires ni estilizan formas?

La desolación sollozaba entrecortadamente y en el más lejano rincón del cielo una estrella exhalaba el último suspiro.

Ni una casa, ni un vuelo, ni un arroyo.

Éramos tres hermanos. Él, Ella y Yo.

ÉL = ELLA

ELLA = YO

ÉL = YO

Éramos tres gemelos. Bajo nuestro techo nunca besos de cristal florecieron en nuestras frentes. Es triste y humillante hablar de ello pero éramos tres gemelos partenogenéticos.

CAVALLERIA RUSTICANA

Au milieu du soir tronqué sans paysage ni lune lointaine un arbre sec crispait ses branches implorantes, et les tendait vers le miroir inflexible du ciel qui reproduisait à l'infini ce geste atroce.

Sur la corde intacte de l'horizon, trois bergers immobiles, sans conscience ni houlette, mettaient une énigmatique vignette sur l'incroyable couchant.

Pourquoi les deux subtils avirons du soir – lumière et soleil – ne fendent-ils pas les airs et ne stylisent-ils pas de formes ?

La désolation émettait des sanglots hachés et dans le coin le plus éloigné du ciel une étoile exhalait un dernier soupir.

Pas une maison, pas un vol, pas un ruisseau.

Nous étions trois frères. Lui, Elle et Moi.

LUI = ELLE

ELLE = MOI

LUI = MOI

Nous étions trois jumeaux. Chez nous, jamais ne fleurirent de baisers de cristal sur nos fronts. Il est triste et humiliant d'en parler, mais nous étions trois jumeaux parthénogénétiques.

He aquí lo que sucedió una tarde, mejor aún aquella *tarde truncada sin paisaje ni remota luna.*

Durante largo tiempo hasta casi perderlo de vista, mi hermana asomada al gótico ventanal, única luz solitaria de la estancia le había dicho adiós con la blanda caricia de su pañolillo. Luego se había sentado junto al hogar y allí hilando había diluido las horas con sus miradas, siempre con rumor de arroyos, siempre vírgenes como convenía a su condición de doncella.

Sin embargo, de su corazón pesaba el negro presentimiento de la tarde, con el monótono e inflexible oscilar de un péndulo.

De pronto ladró el jardín. Alguien marchaba por la avenida.

¡Ah!... Por fin.

Volvió ÉL. *Eran las seis y pico del tiempo. Pero volvió sin* ELLA. *¿Dónde la había dejado? ¿Qué hizo de su casta alegría? ¿En qué hosco minuto se unió* ELLA *para siempre con la tarde hermética, escalofriante, irremediable como el pasado?*

Despavorido, conteniendo la respiración le vi entrar sin preguntárselo. En sus ojos temblaba aún el último estertor del día.

Mi hermano dejó caer en un rincón su viejo fusil árabe y se puso a sollozar junto al fuego.

¡Qué angustia Dios mío!

—Hermano es posible que tú, a ELLA, *a nuestra hermana...*

Sin exhalar un grito, retorcíase de dolor. Las lágrimas rodaban caudalosas por su rostro

Voici ce qui arriva un soir, ou plutôt *ce* soir tronqué sans paysage ni lune lointaine.

Durant un long moment presque, jusqu'à ce qu'elle l'eût perdu de vue, ma sœur, penchée à la gothique fenêtre, unique lumière solitaire de la salle, lui avait fait au revoir de la blanche caresse de son mouchoir. Puis elle s'était assise près du foyer et là, filant, elle avait dilué les heures de ses regards, toujours avec une rumeur de ruisseau, des regards toujours vierges, comme il convenait à sa condition de jeune fille.

Cependant, sur son cœur pesait le noir pressentiment du soir, avec le monotone et inflexible balancement d'un pendule.

Soudain, le jardin aboya. Quelqu'un marchait dans l'avenue.

Ah !... Enfin.

IL revint. Il était six heures et quelques du temps. Mais il revint sans ELLE. Où l'avait-il laissée ? Qu'avait-il fait de sa chaste allégresse ? À quelle sombre minute ELLE s'était-elle unie pour toujours au soir hermétique, terrifiant, irrémédiable comme le passé ?

Épouvanté, retenant ma respiration, je le vis entrer sans le lui demander. Dans ses yeux tremblait encore le dernier râle du jour.

Mon frère laissa tomber dans un coin son vieux fusil arabe et se mit à sangloter près du feu.

Quelle angoisse, mon Dieu !

— Mon frère, est-il possible que toi, tu aies... ELLE, notre sœur...

Sans exhaler le moindre cri, il se tordait de douleur. Des larmes torrentielles coulaient sur son visage,

mas antes de caer a tierra se le iban cuajando por las mejillas, por el pecho. Eran lágrimas ardientes, lágrimas de cera y el arrepentimiento vivo como una llama temblando sobre su cabeza. Ya todo él se derretía como un grueso cirio.

Atadas, codo con codo, entraban en la estancia las tinieblas.

mais avant de tomber à terre elles se figeaient sur son visage, sur sa poitrine. C'étaient des larmes ardentes, des larmes de cire, et le repentir vif comme une flamme tremblait sur sa tête. Déjà il fondait tout entier comme un gros cierge.

Liées entre elles, coude à coude, les ténèbres entraient dans la pièce.

MÉNAGE À TROIS

Por mucho que lo intenté no pude ver el rostro del chofer, algo así como un cosaco que conducía nuestro auto. Junto a mi viajaba una mujer enlutada de una distinción de diosa, de una palidez de alba. No la conocía. No la había visto nunca. Pero sentía despertarse mi piel empapada de lujuria. Atravesábamos un paisaje sin cielo, sin cielo hasta perderse de vista. La tierra se hallaba cubierta de flores negras que exhalaban un penetrante aroma a alcoba de mujer.

Mi desconocida mandó detener al chofer junto a un gran lago repleto, un lagrimal repleto de angustia. «Este es —me dijo— el lagrimal repleto lago de angustia». No la hice caso ocupado como me hallaba ahora en besarle el pecho entre los senos que ella ocultaba con las manos, llorando sin consuelo, sin fuerzas casi para defenderse de mi lascivia.

Hasta nosotros llegó el chofer con la gorra en la mano no sé a qué. Creí reconocer su rostro y ya no me cupo duda sobre su personalidad cuando con una sonrisa exclamó: «Lago, amigo mío». Loco de contento repuse: «Eres tú, mi lago amigo viejo lagrimal».

MÉNAGE À TROIS

Malgré tous mes efforts, je ne pus voir le visage du chauffeur, une espèce de cosaque qui conduisait notre voiture. À côté de moi voyageait une femme en deuil qui avait une distinction de déesse, une pâleur d'aube. Je ne la connaissais pas. Je ne l'avais jamais vue. Mais je sentais ma peau se réveiller, imbibée de luxure. Nous traversions un paysage sans ciel, sans ciel à perte de vue. La terre était couverte de fleurs noires qui exhalaient un pénétrant parfum d'alcôve féminine.

Mon inconnue demanda au chauffeur de s'arrêter au bord d'un grand lac plein, d'un lacrymal plein d'angoisse. « Voici, me dit-elle, le lac lacrymal rempli d'angoisse. » Je ne fis pas cas de ce qu'elle me disait, occupé que j'étais alors à lui embrasser la poitrine, entre ses seins qu'elle cachait de ses mains, pleurant de façon inconsolable, sans force presque pour se défendre de ma lascivité.

Le chauffeur vint à nous, sa casquette à la main, je ne sais pour quelle raison. Je crus reconnaître son visage et je n'eus plus aucun doute sur sa personnalité quand, avec un sourire, il s'exclama : « Lac, mon ami. » Fou de joie, je répondis : « C'est toi, mon vieil ami le lac lacrymal. »

Con qué alborozo nos acogimos abrazándonos con una alegría de resurrección de los muertos.

Junto a nosotros acababa de detenerse un entierro. Amortajada en el ataúd yacía la dama desconocida de momentos antes. ¡Pálida flor de carne sin saber cantar! Aún resbalaba por su mejilla la última lágrima detenida milagrosamente en el pómulo como un pájaro en la rama.

Mi amigo se precipitó a ella y la besó frenéticamente en los labios, en los labios que de lívidos fueron insensiblemente transformándose en verdes, luego en rojos, luego en fuego, luego en infierno.

Comencé a sentir un odio mortal por el chofer que ya no era mi amigo. Comencé a sentir una repugnancia sin límites por aquel gusto de limón en llamas que debían dejar en sus labios los labios insepultos de la desconocida.

Avec quelle joie nous étreignîmes-nous tous les trois, une allégresse de résurrection des morts.

Près de nous venait de s'arrêter un enterrement. Ensevelie dans le cercueil gisait la dame inconnue de l'instant précédent. Pâle fleur de chair qui ne savait pas chanter ! Sa dernière larme glissait encore le long de sa joue, miraculeusement arrêtée sur sa pommette, comme un oiseau sur la branche.

Mon ami se précipita vers elle et l'embrassa frénétiquement sur les lèvres, sur ses lèvres qui de livides qu'elles étaient devinrent insensiblement vertes, puis rouges, puis des lèvres de feu, puis un enfer.

Je commençai à ressentir une haine mortelle pour le chauffeur qui n'était plus mon ami. Je commençai à ressentir une répugnance sans limites pour ce goût de citron en flammes que devaient laisser sur ses lèvres les lèvres sans sépulture de l'inconnue.

REDENTORA

Me hallaba en el jardín nevado de un convento. Desde un claustro próximo me contemplaba curiosamente un monje de San Benito, que llevaba sujeto por una cadena un gran mastín rojo. Sentí que el fraile quería lanzarlo contra mí, por lo que, lleno de temor me puse a danzar sobre la nieve. Primero, suavemente. Luego, a medida que crecía el odio en los ojos de mi espectador, con furia, como un loco, como un poseído. La sangre me afluía a la cabeza, cegándome en rojo los ojos, de un rojo idéntico al del mastín. Terminó por desaparecer el fraile y por fundirse la nieve. El rojo carnicero se había desvanecido en un inmenso campo de amapolas. Por entre los trigos, bañados en luz primaveral, venía ahora, vestida de blanco, mi hermana, trayéndome una paloma de amor en sus manos alzadas. Era justo mediodía, el momento en que todos los sacerdotes de la tierra levantan la hostia sobre los trigos.

Recibí a mi hermana con los brazos en cruz, plenamente liberado, en medio de un silencio augusto y blanco de hostia.

RÉDEMPTRICE

Je me trouvais dans le jardin enneigé d'un couvent. D'un cloître voisin un moine de saint Benoît, qui tenait un grand mâtin rouge au bout d'une chaîne, me contemplait curieusement. Je sentis que le moine voulait lancer son chien contre moi, alors mort de peur je me mis à danser sur la neige. Doucement d'abord. Puis, à mesure que la haine grandissait dans les yeux de mon spectateur, avec fureur, comme un fou, comme un possédé. Mon sang m'affluait à la tête et m'aveuglait les yeux de rouge, d'un rouge identique à celui du mâtin. Le moine finit par disparaître et la neige par fondre. Le boucher rouge s'était évanoui dans un immense champ de coquelicots. Entre les blés baignés de lumière printanière venait maintenant ma sœur, vêtue de blanc, qui m'apportait une colombe d'amour entre ses mains dressées. Il était juste midi, le moment où tous les prêtres de la terre élèvent l'hostie au-dessus des blés.

J'accueillis ma sœur les bras en croix, pleinement délivré, au milieu d'un silence d'hostie auguste et blanc.

BACANAL

Carnero de 125 pesetas,
rizado abundoso, manual como el vientre
de la mujer de 150 pesetas;
los panes que come el pobre
pueden amasarse de ese vientre
y cocerse con fuego de pulgares.
Cuando cruzamos los pulgares para formar un aspa
se renueva el martirio de San Bartolomé,
que, como se supo después, era un diablo
o un fauno
que se reía de la cruz.
Al morir se lo comieron unas hormigas de oro,
de carne de mora,
de culo de bayadera.
San Bartolomé y el fauno danzaban
cuando las piedras salían disparadas de la tierra
como besos tirados con la punta de los dedos.
De la tumba de San Bartolomé sale una espiga de bronce
por cada beso que pudo y no quiso robar.

BACCHANALE

Mouton à 125 pésètes,
frisé abondant, manuel comme le ventre
de la femme à 150 pésètes ;
les pains que mange le pauvre
peuvent être pétris avec ce ventre
et cuits avec un feu de pouces.
Quand nous croisons les pouces pour former une croix
se renouvelle le martyre de saint Barthélemy,
qui, comme on le sut plus tard, était un diable
ou un faune
qui se moquait de la croix.
Quand il mourut il fut mangé par des fourmis d'or,
de chair de Maure,
de cul de bayadère.
Saint Barthélemy et le faune dansaient
quand les pierres jaillissaient de la terre
comme des baisers lancés du bout des doigts.
De la tombe de saint Barthélemy sort un épi de bronze
pour chaque baiser qu'il aurait pu et n'a pas voulu
voler.

OLOR DE SANTIDAD

Alguien me dio un empujón fatal. Comencé a deslizarme a una velocidad vertiginosa por un tobogán vertiginoso. Acelerado matemáticamente. Interplanetariamente. Tendido en los 45°, con la sensación de haberme convertido en uno de esos tornillos que sueltan las estrellas precipitados a un millón de vueltas por segundo. Todo vorágine, vueltas, siseos, gritos, flechazos, estómago en garganta, hurras de muchedumbre, gloria, suspensión, temor, frío.

¡Que me estrello! ¡Que me estrello!

Pero nunca llegaba el final de mi caída. Cada vez me sentía más desenfrenado tobogán dentro del tobogán.

Vueltas de peonza de enésima magnitud.

Descenso de columna de termómetro.

Frío de millones de estrellas perforando mi nariz.

La gravitación era tan exagerada que me eché a reír.

¡Hala! ¡Hala! — gritaba la muchedumbre por momentos más enfurecida.

Los siglos se hacían segundos en aquel tobogán rayado como un máuser.

Cuando ya desesperaba de encontrar reposo,

ODEUR DE SAINTETÉ

Quelqu'un me donna une poussée fatale. Je commençai à glisser à une vitesse vertigineuse sur un toboggan vertigineux. Subissant une accélération mathématique. Interplanétaire. Tendu à 45 ° avec l'impression d'avoir été changé en l'une de ces vis que perdent les étoiles et qui se précipitent à un million de tours à la seconde. Tout n'était en moi que tourbillon, tours, sifflements, cris, pointes de flèches, estomac dans la gorge, hourras de foule, gloire, suspension, crainte, froid.

Je m'écrase ! Je m'écrase !

Mais je n'arrivais jamais au bout de ma chute. Je me sentais de plus en plus comme un toboggan sans freins à l'intérieur du toboggan.

Tours de toupie de énième magnitude.

Descente de colonne du thermomètre.

Un froid de millions d'étoiles me perforant la pointe du nez.

La gravitation était si exagérée que je me mis à rire.

Allez ! Allez ! me criait la foule par moments en fureur.

Les siècles passaient comme des secondes sur ce toboggan rayé comme un mauser.

Alors que je désespérais de trouver le repos

produjose una terrible explosión como cuando estalla el planeta Saturno en un tranvía lleno de gente.

Sentí de pronto una languidez ecuatorial. Un manto de armiño puesto amorosamente sobre los hombros. Un sosegarse de todas mis vísceras, hasta entonces con los pelos de punta. Una somnolencia. Una mano o un ala que se posaba en mi frente. Y una voz eterna que decía: «Ya puedes morir».

Y sentí la entrada de la muerte, de mi muerte, que era como la primera sonrisa de un niño.

se produisit une terrible explosion, comme si la planète Saturne s'était écrasée sur un tramway rempli de gens.

Je ressentis soudain une langueur équatoriale. Un manteau d'hermine amoureusement jeté sur mes épaules. Un calme de tous mes viscères jusqu'ici hérissés. Une somnolence. Une main ou une aile qui se posait sur mon front. Et une voix éternelle qui disait : « Maintenant tu peux mourir. »

Et je sentis l'entrée de la mort, de ma mort qui était comme le premier sourire d'un enfant.

EL ARCO IRIS Y LA CATAPLASMA

¿Cuántos maristas caben en una pasarela?
Cuatro o cinco
¿Cuántas corcheas tiene un tenorio?
1.230.424
Estas preguntas son fáciles

¿Una tecla es un piojo?
¿Me constiparé en los muslos de mi amante?
¿Excomulgará el Papa a las embarazadas?
¿Sabe cantar un policía?
¿Los hipopótamos son felices?
¿Los pederastas son marineros?
Y estas preguntas, ¿son también fáciles?

Dentro de unos instantes vendrán por la calle
dos salivas de la mano
conduciendo un colegio de niños sordomudos

¿Sería descortés si yo les vomitara un piano
desde mi balcón?

L'ARC-EN-CIEL ET LE CATAPLASME

Combien tient-il de maristes sur une passerelle ?
Quatre, ou cinq
Combien de croches a un don Juan ?
1 230 424
Ce sont des questions faciles

Est-ce qu'une touche est un pou ?
M'enrhumerai-je sur les cuisses de ma maîtresse ?
Le Pape excommuniera-t-il les femmes enceintes ?
Un policier sait-il chanter ?
Les hippopotames sont-ils heureux ?
Les pédérastes sont-ils marins ?
Et ces questions, sont-elles faciles elles aussi ?

Dans quelques instants passeront dans la rue
deux salives se tenant par la main
et conduisant un collège de jeunes sourds-muets

Serait-ce discourtois si je vomissais sur eux un piano
de mon balcon ?

PALACIO DE HIELO

Los charcos formaban un dominó decapitado de edificios de los que uno es el torreón que me contaron en la infancia de una sola ventana tan alta como los ojos de madre cuando se inclinan sobre la cuna.

Cerca de la ventana pende un ahorcado que se balancea sobre el abismo cercado de eternidad, aullado de espacio. SOY YO. Es mi esqueleto del que ya no quedan sino los ojos. Tan pronto me sonríen, tan pronto me bizquean, tan pronto SE ME VAN A COMER UNA MIGA DE PAN EN EL INTERIOR DEL CEREBRO. La ventana se abre y aparece una dama que se da polisoir *en las uñas. Cuando las considera suficientemente afiladas me saca los ojos y los arroja a la calle. Quedan mis órbitas solas sin mirada, sin deseos, sin mar, sin polluelos, sin nada.*

Una enfermera viene a sentarse a mi lado en la mesa del café. Despliega un periódico de 1856 y lee con voz emocionada:

«Cuando los soldados de Napoleón entraron en Zaragoza, en la VIL ZARAGOZA, no encontraron más que viento por las desiertas calles. Solo en un charco croaban los ojos de Luis Buñuel. Los soldados de Napoleón los remataron a bayonetazos».

PALAIS DE GLACE

Les flaques formaient un domino décapité d'édifices dont l'un est le donjon dont on m'a parlé dans mon enfance avec une seule fenêtre aussi haute que les yeux d'une mère qui se penchent sur le berceau.

Près de la porte est accroché un pendu qui se balance au-dessus de l'abîme clos d'éternité, hurlé d'espace. C'EST MOI. C'est mon squelette dont il ne reste que les yeux. Tantôt ils me sourient, tantôt ils me regardent en louchant, tantôt ILS VONT MANGER UNE MIETTE DE PAIN À L'INTÉRIEUR DE MON CERVEAU. La fenêtre s'ouvre et paraît une dame qui se passe les ongles au *polissoir*. Quand elle les juge suffisamment effilés elle m'arrache les yeux et les jette à la rue. Mes orbites sont vides, sans regard, sans désirs, sans mer, sans poussins, sans rien.

Une infirmière vient s'asseoir près de moi à la table du café. Elle déplie un journal de 1856 et lit d'une voix émue :

« Quand les soldats de Napoléon entrèrent dans Saragosse, dans la VILE Saragosse, ils ne trouvèrent que du vent dans les rues désertes. Seuls dans une flaque coassaient les yeux de Luis Buñuel. Les soldats de Napoléon les achevèrent à coups de baïonnette. »

PÁJARO DE ANGUSTIA

Un plesiosauro dormía entre mis ojos
mientras la música ardía en una lámpara
y el paisaje sentía una pasión de Tristán e Iseo.

Tu cuerpo se ajustaba al mío
como una mano se ajusta a lo que quiere ocultar;
despellejada
me mostrabas tus músculos de madera
y los ramilletes de lujuria,
que podían hacerse con tus venas.

Se oía un galope de bisontes en celo
entre nuestros pelos que temblaban como las hojas de un
jardín;
todos los diálogos de amor se parecen,
todos tienen acordes delirantes,
pero el pecho aplastado
por una música de recuerdos seculares;
luego viene la oración y el viento,
el viento que teje sonidos en punta
de una dulzura de sangre,
de aullidos hechos carne;

OISEAU D'ANGOISSE

Un plésiosaure dormait entre mes yeux
tandis que la musique brûlait dans une lampe
et que le paysage éprouvait une passion de Tristan et
Iseult.

Ton corps s'ajustait au mien
comme une main s'ajuste à ce qu'elle veut cacher ;
écorchée
elle me montrait tes muscles de bois
et les bouquets de luxure,
qu'on pouvait faire avec tes veines,

On entendait un galop de bisons en rut
parmi nos poils tremblant comme les feuilles d'un jardin ;
tous les dialogues d'amour se ressemblent,
tous ont des accords délirants,
mais la poitrine écrasée
par une musique de souvenirs séculaires ;
puis viennent la prière et le vent,
le vent qui tisse des sons en pointe
d'une douceur de sang,
de hurlements faits chair ;

¿qué anhelos, qué deseos de mares rotos
convertidos en níquel
o en un canto ecuménico de lo que pudo ser tragedia,
nacerán, los pájaros de nuestras bocas juntas,
mientras la muerte nos entra por los pies?

Tendida como un puente de besos de piedra dio la una.
Las dos volaron con las manos cruzadas sobre el pecho.
Las tres se oían más lejanas que la muerte.
Las cuatro ya temblaban de alba.
Las cinco trazaban con compás el círculo transmisor del día.

A las seis se oyeron las cabrillas de los Alpes
conducidas por los monjes al altar.

quels désirs, quels ardents désirs de mers brisées
changées en nickel
ou en chant œcuménique de ce qui aurait pu être une
tragédie,
naîtront, oiseaux de nos bouches unies,
tandis que la mort entre en nous par nos pieds ?

Tendue comme un pont de baisers de pierre une heure
a sonné.
Deux heures se sont envolées mains croisées sur la
poitrine.
On entendait trois heures, plus lointaines que la mort.
Quatre heures déjà avaient un tremblement d'aurore.
Cinq heures traçaient au compas le cercle transmetteur
du jour.

À six heures on entendit les petites chèvres des Alpes
conduites à l'autel par les moines.

[¡¡¡DESCANSEN EN PAZ LOS TAPARRABOS!!!]

Se trata de una soirée *que doy en mi casa y que termina catastróficamente. Me veo obligado a ir a casa de un sabio amigo mío donde pasan cosas gordas. De allí voy a caer al Hospital de afuera de Toledo donde también pasa lo suyo. Por fin muero no sin hacer antes testamento —verás qué testamento— y, por fin…*

Apenas fue dicho y hecho para que me quedase tiempo de morir decorosamente. Cuatro sepultureros se apoderaron de mi cuerpo llevándome a la iglesia de al lado para efectuar mi entierro. Levantaron la infecta tapa del sepulcro del cardenal Tavera y sacando su inmunda carroña que hubieron de echar a un muladar porque ya ni los pobres la querían, me metieron para siempre allí. ¡¡¡DESCANSEN EN PAZ LOS TAPARRABOS!!!

[QUE LES CACHE-SEXE REPOSENT EN PAIX !!!]

Il s'agit d'une *soirée* que je donne chez moi et qui s'achève de façon catastrophique. Je me vois obligé d'aller chez un savant ami à moi, où il s'en passe « d'énormes ». De là, je me retrouve à l'hôpital hors les murs de Tolède, où il s'en passe aussi de belles. Après quoi je meurs, non sans avoir fait mon testament – un sacré testament – et, finalement…

Sitôt dit sitôt fait, pour que je puisse avoir le temps de mourir décemment. Quatre fossoyeurs s'emparèrent de mon corps, et m'emmenèrent à l'église d'à côté pour procéder à mon enterrement. Ils soulevèrent l'infecte pierre du sépulcre du cardinal Tavera et, en ayant retiré son immonde charogne, qu'ils durent jeter dans une décharge car les pauvres eux-mêmes n'en voulaient plus, ils m'y déposèrent pour toujours. QUE LES CACHE-SEXE REPOSENT EN PAIX !!!

UNE INQUALIFIABLE TRAHISON

et autres poèmes en prose

UNA TRAICIÓN INCALIFICABLE

Hacía ya un año que trabajaba en mi *obra, en* mi *gran obra. Todos los días invertía cinco, seis, diez horas en este trabajo-cumbre que ya se disputaban las mejores revistas literarias del mundo. Los muebles, el parqué y los libros de mi cuarto se complacían al verme trabajar en esta obra genial. Apenas sentado, agrupábanse a mi alrededor la mesa, la librería y la cama, que chirriaban satisfechas. La librería sobre todo, se aproximaba más, de puntillas, y arqueaba sus lomos de libros en actitud expectante. Una araña que trabajaba en una gran casa en construcción de un ángulo, se deslizaba siempre por la polea de su andamio y asentía con las patas.*

Mi único enemigo, incitante y bronquista, era el viento. Casi todas las noches, antes de entrar en mi cuarto, le dejaba silbando alegremente entrelazado por los cables de la calle o entreteniéndose en jugar con los papeles que pastaban por el empedrado. Pero apenas me desvestía, y la butaca complaciente sacudíase el polvo, abriendo sus cordiales brazos para recibirme,

UNE INQUALIFIABLE TRAHISON

Cela faisait un an déjà que je travaillais à *mon* œuvre, à *ma* grande œuvre. Tous les jours, je consacrais cinq, six, dix heures à ce sommet de l'art que se disputaient déjà les meilleures revues littéraires du monde. Les meubles, le parquet et les livres de ma chambre se plaisaient à me voir travailler à cette œuvre géniale. À peine étais-je assis que la table, la bibliothèque et le lit se regroupaient autour de moi, en grinçant de satisfaction. Surtout la bibliothèque, qui venait encore plus près, sur la pointe des pieds, et qui courbait le dos de ses livres dans une position d'attente. Une araignée, qui travaillait à une grande maison en construction d'un angle, se laissait toujours glisser par la poulie de son échafaudage et donnait son assentiment avec ses petites pattes.

Mon seul ennemi, incitant et querelleur, était le vent. Tous les soirs ou presque, avant d'entrer dans ma chambre, je le laissais siffler allègrement, entrelacé aux fils électriques de la rue, ou s'amusant à jouer avec les morceaux de papier qui paissaient sur le pavé. Mais à peine me déshabillais-je, et à peine mon fauteuil, complaisant, secouait-il sa poussière en ouvrant ses bras cordiaux pour m'accueillir,

comenzaba a dar violentos golpes en el lomo de la ventana, queriendo colarse por algún resquicio o intentando abrirla por fuerza; pero mi *ventana entrecruzaba bien sus dos nervudos y únicos dedos, y se mofaba del viento. Este, para vengarse, zarandeaba con ímpetu salvaje las paredes, silbando estrepitosamente, y arrojaba puñados de polvo y piedras contra la vidriera. Mas yo, a pesar de todo, me mantenía ecuánime, y seguía trabajando.*

Una noche, por fin, me juró, que si le dejaba entrar, para apreciar mi obra, no volvería a molestarme, antes al contrario, me traería toda clase de perfumes y de músicas y arrullaría mi *gran trabajo.*

Engolosinado por esta proposición, y además, forzoso es confesarlo, por ese algo de legítimo orgullo de que tan importante personaje se interesase por mi *obra, me dispuse a acceder. El viento, aullando de alegría, arrancó dos árboles, dio un giro de 45° a algunas casas y repiqueteó todas las campanas de la ciudad en un bandeo triunfal. No contento con esto, alardeó de nigromante. A tres curas que se deslizaban por la calle los transformó en otros tantos paraguas invertidos; hizo de las calles y de las casas Himalayas envueltos en sus nubes, y en las mesas de los cafés brotaron a su conjuro trapos, papeles, pajas y otros objetos de la Gran Bisutería del Basurero.*

Por fin me decidí a recibirle, considerando su interés en agradarme, y abrí la ventana.

El viento, grotesco se precipitó por los bordes y husmeó inquietamente por todas partes.

il commençait à donner des coups violents sur le dos de la fenêtre, cherchant à se glisser par quelque fente ou essayant de l'ouvrir de force ; mais *ma* fenêtre entrecroisait parfaitement ses deux doigts nerveux et uniques, et se moquait du vent. Celui-ci, pour se venger, secouait les murs dans un élan sauvage, en sifflant bruyamment et lançait des poignées de poussière et de cailloux contre les vitres. Moi, en dépit de tout, je restais d'humeur égale, et continuais à travailler.

Un soir, enfin, il me jura que si je le laissais entrer, pour apprécier mon œuvre, jamais plus il ne me dérangerait ; bien au contraire, il m'apporterait toute sorte de parfums et de musiques et il bercerait *mon* grand travail.

Alléché par cette proposition, et de plus, je suis obligé de l'avouer, poussé par cette petite pointe d'orgueil bien légitime à l'idée qu'un si important personnage s'intéressait à *mon* œuvre, je me disposai à accepter. Le vent, hurlant de joie, arracha deux arbres, fit tourner quelques maisons à 45 ° et sonner toutes les cloches de la ville dans un branle triomphal. Non content de cela, il joua les nécromants. Il transforma trois curés qui se glissaient le long de la rue en autant de parapluies retournés ; il fit des rues et des maisons des Himalaya enveloppés de nues, et sur les tables des cafés poussèrent, sous sa conjuration, des chiffons, des bouts de papier, des pailles et d'autres objets de la Grande Bijouterie de toc du Dépotoir.

Je finis par me décider à le recevoir, à cause de l'effort qu'il faisait pour me faire plaisir, et j'ouvris la fenêtre.

Grotesquement, le vent se précipita le long des bords en flairant partout, l'air inquiet.

Donde causó un verdadero terror fue en el cesto de los papeles; reposaban tranquilamente, mas al advertir la presencia del monstruo, asustados, enloquecidos, cabriolaron unos encima de otros, se arremolinaron y huyeron en todas direcciones hasta cobijarse en el cubo y debajo del armario; porque el viento es el gato de los papeles.

Francamente: quedé amoscado ante su informalidad y poco interés demostrado en ojear mi *obra, por lo cual le amonesté severamente. Entonces, fingiendo mucha atención, revistó los miles de cuartillas, haciéndolas sonar como un prestidigitador la baraja; mas de pronto, de un solo manotazo, las lanzó al espacio por la estupefacta ventana que abría su gran boca de asombro, y se lanzó él detrás.*

Quedé aterrado, insensible, desencuadernado para siempre. Se había llevado mi *obra,* mi *definitiva obra, que volaba convertida en gaviotas por el horizonte.*

Juré vengarme sin tardanza. Pronto di en el modo. Cuando le vi dormir en el tejado, donde bostezaban las chimeneas, también adormiladas por su ronquido, puse otra ventana que apenas ajustaba, que se desquiciaba por instantes. Y cayó en la red.

Como siempre, al despertarse se lanzó contra ella, pero se encontró apresado, vencido, derrotado por las hendiduras.

Hace años que gime tristemente y pide su libertad. Yo, inflexible, allí le tendré esposado con los resquicios de la ventana, siempre cerrada y siempre segura de sí misma. No se juega conmigo.

Là où il provoqua une véritable terreur, ce fut dans la corbeille à papiers ; ils y reposaient tranquillement, mais en s'apercevant de la présence du monstre, effrayés, affolés, ils se mirent à faire des cabrioles les uns par-dessus les autres, ils tourbillonnèrent et s'enfuirent dans toutes les directions pour finir par se réfugier dans le seau et sous l'armoire ; car le vent est le chat des papiers.

Franchement : je fus fâché de son incorrection et du peu d'intérêt qu'il montrait à feuilleter *mon* œuvre, et je l'en admonestai sévèrement. Alors, feignant une grande attention, il passa en revue ces milliers de pages, en faisant avec elles le même bruit qu'un prestidigitateur avec un jeu de cartes ; mais tout à coup, d'une seule claque, il les jeta à travers l'espace par la fenêtre stupéfaite, qui d'étonnement en restait bouche bée et il se lança à leur poursuite.

Je fus atterré, privé de sens, reliure à tout jamais arrachée. Il avait emporté *mon* œuvre, *mon* œuvre définitive, qui volait, transformée en mouettes, au-dessus de l'horizon.

Je jurai de me venger sans retard. Je trouvai vite la façon de le faire. Quand je le vis dormir sur le toit où bâillaient les cheminées, endormies elles aussi par ses ronflements, j'installai une autre fenêtre à peine ajustée, qui par instants sortait de son cadre. Et il tomba dans le piège.

Comme toujours, en se réveillant, il se lança contre elle, mais il se retrouva pris, vaincu, défait par les fentes.

Cela fait des années qu'il gémit tristement et implore sa liberté. Moi, inflexible, je le garderai toujours menotté aux interstices de la fenêtre, toujours fermée et toujours sûre d'elle-même. *On ne joue pas avec moi.*

INSTRUMENTACIÓN

Para Adolfo Salazar

Violines

Señoritas cursis de la orquesta, insufribles y pedantes. Sierras del sonido.

Violas

Violines que llegaron ya a la menopausia. Estas solteronas conservan aún bien su voz de media tinta.

Violoncelos

Rumores de mar y de selva. Serenidad. Ojos profundos. Tienen la persuasión y la grandeza de los discursos de Jesús en el desierto.

Contrabajos

Diplodocus de los instrumentos. El día que se decidan a dar su gran berrido, ahuyentarán a los espectadores despavoridos.

INSTRUMENTATION

Pour Adolfo Salazar

Violons

Demoiselles snobs de l'orchestre, insupportables et pédantes. Scies du son.

Altos

Violons atteints par la ménopause. Ces vieilles filles conservent encore bien leur voix en demi-teinte.

Violoncelles

Rumeurs de mer et de forêt. Sérénité. Yeux profonds. Ils ont la persuasion et la grandeur des discours de Jésus dans le désert.

Contrebasses

Diplodocus des instruments. Le jour où ils se décideront à pousser leur long beuglement, ils feront fuir les spectateurs épouvantés.

Ahora les vemos oscilar y gruñir satisfechos por las cosquillas que les hacen los contrabajistas en la barriga.

Flautín

Hormiguero del sonido.

Flauta

La flauta es el instrumento más nostálgico. ¡Ella que en manos de Pan fue la voz emocionada de la pradera y del bosque, verse ahora en manos de un buen señor gordo o calvo…! Pero aun así, continúa siendo la Princesa de los instrumentos.

Clarinete

Es una flauta hipertrofiada. Algunas veces, el pobre, suena bien.

Oboe

Balido hecho madera. Sus ondas, profundos misterios líricos. El oboe fue hermano gemelo de Verlaine.

Corno inglés

Es el oboe ya maduro, con experiencia. Ha viajado. Su exquisito temperamento se ha tornado más grave, más genial. Así como el oboe tiene quince años, el corno tiene treinta.

Pour le moment, nous les voyons se balancer et pousser des grognements de satisfaction sous les chatouilles que les contrebassistes leur font sur le ventre.

Petites flûtes

Fourmilière du son.

Grandes flûtes

La flûte est le plus nostalgique des instruments. Elle qui dans les mains de Pan fut la voix émue des prairies et des bois, se voir maintenant dans celles d'un brave monsieur gros ou chauve… ! Mais même ainsi, elle est toujours la Princesse des instruments.

Clarinette

C'est une flûte hypertrophiée. Il lui arrive, la pauvrette, de sonner juste.

Hautbois

Bêlement fait bois. Ses ondes, profonds mystères lyriques. Le hautbois a jadis été le frère jumeau de Verlaine.

Cor anglais

Hautbois devenu mûr, plein d'expérience. Il a voyagé. Son tempérament exquis est maintenant plus grave, plus génial. De même que le hautbois a quinze ans, le cor en a trente.

Fagot

Los fakires de la orquesta son los fagotistas. A veces miran el tremendo reptil que tienen entre las manos y que les enseña su lengua bífida. Una vez hipnotizado, le acuestan en sus brazos, y se quedan extáticos.

Contrafagot

Es el fagot del terreno terciario.

Harpas

Balcones dorados por donde unas señoritas endomingadas asoman sus bustos.

Xilofón

Juego de niños. Agua de madera. Princesas tejiendo en el jardín, rayos de luna.

Trompeta con sordina

Clown de la orquesta. Contorsión, pirueta. Muecas.

Trompas

Ascensión a una cumbre. Salida del sol. Anunciación. ¡Oh! El día que se desenrollen como un matasuegras.

Basson

Les fakirs de l'orchestre sont les joueurs de basson. Parfois ils regardent le terrible reptile qu'ils ont dans les mains et qui leur montre sa langue bifide. Une fois qu'ils l'ont hypnotisé, ils le couchent dans leurs bras et entrent en extase.

Contre-basson

C'est le basson du tertiaire.

Harpes

Balcons dorés où des demoiselles endimanchées penchent le buste.

Xylophone

Jeu d'enfants. Eau de bois. Princesses tricotant au jardin, rayons de lune.

Trompette avec sourdine

Clown de l'orchestre. Contorsion, pirouette. Grimaces.

Cors

Ascension vers un sommet. Lever de soleil. Annonciation. Oh, le jour où ils se dérouleront comme des serpentins !

Trombones

Temperamento un poco alemán. Voz profética. Sochantres de vieja catedral con hiedras y veleta mohosa.

Tuba

Dragón legendario. Su vozarrón subterráneo hace temblar de espanto a los demás instrumentos, que se preguntan cuándo llegará el principe de bruñida armadura que los liberte.

Platillos

Luz hecha añicos.

Triángulo

Tranvía de plata por la orquesta.

Tambor

Truenecillo de bambalina. «Algo» amenazador.

Bombo

Obcecación. Grosería. Bom. Bom. Bom.

Timbales

Odres de aceitunas sonoras.

Trombones

Tempérament un tantinet allemand. Voix prophétique. Sous-chantres de vieille cathédrale, couverte de lierre, avec une girouette rouillée.

Tuba

Dragon légendaire. Sa grosse voix souterraine fait trembler d'effroi les autres instruments, qui se demandent quand viendra le prince à la brillante armure qui les délivrera.

Cymbales

Lumière en miettes.

Triangle

Tramway d'argent à travers l'orchestre.

Tambour

Petit tonnerre de frise. « Quelque chose » de menaçant.

Grosse caisse

Aveuglement. Grossièreté. Boum. Boum. Boum.

Timbales

Outres d'olives sonores.

SUBURBIOS

MOTIVOS

Suburbios, arrabales, casas últimas de la ciudad. A este conglomerado absurdo de tapias, montones, casitas, girones mustios de campo, etc., se refieren estos motivos.

No son los grandes suburbios de un Londres; hampones, sórdidos, pero de gran movimiento fabril. Son aquellos otros de la pequeña capital provinciana, que moran gentes pobres e indolentes, «gentes de calceta y trapería» a lo más.

Estos suburbios tienen la complejidad anodina y expresiva de la buhardilla. Son como el cuarto para trastos viejos de la ciudad. Allí está todo lo apolillado o inservible que pueda haber.

En esa estética absurda que tanto caracteriza al suburbio, todo queda postergado, simbolizado por el objeto que aparece a nuestro paso: la lata vacía, el can hambriento, el ratón despanzurrado o el farol de gas empolvado y torcido.

Toda su perspectiva psicológica y material —hostil y triste— queda rebatida en nuestro último plano espiritual.

BANLIEUES

MOTIFS

Banlieues, faubourgs, dernières maisons de la ville. C'est à cet absurde conglomérat de murs, de monticules, de maisonnettes, de lambeaux de campagne fanée, etc., que se rapportent ces motifs.

Il ne s'agit pas des grandes banlieues d'un Londres ; crapuleuses, sordides, mais pleines d'activité ouvrière. Il s'agit de celles du petit chef-lieu de province, peuplées de gens pauvres et indolents, « des chiffonniers » tout au plus.

Ces banlieues ont la complexité anodine et expressive des mansardes. Elles sont comme la pièce réservée aux objets de rebut de la ville. C'est là que se trouve tout ce qui est mité ou inutilisable.

Dans cette esthétique absurde si caractéristique de la banlieue, tout est relégué, symbolisé par l'objet qui surgit à notre passage : la boîte de conserve vide, le chien affamé, la souris étripée ou le réverbère à gaz poussiéreux et tordu.

Toute sa perspective psychologique et matérielle – hostile et triste – est repoussée au fond de notre esprit.

El alma del suburbio estrangula todo lo que pueda haber en él de vida y movimiento. En la acuarela que inmediatamente pintamos con la paleta de nuestros sentidos no empleamos más que un color: el gris.

Todos los ruidos y rechinamientos que muge la gran boca de la ciudad se hacen allí obsesionantes y quedan engarzados en la monotonía que embadurna la atmósfera del suburbio. La alegría pende hecha guiñapos de los aleros, que agitan apenas la brisa de las voces infantiles; de los niños que buscan por los montones y a quienes nunca contaron cuentos.

Hiere nuestras miradas de vez en cuando —que tienen para el suburbio el egoísta «Perdone por Dios, hermano», de las cosas caídas— el rótulo «Taberna» con letras degeneradas, enfermas de la médula y que, hasta pierde allí la calidad fuerte y vibrante que como el vino tiene este título en otras partes. De los balcones, cuelgan como trapos puestos a secar, los innumerables crímenes que explicó muchas veces por sus calles el ciego del puntero y del cartelón.

Cobijándose bajo las tapias de algún corralejo, vemos a veces los montones de tierra promiscuada con esos cien objetos imprecisos, inutilizables —porque ya cien manos fueron sacando toda su utilidad— y que entierran a nuestra imaginación como en una fosa. Esos corralejos padecen nostalgia de balidos, y en el lomo de sus tapias ocre hay joyas de verbena, sucias y olvidadas.

En la observación subjetiva del suburbio se ve al atardecer iluminado por la lamparilla de aceite vespertina, y entonces todo se hace allí más desgarradoramente inerte.

L'âme de la banlieue étrangle tout ce qu'il peut y avoir en elle de vie et de mouvement. Dans l'aquarelle que nous peignons immédiatement avec la palette de nos sens, nous n'utilisons qu'une seule couleur : le gris.

Tous les bruits et les grincements que mugit la grande bouche de la ville y deviennent obsédants et demeurent sertis dans la monotonie qui barbouille l'atmosphère de la banlieue. La joie pend aux gouttières, réduite en haillons, qu'agite à peine la brise des voix enfantines ; des enfants qui fouillent dans les monticules et à qui on n'a jamais raconté d'histoires.

Nos regards parfois sont blessés – ces regards qui ont pour la banlieue l'égoïste « Pardonnez au nom de Dieu, mon frère », des choses tombées – l'enseigne « Café », aux lettres dégénérées, malade de la moelle et qui perd là jusqu'à la qualité forte et vibrante que ce mot, comme le vin, a en d'autres endroits. Aux balcons pendent, comme des chiffons mis à sécher, les innombrable crimes qu'a souvent commentés dans les rues l'aveugle armé de sa baguette et de son panneau.

Abrités sous les murs d'un enclos, nous voyons parfois les tas de terre mélangée avec ces cent objets imprécis, inutilisables – parce que cent mains déjà en ont tiré tout ce qu'ils avaient d'utile – et qui enterrent notre imagination comme dans une fosse. Ces enclos souffrent de la nostalgie des bêlements, et sur le dos de leurs murs ocre il y a des joyaux de verveine, sales et oubliés.

Dans l'observation subjective de la banlieue, dans le soir éclairé par la petite lampe à huile vespérale, tout devient, de façon plus déchirante encore, inerte.

Fustiga lúgubremente nuestra alma el trapo ahorcado en el cable eléctrico o los gritos sin eco que cruzan por el aire como murciélagos. A lo lejos, el farol macilento guiña su ojo de ocaso y las sombras vestidas de harapos se cobijan en los quicios, extendiendo sus manos silenciosas como implorando algo.

El bostezo inacabable del suburbio, sus ojos ribeteados y marchitos, son siempre el maleficio tremendo de la ciudad. Aun cuando el día dance alegre por los tejados próximos, es inmediatamente apresado por el cepo de la tristeza perenne del suburbio, que es el brochazo negro en la alegría bullanguera de la urbe. Estos barrios en letargo pertenecen al campo de lo irremediable, de lo fatal. Su emoción es emoción de árboles secos. Los habitantes han sido víctimas del mordisco rabioso que les produjo el alma del suburbio. Esta suburbiofobia no se cura más que con la inyección prematura de unos sacos de oro.

Entre el cortejo de las palabras, figura la de Suburbio, vestida con andrajos, manchada de grasa y en su cara el estigma del golfo que duerme por los portales de las casas.

Notre âme est lugubrement fustigée par le chiffon pendu au fil électrique ou par les cris sans écho qui traversent l'air comme des chauves-souris. Au loin, le réverbère blafard fait cligner son œil de couchant et les ombres vêtues de haillons se réfugient dans l'embrasure des portes, en tendant leurs mains silencieuses comme si elles imploraient quelque chose.

L'interminable bâillement de la banlieue, ses yeux bordés de rouge et fanés sont toujours le terrible maléfice de la ville. Et si le jour danse allègrement sur les toits du voisinage, il est aussitôt pris au piège de l'éternelle tristesse de la banlieue, qui est le coup de pinceau noir donné sur l'allégresse tapageuse de la ville. Ces quartiers léthargiques appartiennent au champ de l'irrémédiable, du fatal. Leur émotion est une émotion d'arbres secs. Leurs habitants ont été victimes de la morsure enragée de l'âme de la banlieue. Cette banlieuphobie ne se soigne que par l'injection prématurée de quelques sacs d'or.

Dans le cortège des mots figure celui de Banlieue, vêtu de haillons, taché de graisse et avec sur son visage le stigmate du voyou qui dort sous le porche des maisons.

TRAGEDIAS INADVERTIDAS COMO TEMAS DE UN TEATRO NOVÍSIMO

Es de todos los géneros literarios, seguramente, el del teatro, el menos explotado. Del primitivo al actual, poca o ninguna variación experimentó fundamentalmente.

Ibsen primero, Wedekind después fueron los elegidos para marcar una nueva orientación, en este arte, todavía de una longeva niñez. ¿Y Maeterlinck y Apollinaire, han hecho otra cosa que reformar la vieja composición estructural, que tratar asuntos eternos, pero caducos, de una manera nueva?

El problema estético que se nos presenta, es el de construir, el de inducir temas nuevos *y* originales *no tratados aún por ninguna dramaturgia universal. Aun cuando la* Chauve-Souris *haya conseguido plasmar de una manera maestra la gama de emociones, que tiende a despertar el teatro, sin embargo, los medios expresivos están, si no viejos, desprovistos de intereses de continuidad. ¿Cómo hermanaríamos este interés con la novedad del asunto?*

Seguramente lo inanimado nos dará amplios temas. Es cierto, que muchas veces se hizo hablar a algún objeto desprovisto de vida,

TRAGÉDIES INAPERÇUES COMME THÈMES D'UN THÉÂTRE NOUVEAU

De tous les genres littéraires, le théâtre est sûrement le moins exploité. Du théâtre primitif au théâtre actuel, il n'a fondamentalement connu que peu ou pas de variations.

Ibsen, d'abord, Wedekind ensuite ont été choisis pour marquer une nouvelle orientation dans cet art, qui est encore dans une très longue enfance. Et Maeterlinck et Apollinaire, ont-ils fait autre chose que de réformer la vieille composition structurale, traiter des sujets éternels, mais caducs, d'une manière nouvelle ?

Le problème esthétique qui se présente à nous est celui de construire, d'induire des thèmes *nouveaux* et *originaux*, qui n'aient pas encore été traités par aucune dramaturgie universelle. Même si la *Chauve-Souris* est parvenue à modeler de maîtresse façon la gamme des émotions, que tend à réveiller le théâtre, les moyens expressifs, cependant, sont sinon vieux, du moins dépourvus de tout intérêt de continuité. Comment unirions-nous cet intérêt avec la nouveauté du sujet ?

L'inanimé devrait sûrement nous fournir de vastes thèmes. Souvent, il est vrai, on a fait parler des objets dépourvus de vie,

pero siempre lo hacen como un ser humano o superan en lirismos al mejor poeta. Existe la expresión lírica o filosófica pero no la psicológica innata a ellos: esa tremenda y complicada psicología aún tan sin estudiar.

En último caso el drama, comedia o lo que fuese, con las costumbres y pasiones de estos extraños personajes, si no impresionaba a un público humano, haría en cambio llorar, reír o estremecerse al otro público de sillas, utensilios de cocina, etc., etc.

Pero lo indudable es que en lo abiótico existen las pasiones.

Hace algunos años compré un pañito de gamuza por el hecho de haberme sido simpático en el escaparate donde residía. Le solía colgar de un clavo, en mi ventana y allí su existencia transcurría tranquilamente. Al entrar yo en mi habitación movía alegre sus bracitos angulares y no cesaba de hacerme señas hasta que le tomaba entre mis manos. Se adhería a ellas tiernamente y comunicaba su dulce calor, con cariño solamente comparable al de una madre que acaricia a su hijo. Su lengua de trapo me solía contar cosas inexplicables para mí, ser humano, al fin y al cabo. Si antes de comenzar la limpieza de mis gafas, no acariciaba su suave y diminuta cabellera, entrelazábase a mis dedos y no cejaba, hasta obtener la deseada caricia.

mais ils le font toujours comme si c'étaient des êtres humains ou comme s'ils surpassaient en lyrisme le meilleur des poètes. Il existe une expression lyrique ou philosophique, mais non l'expression psychologique qui leur est innée : cette psychologie terrible et compliquée qui est encore si peu étudiée.

En fin de compte, le drame, la comédie, ou quel que soit le genre envisagé, autour des mœurs et des passions de personnages si étranges, s'ils n'impressionnaient pas un public humain, feraient en revanche rire ou frissonner l'autre public, celui des chaises, des ustensiles de cuisine, etc.

Mais ce qui est indéniable, c'est que le monde abiotique n'est pas dépourvu de passions.

Il y a quelques années, j'ai acheté une petite peau de chamois, parce que je l'avais trouvée sympathique dans la vitrine où elle résidait. Je l'accrochais d'ordinaire à un clou, à ma fenêtre, où son existence se déroulait tranquillement. Lorsque j'entrais dans ma chambre, elle remuait joyeusement ses petits bras angulaires et ne cessait de me faire des signes jusqu'à ce que je la prenne dans mes mains. Elle s'y collait amoureusement et me communiquait sa douce chaleur, avec une tendresse qui n'était comparable qu'à celle d'une mère qui caresse son enfant. Sa langue de chiffon me racontait des choses incompréhensibles pour moi, qui n'étais qu'un humain, finalement. Si avant de commencer à nettoyer mes lunettes, je ne caressais pas sa douce et minuscule chevelure, elle s'entrelaçait à mes doigts et ne cédait pas avant d'avoir obtenu la caresse désirée.

En fin, tanto él como yo, nos cobramos verdadero afecto. ¡Había que verle sonreír entre sus pliegues los días de sol, o llorar arrugado y maltrecho los lluviosos!

Mas un día observé que no estaba en su sitio. Recordé su ingenua broma de otras veces escondiéndose por entre los muebles. Al no encontrarle comprendí que algo tremendo había ocurrido.

Tres o cuatro meses pasé en una tristeza, solo explicable por la desaparición de mi amiguito. Pero un día que me encaminaba por las afueras quedé aterrado al contemplar un espantoso cuadro. El huracán hacía rugir de dolor a los postes del camino y ejércitos de nubes con uniformes cárdenos, recorrían el cielo sembrando el exterminio. En medio de aquel cuadro, pendiente de un cable de telégrafo, yacía muerto mi inolvidable trapo. Le envolvía tristeza de ultratumba, moviendo al viento sus desgarradores harapos y aparecía picoteado sin compasión por la lluvia y el viento. Aun ahora al recordarlo me enternezco.

Este triste caso, demuestra el cariño recíproco, que nos toma a veces *lo inanimado.*

Y ese afecto entrañable a nuestra pipa, tetera, bastón o corbata, ¿no es acaso justa correspondencia a sus favores?

Yo sé de una pipa que fue cogida por un hombre de endurecida conciencia, de la mesa de un amigo, y la raptó sin compasión.

Bref, elle tout autant que moi, nous nous étions pris d'une véritable affection l'un pour l'autre. Il fallait la voir sourire entre ses plis, les jours de soleil, ou pleurer, toute ridée et mal en point les jours de pluie !

Mais un jour, je remarquai qu'elle n'était pas à sa place. Je me souvins de la plaisanterie ingénue qu'elle avait faite quelquefois, où elle s'était cachée derrière les meubles. Ne la trouvant pas, je compris que quelque chose de terrible était arrivé.

Je passai trois ou quatre mois dans une tristesse uniquement explicable par la disparition de ma petite amie. Mais un jour où je cheminais dans les environs de la ville, je fus atterré par la contemplation d'un épouvantable tableau. L'ouragan faisait rugir de terreur les poteaux du chemin et des armées de nuages, en uniformes violacés, parcouraient le ciel en semant l'extermination. Au milieu de ce tableau, accroché à un fil du télégraphe, se trouvait mon inoubliable chiffon, mort. Il était enveloppé dans une tristesse d'outre-tombe, remuant dans le vent ses déchirants lambeaux et était tout picoré par la pluie et le vent. Aujourd'hui encore je m'attendris quand je pense à lui.

Cette triste affaire démontre la tendresse réciproque qui nous unit *parfois* à l'inanimé.

Et cette profonde affection que nous portons à notre pipe, à notre théière, notre canne ou notre cravate, n'est-ce pas un juste retour pour les faveurs qu'elles ont pour nous ?

Je connais une pipe qui a été prise par un homme à la conscience endurcie sur la table d'un ami ; il l'avait kidnappée sans compassion.

Pues bien, al encenderla el vil raptor, le chamuscó la nariz. Aquella pipa enfurecida, echaba lumbre por su único ojo.

Otra vez uno de esos regordetes botijos, de afilado pico, se embozaba y no quería darme sus refrigerantes ondas, si todos los días no esparcía unas migas por el suelo, que se engullía dando saltitos e inclinándose con graciosa torpeza.

Para un teatro macabro, a lo Edgard Poe, el dramaturgo de la nueva generación puede inspirarse en los desvanes de las casas, y dejar los ya exhaustos cementerios. En el desván, «cementerio vecinal de los pisos» pueden verse las viejas cómodas, de vientres abombados por la enfermedad final y que renquean sobre sus patas en los aquelarres de medianoche. Jaulas desorbitadas. Baúles grotescos, aún dentro del terror que inspira la muerte. Todo este fúnebre cortejo dando guardia de honor al que fue brasero, encerrado aún en la armadura de hierro con que le sepultaron. En fin, se nota el olor macabro, de cacharros muertos, característico del desván.

Mirando el periódico me hallaba, cuando de pronto escuché [un] breve gemido en la percha. Mi luciente pijama, comprado no ha mucho, se acababa de suicidar tirándose al suelo. Mi estupefacción llegó al colmo al recordar, que lo leído últimamente era el formidable incendio del «Gran Almacén de Tejidos» donde lo adquirí. Las llamas entregadas al saqueo, lo habían destruido por completo. ¿Acaso leyó el pijama la muerte de sus hermanos? ¿La presintió? No lo sé, el caso es que lo afectivo es cualidad de lo inanimado.

Eh bien, lorsque le vil kidnappeur voulut l'allumer, elle lui brûla le nez. Cette pipe, furieuse, crachait le feu par son œil unique.

Une autre fois, une de ces gargoulettes rebondies, au bec affilé, s'obstruait et me refusait ses ondes rafraîchissantes, si je ne répandais pas chaque jour quelques miettes par terre, qu'elle engloutissait en faisant de petits sauts et en se penchant en avant avec une maladresse gracieuse.

Pour un théâtre macabre, à la Edgar Poe, le dramaturge de la nouvelle génération peut chercher l'inspiration dans les greniers des maisons, et laisser tomber les cimetières désormais épuisés. Dans le grenier, « cimetière vicinal des appartements », on peut voir de vieilles commodes, au ventre bombé par la maladie finale, claudiquant sur leurs pattes aux sabbats de minuit. Des cages exorbitées. Des malles grotesques, encore captives de la terreur qu'inspire la mort. Tout ce funèbre cortège fait une garde d'honneur à ce qui a été un brasero, encore enfermé dans l'armure de fer avec laquelle on l'a enterré. Enfin, on remarque l'odeur macabre de vieux pots morts, caractéristique des greniers

Je regardais le journal, quand soudain j'entendis un bref gémissement sur le cintre. Mon pyjama brillant, acheté récemment, venait de se suicider en se jetant par terre. Ma stupéfaction fut à son comble lorsque je me rappelai que ce que je venais de lire était le formidable incendie du « Grand Comptoir des Textiles » où je l'avais acheté. Les flammes, ivres de saccage, l'avaient entièrement détruit. Le pyjama avait-il lu la mort de ses frères ? L'avait-il pressentie ? Je l'ignore, mais le fait est que l'affectif est une qualité de l'inanimé.

EL CIEGO DE LAS TORTUGAS

Por aquellos días estaba recreando mi ánimo con la lectura del interesante libro Le Monde des Aveugles. *Me parecía increíble el grado de intuiciones a que pueden llegar los ciegos, valiéndose de sus otros sentidos, quintaesenciados a costa de la visión. Es de tal modo grande que llega [un] momento en que su vida puede deslizarse tan normalmente como si disfrutaran de una perfecta euforia visual.*

A esta lectura dicha se debió sin duda, el que yo me fijara en el ser más extravagante que vi jamás. Me recordaba su presencia algún resurrecto personaje de nuestra novela picaresca, pero me detenía seguir adelante en estas imaginaciones el pensar que un pícaro estereotipado, si viviera hoy no podría sacudirse de encima la pesada carga de tres siglos más de civilización y forzosamente daría un vulgar timador o un simple aventurero, qué embarca para América en pos de fortuna.

Aquel personaje que todas las tardes pasaba debajo de mi balcón, llevando en la diestra un garrote y colgada del brazo una misteriosa cesta, era un ciego goyesco. Metido en un traje pardo, de basto tejido, emergía su cabeza de una camisa sucia,

L'AVEUGLE AUX TORTUES

À cette époque, je me remontais le moral en lisant un livre intéressant, intitulé *Le Monde des Aveugles*. Je trouvais incroyable le degré d'intuitions auquel peuvent parvenir les aveugles, en se servant de leurs autres sens, quintessenciés aux dépens de la vision. Il est si élevé qu'il arrive un moment où leur vie peut s'écouler aussi normalement que s'ils jouissaient d'une parfaite euphorie visuelle.

C'est sans aucun doute à ladite lecture que je dois de m'être intéressé à l'être le plus extravagant que j'aie jamais vu. Sa présence me rappelait quelque personnage ressuscité de notre roman picaresque, mais j'étais arrêté dans ces divagations par la pensée que s'il vivait de nos jours un *picaro* stéréotypé ne pourrait pas se débarrasser de la lourde charge de trois siècles de civilisations supplémentaires et donnerait forcément un vulgaire escroc ou un simple aventurier qui prend la mer pour faire fortune en Amérique.

Ce personnage qui passait tous les soirs sous mon balcon, avec à la main droite un bâton et, accroché à son bras, un panier mystérieux, était un aveugle goyesque. Il portait un costume marron, d'un tissu grossier, et sa tête émergeait d'une chemise sale, *cuyo prístino color hubiera sido difícil de averiguar sin recurrir al jabón o a los ácidos.*

Aquella testa plebeya me era muy familiar. La había contemplado mil veces en algunos lienzos de Brueghel o de Goya. La protuberada y rugosa frente cobijaba dos ojuelos sin brillo, de los que partían como radios, pequeños y hondos surcos. Aprisionada entre ellos, rampaba una chata nariz suspendida sobre la desdentada boca, temible pozo por el que cuando sudaba caía a raudales el sudor, que afluían allí mil arrugas y arruguillas.

Un día no supe aguantar por más tiempo mi curiosidad y, acechando desde el portal, el sitio por donde debía pasar muy pronto, aguardé. A la hora de siempre le vi avanzar tan tranquilamente como si disfrutara de magnífica vista. No esperé más y me puse en su seguimiento. Él iba sin apenas ayudarse del garrote, lo suficientemente ligero para que yo tuviese que apretar el paso.

Me relamía de gusto al pensar que tal vez, fuese aquel uno de los extraordinarios tipos que acababa de leer en Le Monde des Aveugles. *Y debía serlo ciertamente, pues con facilidad inexplicable eludía los obstáculos. Esquivaba a los que venían en dirección contraria y al cruzar la calle, paraba matemáticamente en el instante preciso de cruzar veloz algún vehículo.*

De pronto se detuvo y me llamó por señas. Verdaderamente asombrado acudí a su llamamiento y le pregunté que quería.

dont il aurait été difficile de découvrir la couleur originelle sans avoir recours au savon ou aux acides.

Cette caboche plébéienne m'était très familière. Je l'avais contemplée mille fois sur certaines toiles de Breughel ou de Goya. Son front protubérant et rugueux abritait deux petits yeux sans éclat, d'où partaient comme des rayons de petits et profonds sillons. Prisonnier entre eux rampait un nez camus en suspens au-dessus d'une bouche édentée, terrible puits dans lequel coulaient quand il transpirait des flots de sueur, qui affluaient là par mille rides et ridules.

Un jour, il ne me fut plus possible de supporter plus longtemps ma curiosité et, guettant de mon porche l'endroit où il allait très vite passer, j'attendis. À l'heure habituelle, je le vis avancer aussi tranquillement que s'il jouissait d'une vue magnifique. Je n'attendis pas davantage et entrepris de le suivre. Il marchait en s'aidant à peine de son bâton, d'un pas assez léger pour que je doive presser le mien.

Je me pourléchais à l'idée que c'était peut-être un de ces types extraordinaires que je venais de trouver dans *Le Monde des Aveugles*. Et c'était certainement le cas, parce qu'il évitait les obstacles avec une facilité inexplicable. Il esquivait les gens qui venaient vers lui et quand il traversait la rue, il s'arrêtait mathématiquement à l'instant précis où un véhicule rapide approchait.

Soudain, il s'arrêta et m'appela en faisant des signes. Véritablement étonné, je me rendis à son appel et lui demandai ce qu'il voulait.

—Le he sentido a usted —contestó— venir detrás de mí desde su casa y le llamo para que si desea algo me lo diga.

—Pero cómo es posible que sepa todo eso siendo ciego —dije en el colmo de la estupefacción.

Quedó perplejo un momento como asombrándose de la pregunta, pero pronto se repuso y me contestó:

—Es muy sencillo. He venido oyendo sus pasos desde allí y al notar que cuando yo me detenía o comenzaba de nuevo a andar, usted hacia lo mismo, he llegado a la conclusión de que me seguía. Además todas estas tardes últimas, observé que al pasar por delante de su balcón, salía a verme.

Sin poder contener mi admiración estreché su mano y le rogué me permitiera acompañarle un rato.

—Con mucho gusto accedo. Yo voy no lejos de aquí a vender mi mercancía.

—¿La lleva en esa cesta?

—Si señor, aquí llevo a mis buenos amigos.

Y diciendo esto destapó la cesta.

Diez o doce manchas grises y negras, se movían lentamente en el fondo. Eran unas pacientes tortugas.

—¿Vende usted tortugas? ¿Pero es posible que se gane así la vida?

—Mire usted, don Juan —sabía hasta mi nombre aquel ser embrujado—, hace veinte años que soy ciego y he sido cestero, zapatero, tramoyista y taquillero. Pues nunca he ganado tanto como ahora.

— J'ai senti que vous me suiviez depuis chez vous, me répondit-il, et je vous appelle pour que vous me disiez si vous désirez quelque chose.

— Mais comment est-il possible que vous sachiez tout cela si vous êtes aveugle, dis-je, au comble de la stupéfaction.

Il se montra perplexe un instant, comme si cette question l'avait surpris, mais il se reprit très vite et me répondit :

— C'est très simple. J'entends vos pas depuis là-bas, et remarquant que lorsque je m'arrêtais ou me remettais en marche, vous faisiez de même, je suis arrivé à la conclusion que vous me suiviez. En outre, tous ces derniers soirs, j'ai observé que lorsque je passais sous votre balcon, vous vous penchiez pour me voir.

Sans pouvoir contenir mon admiration, je lui serrai la main et le priai de me permettre de l'accompagner un moment.

— J'accepte avec grand plaisir. Je vais tout près d'ici vendre ma marchandise.

— Vous l'avez dans ce panier ?

— Oui, monsieur, je porte là mes bonnes amies.

Et ce disant il souleva le couvercle de son panier.

Dix ou douze taches grises et noires remuaient lentement au fond. C'étaient de patientes tortues.

— Vous vendez des tortues ? Mais est-il possible que cela vous permette de gagner votre vie ?

— Écoutez, don Juan – cet être ensorcelé savait même mon nom –, cela fait vingt ans que je suis aveugle et j'ai été vannier, cordonnier, machiniste et guichetier. Eh bien jamais je n'ai gagné autant qu'aujourd'hui.

Cierto que mi oficio último me dio también algún dinero. Además la pintura me atrae.

—Pero ¿cómo? ¿también pinta usted...? —dije casi indignado creyendo que se burlaba.

—En modo alguno bromeo don Juan. Le aseguro que hace muy poco tiempo pintaba. Todos los cartelones de crímenes que se han exhibido en la provincia durante los últimos años son obra mía —dijo con cierto orgullo.

Antes le extrañó sobremanera que yo supiese cosas relativas a la curiosidad que logré despertar en usted. Diré brevemente cómo aprendí a pintar, y de este modo lograré convencerle de que hablo seriamente.

Antes de ser ciego dibujaba si no muy bien, lo suficiente, para que sin alabarme, la mayor parte de los anuncios de barracón que se exhibían en las verbenas fuesen míos. Quedé ciego y con los años se me fue olvidando la intuición del color. Al decir esta última frase calló un momento y después sonriéndose dijo: Le ha llamado a usted la atención el que emplee palabras cultas ¿verdad?

No se asombre. Antes de quedar ciego estudié el bachillerato y tengo tres años de la carrera de medicina. Después, don Juan, el azar y la Sociedad, me trajeron a este ruinoso estado en que me ve.

Un hondo suspiro se escapó por su desdentada boca. Y prosiguió en medio del estupor con que le escuchaba.

Il est bien vrai que mon dernier métier m'a rapporté aussi un peu d'argent. De plus, la peinture m'attire.

— Mais comment ça ? Vous peignez aussi... ? dis-je, presque indigné car je pensais qu'il se moquait de moi.

— Je ne plaisante absolument pas, don Juan. Je vous assure que je peignais, il y a quelque temps encore. Toutes les affiches de crimes qui ont été montrées dans la province ces dernières années sont mon œuvre, dit-il avec une certaine fierté.

Voici un instant, vous avez été bien étonné que je sache des choses relatives à la curiosité que j'ai pu éveiller chez vous. Je vais vous dire brièvement comment j'ai appris à peindre, et comme cela je réussirai à vous convaincre que je parle sérieusement.

Avant d'être aveugle je dessinais, sinon très bien, du moins suffisamment bien pour que, sans me flatter, la plupart des publicités de baraques de foire soient de moi. Je suis devenu aveugle et avec les ans j'ai perdu l'intuition de la couleur. Après avoir dit cette dernière phrase il se tut un moment puis, en souriant, il me dit : Votre attention a été attirée par le fait que j'emploie des mots savants, n'est-ce pas ?

Ne soyez pas étonné. Avant de devenir aveugle, je suis allé au lycée puis j'ai fait trois ans de médecine. Ensuite, don Juan, le hasard et la Société m'ont amené au piteux état où vous me voyez.

Un profond soupir s'échappa de sa bouche édentée. Puis il reprit, au milieu de la stupeur avec laquelle je l'écoutais.

[—]*Le he prometido contarle el porqué de mi aptitud pictórica y me iba ya por los cerros de Úbeda. Data de hará unos cuatro años. Un día me hallaba con un amigo comiendo una naranja y se me ocurrió preguntarle:*

«¿Qué color tiene la cáscara?». «Anaranjado» —contestó—. Me escamé un poco puesto que habiéndolo olvidado me parecía aquello una burla. Era como si preguntándole por el color de mi zapato hubiera respondido «Color azapatado».

Ratificóme sin embargo que así era y para asegurarlo más agregó que daba casi igual llamarlo rojo. Inmediatamente le creí. Entonces, sin que por eso tuviera la noción exacta de tal color, supe sin embargo relacionar objetos igualmente coloreados. «Anaranjado, naranja» me decía y recordé que este era invariable en ciertos tipos, como la sangre, a los que en algunas ocasiones podían referirse otros más contingentes, como la nariz de ciertas personas y los raspadores de una especie de caja de cerillas.

Entonces, ya del todo iluminado me decía: «Verde, inmutable en la yerba tierna» y enseguida aquel feliz proceso de relación me hacía recordar que aunque no necesariamente, eran cromáticamente idénticos, los divanes de algunos cafés, la fruta sin madurar y ciertos libros que leía en sexto año del Instituto. Así fui haciendo con el resto del espectro.

[—] Je vous ai promis de vous dire le pourquoi de mon aptitude picturale et déjà je m'écartais de mon sujet. Cela date de quatre ans environ. Je me trouvais un jour avec un ami alors que je mangeais une orange, et l'idée me vint de lui demander :

— « De quelle couleur est la peau de cette orange ? » « Orangée », me répondit-il. Je me méfiai un peu car étant donné que je l'avais oublié, cela me sembla une plaisanterie. C'était comme si je lui avais demandé de quelle couleur était ma chaussure et qu'il m'avait répondu « couleur chaussurée ».

Cependant, il me confirma que c'était bien le cas, et pour être plus affirmatif il ajouta qu'on aurait presque pu dire, aussi, qu'elle était rouge. Je le crus aussitôt. Alors, sans que j'aie pour autant la notion exacte de cette couleur, je pus relier entre eux des objets de la même teinte. « Orangé, orange », me disais-je et je pensai que cette couleur était invariable chez certains types, comme le sang, auxquels pouvaient parfois se rapporter d'autres plus contingents, comme le nez de certaines personnes et les grattoirs d'un genre de boîte d'allumettes.

Alors, complètement illuminé, je me disais : Vert, immuable dans l'herbe tendre et aussitôt cet heureux processus de relation me faisait penser, mais pas nécessairement toutefois, qu'étaient chromatiquement identiques les banquettes de certains cafés, les fruits pas encore mûrs et certains livres que je lisais en première au lycée. Et je fis de même avec le reste du spectre.

Había por tanto solucionado lo relativo al color que habían de ostentar mis cartelones.

—Es usted admirable —dije sobrecogido por aquella genial sagacidad—. Pero —agregué— no solamente eso me admira, sino su manera de expresarse, tan culta, tan poco vulgar. ¿Ha continuado usted estudiando algo?

—¡Ay! —exclamó suspirando—. La falta de medios no me permite comprar los libros que quisiera, pero continúo releyendo con la fruición del primer día a mis dos autores favoritos.

—¿Puedo saber quiénes son?

—Ya lo creo. El inconmensurable Xavier de Montépin y Fren. A este último me lo leyeron en alemán, porque nunca me fie de las traducciones.

Me tuve que agarrar a una esquina para no caer al suelo. Aquel hombre de aspecto miserable, andrajoso y ¡Ciego! era ante mis atónitos ojos un Semi-Dios. Quise indagar más todavía.

—Una vez que usted podía relacionar colores, ¿cómo solucionaba lo puramente constructivo?

—Muy fácilmente —contestó—. Dividía el lienzo en seis partes. Hecho esto apoyaba la mano en la tela y de allí por el tacto, relacionaba todos los puntos de la pequeña superficie con el borde que formaba el pulgar y el índice. El dibujo era fácil; donde pasaba algún apuro era para dar color.

Par conséquent, j'avais trouvé une solution pour tout ce qui se rapportait à la couleur que devaient montrer mes affiches.

— Vous êtes admirable, dis-je, impressionné par cette sagacité géniale. Mais, ajoutai-je, je ne m'étonne pas seulement de cela, mais aussi de votre façon de vous exprimer, si savante, si peu vulgaire. Vous avez continué à étudier ?

— Ah ! s'exclama-t-il dans un soupir. Le manque de moyens ne me permet pas d'acheter les livres que je voudrais lire, mais je continue à me plonger avec la délectation des premiers jours dans mes deux auteurs favoris.

— Puis-je savoir de qui il s'agit ?

— Bien sûr. L'incommensurable Xavier de Montépin et Fren. On m'a lu ce dernier en allemand, parce que je me suis toujours méfié des traductions.

Je dus m'agripper au coin du mur pour ne pas tomber par terre. Cet homme à l'aspect misérable, en haillons et… Aveugle ! était devant mes yeux étonnés un Semi-Dieu. Je voulus en savoir davantage.

— Une fois que vous aviez pu mettre les couleurs en relation, comment vous y preniez-vous pour ce qui était purement constructif ?

— Très facile, répondit-il. Je divisais la toile en six parties. Puis j'appuyais la main dessus et à partir de là, par le toucher, je reliais tous les points de la petite surface avec le bord formé par mon pouce et mon index. Le dessin était facile ; là où j'avais un peu de mal, c'était pour mettre les couleurs.

A veces puse el bigote del juez en la frente del muerto, o bien un guardia civil en vez de sostener el fusil estrechaba la mano del asesino; pero —agregó con suficiencia— el pueblo no repara en estas pequeñeces.

Hablando de manera tan insólita, llegamos por fin a la plazuela en donde el ciego solía exponer su mercancía. Despedíme de él, no sin antes ofrecerle una visita.

Fingí marcharme, pero volví al cabo de un rato. A su alrededor se hallaban ya congregadas veinte o treinta personas.

—Compren al ciego Pedro —decía con voz quebrada y profunda— la tortuga terrestre, moruna, la doy barata. Bicho inofensivo contra las personas, no araña, no muerde, no hace nada, pero guay de los animales que se atreven con ella. Una vez esa de la izquierda mató a un león.

—Oiga —dijo un chiquillo que estaba en el grupo— ese león sería un mosquito.

—No, joven, león y muy león era. Se la tragó y murió indigestado.

Todos se echaron a reír, pero nadie le compraba nada.

—Señores —continuaba—, son el aseo, la limpieza, la curiosidad de las casas.

Contra los ratones.

Contra las correderas.

Contra las cucarachas.

—Esta vez sí que se ha «colao» —dijo el mismo travieso chiquillo—. Para usted es distinta cosa cucarachas que correderas.

Il m'est arrivé de mettre la moustache du juge sur le front du mort, ou bien qu'au lieu de tenir un fusil un garde civil serre la main de l'assassin ; mais, ajouta-t-il d'un air suffisant, le peuple ne voit pas ces broutilles.

Tout en parlant de cette si insolite façon, nous finîmes par arriver à la petite place où l'aveugle exposait sa marchandise. Je le quittai, mais non sans lui proposer de venir me voir.

Je fis semblant de m'en aller, mais je revins au bout d'un moment. Vingt ou trente personnes étaient déjà réunies autour de lui.

— Achetez à Pedro l'aveugle, disait-il d'une voix brisée et profonde, la tortue terrestre, noire, je la donne pour presque rien. Petite bête inoffensive pour les personnes, elle ne griffe pas, ne mord pas, ne fait rien, mais malheur aux animaux qui s'en prennent à elle. Un jour, celle-ci, à gauche, a tué un lion.

— Dites donc, dit un gamin du groupe, ce lion devait être un moustique.

— Non, jeune homme, c'était un lion tout ce qu'il y a de plus lion. Il l'a avalée et il est mort d'indigestion.

Tout le monde se mit à rire, mais personne ne lui achetait quoi que ce fût.

— Messieurs, poursuivait-il, elles sont le nettoyage, la propreté, la curiosité de la maison.

Contre les souris.

Contre les blattes.

Contre les cafards.

— Cette fois, vous vous êtes « planté », dit le même gamin espiègle. Pour vous les cafards et les blattes sont deux choses différentes.

—Y para todos. Las cucarachas viven en las casas y las correderas van por la calle, se paran en el corro del ciego de las tortugas, y le queman la sangre con sus objeciones.

El público soltó otra vez la risa y el golfillo se puso colorado como un tomate.

—Vamos señores ¿quién [se] lleva una? A todas las he quitado el veneno.

Un señor calvo, bonachón, se atrevió a preguntar, pero sin intención de comprarle:

—¿Qué comen?

—Ya lo ha oído usted. Llévese esa que mató al león y no habrá una chinche en toda la casa.

El señor ofendido dijo:

—En mi casa no existen esos bichos.

—Bueno, —respondió el ciego imperturbable— los ratones.

—Tampoco los hay.

—Pues los pone usted.

Nuevas carcajadas resonaron en el corro que por momentos iba engrosando.

—Usted don Juan —dijo dirigiéndose hacia donde me hallaba—, llévese una.

Estuve a punto de desmayarme. Estaba dudando entre hacerlo o ir a dar parte a la policía y que lo detuvieran por brujo.

—Si me dice cómo ha podido saber que estoy aquí —grité exasperado— no una sino todas le compro y aumentaré voluntariamente el precio en diez veces.

—Es increíble don Juan que no lo adivine usted. Antes le hablé del oído, del gusto,

— Et pour tout le monde. Les cafards vivent dans les maisons et les blattes courent les rues, elles s'arrêtent devant le groupe de l'aveugle aux tortues et lui échauffent le sang avec leurs objections.

De nouveau, le public rit et le chenapan devint rouge comme une tomate.

— Allons, messieurs, qui en veut une ? On leur a ôté leur venin à toutes.

Un monsieur chauve, bonasse, s'enhardit à demander, mais sans intention d'acheter :

— Qu'est-ce qu'elles mangent ?

— Vous l'avez entendu. Prenez celle qui a tué le lion et vous n'aurez plus une punaise chez vous.

Vexé, le monsieur répondit :

— Il n'y a pas de bestioles de ce genre chez moi.

— Bon, répondit l'aveugle, imperturbable. Les souris.

— Il n'y en a pas non plus.

— Eh bien mettez-en vous-même.

De nouveaux éclats de rire se firent entendre dans le groupe, qui grossissait par moments.

— Vous, don Juan, dit-il en se tournant vers l'endroit où je me trouvais, prenez-m'en une.

Je fus sur le point de m'évanouir. J'hésitais entre le faire et aller à la police pour qu'on l'arrête comme sorcier.

— Si vous me dites comment vous avez su que j'étais ici, criai-je, exaspéré, je n'en achète pas une, mais toutes, et je vous les paierai volontiers dix fois leur prix.

— Incroyable, don Juan, que vous ne le deviniez pas. Tout à l'heure je vous ai parlé de l'ouïe, du goût,

pero y ¿el olfato? Su olor recordado y no otra cosa, fue lo que me hizo notar que se hallaba ahí.

—Admirable, admirable —grité emocionado— y después de darle lo prometido, le insté a que viniese a verme. Enseguida partí apresuradamente. Al volver la esquina aún oía la sombría voz del ciego que salmodiaba.

—La tortuga terrestre, moruna, no muerde, no araña, no hace nada…

mais… et l'odorat ? C'est le souvenir de votre odeur, et pas autre chose, qui m'a fait remarquer que vous étiez là-bas.

— Admirable, admirable, criai-je, ému. Puis, après lui avoir donné la somme promise, j'insistai pour qu'il vienne me voir. Puis je me hâtai de partir. Au coin de la rue, j'entendais encore la sombre voix de l'aveugle qui psalmodiait.

— La tortue terrestre, noire, ne mord pas, ne griffe pas, ne fait rien…

POR QUÉ NO USO RELOJ

(cuento)

Estaba escribiendo una carta sin importancia, por lo tanto lo que voy a narrar no fue sugestión producida por un especial estado de conciencia, ni debió ser un sueño, ya que momentos antes estuve dando caza a una impertinente mosca que me molestaba de continuo hablándome al oído —como esos viejos sordos, que cuchichean bajito y pesadamente cosas insoportables— y al día siguiente de mi aventura encontré su cadáver en el ataúd que le formó la tapa del tintero.

Me hallaba, pues, escribiendo. De pronto oí cerca de mí un tic-tac más fuerte que los demás y como pronunciado con el solo objeto de llamar la atención; pero cuál no sería mi estupefacción al encontrarme frente a frente con el ser más extraño que pudo crear imaginación.

Tenía dos pies, uno de plomo y otro de pluma; el cuerpo lo formaba una varilla de acero mohoso, y la cabeza no era otra que un disco de latón dorado con un desigual bigote en forma de saetas y dos minúsculos ojillos, como esos que tienen los relojes para darles cuerda. Todo él demostraba un empaque y una jactancia verdaderamente insoportable.

POURQUOI JE N'AI PAS DE MONTRE

(nouvelle)

J'étais en train d'écrire une lettre sans importance, et par conséquent ce que je vais raconter ne fut pas une suggestion née d'un état de conscience particulier, et n'a pas dû être un rêve, car quelques instants plus tôt je faisais la chasse à une mouche impertinente qui ne cessait de m'ennuyer en me parlant à l'oreille – comme ces vieux sourds, qui murmurent tout bas et péniblement des choses insupportables – et le lendemain de mon aventure, je trouvai son cadavre dans le cercueil formé par le couvercle de l'encrier.

J'étais donc en train d'écrire. Tout à coup j'entendis près de moi un tic-tac plus fort que les autres, et comme prononcé dans le seul objet d'attirer l'attention ; mais quelle ne fut pas ma stupéfaction en me trouvant face à face avec l'être le plus étrange qu'ait pu créer l'imagination.

Il avait deux pieds, l'un en plomb et l'autre en plume ; son corps était fait d'une baguette d'acier rouillé, et sa tête n'était rien d'autre qu'un disque de laiton doré, avec une moustache inégale en forme d'aiguilles et deux yeux minuscules, pareils aux trous par lesquels on remonte les montres. Tout en lui démontrait une affectation et une vanité véritablement insupportables.

Admirado, aun cuando ofendido le interrogué:

—Digame usted, ¿por qué se ha introducido en mi cuarto sin haber tenido la discreción de llamar a la puerta?

El extravagante hombrecillo no se inmutó por mi desabrimiento y replicó con mucho desenfado:

—Caballerete, desde que usted ha nacido anda conmigo y no se ha dignado, hasta ahora, hacerme tales preguntas.

Amoscado por este tono despectivo dije yo:

—Contenga usted la lengua y no me aplique el título de Caballerete, pues tengo otros más honoríficos.

Y para probarlo iba a sacar de mi pupitre documentos que lo acreditasen.

—Calma, joven—me respondió—. Yo soy tan viejo como usted no puede ni soñar y mi edad me permite hablarle en este tono autoritario.

—Entonces, ¿quién es usted?

—Soy el Tiempo.

Un ¡oh! de estupor, perfectamente circular se dibujó en mi boca. Pero él se apresuró a continuar:

—No se asombre, porque el materializarme en esta forma no fue más que por pura simpatía hacia usted. Por otra parte quiero hacerle revelaciones que acaso le interesen.

Al decir esto se arrellanó cómodamente en un cojín. Con el asombro consiguiente vi que el reloj de pared y el despertador se desplazaban de su sitio y moviendo la cola, iban a lamerle los pies.

Offensé, mais aussi perplexe, je l'interrogeai :

— Dites-moi, vous, pourquoi vous êtes-vous introduit chez moi sans avoir eu la politesse de frapper avant d'entrer ?

Mon ton agressif ne troubla pas l'extravagant petit homme, qui répliqua avec beaucoup de désinvolture :

— Mon petit monsieur, depuis le jour de votre naissance, vous êtes à mes côtés, et vous n'avez jamais daigné, jusqu'à maintenant, me poser ce genre de questions.

Piqué par ce ton méprisant, je lui dis :

— Tenez un peu votre langue et ne me traitez pas de petit monsieur, car j'ai d'autres titres plus honorifiques.

Et pour le prouver, je m'apprêtais à tirer de mon pupitre des documents propres à l'attester.

— Du calme, jeune homme, me répondit-il. Je suis encore plus vieux que vous ne pourriez l'imaginer, et mon âge m'autorise à vous parler sur ce ton autoritaire.

— Qui donc êtes-vous ?

— Je suis le Temps.

Un oh ! de stupeur parfaitement circulaire se dessina sur ma bouche. Mais il s'empressa de poursuivre :

— Ne soyez pas étonné, car si je me suis matérialisé sous cette forme, ce n'est que par pure sympathie pour vous. D'autre part, je veux vous faire des révélations qui vous intéresseront peut-être.

En disant cela, il s'installa confortablement sur un coussin. Avec un étonnement tout naturel, je vis l'horloge et le réveil quitter leur place et, remuant la queue, venir lui lécher les pieds.

Entonces no me cupo ya la menor duda de que era con el propio Tiempo con quien hablaba. Ahora voy a transcribir íntegramente su relato.

He aquí lo que dijo:

—Amigo mío, esta noche he tenido un gesto audaz. Me he anulado yo mismo unas horas en la Eternidad.

Nadie se habrá enterado más que usted de que mientras permanezca aquí, nada envejecerá y todo lo existente habrá desaparecido. Pero voy a hablarle a usted de mi vida. Toda mi historia puede dividirse en dos períodos: antes de la invención de los relojes y desde entonces acá. Mi primera época se deslizaba en alegres jugueteos, con mi hermano el Espacio, por todos los lugares que poseemos en el Universo. Lo pasábamos bien ¡voto a tal! y solo una nubecilla enturbiaba nuestra existencia. Era esta de carácter gastronómico. Crea usted que no había ni una cocina, ni un restaurant, ni siquiera un prado. La carencia total de alimento fue lo que me impulsó a comerme a mis hijos apenas nacían. Luego he visto que se me ha retratado como un viejo monstruoso y feroz, teófago por egoísmo y malos instintos. Mas, juro solemnemente —y al decir esto el péndulo osciló graciosamente hacia el estómago— que tales supuestos crimenes eran tan solo para satisfacer mi apetito. Por otra parte, el no comerse a los hijos pertenece a una moral muy en moda hará unos cuatro o cinco mil años.

Dijo esto de los cinco o seis mil años, como quien dice tres o cuatro días.

Il ne fit plus alors pour moi le moindre doute que c'était avec le Temps en personne que j'étais en train de parler. Je vais maintenant transcrire intégralement son récit.

Voici ce qu'il me dit :

— Mon ami, j'ai eu ce soir un geste audacieux. Je me suis annulé à moi-même quelques heures d'Éternité.

Personne à part vous n'aura remarqué que pendant que je suis ici, rien ne vieillira et que tout ce qui existe aura disparu. Mais je vais vous parler de ma vie. Toute mon histoire peut se diviser en deux périodes : avant l'invention des montres et après. Ma première époque glissait en joyeux batifolages avec mon frère l'Espace, dans tous les endroits que nous possédons par l'Univers. Nous nous amusions bien, sacrebleu ! et seul un petit nuage troublait notre existence. C'était un nuage à caractère gastronomique. Croyez bien qu'il n'y avait pas une seule cuisine, pas un seul restaurant, pas même un pré. C'est le manque absolu de nourriture qui me poussa à dévorer mes enfants aussitôt qu'ils naissaient. J'ai vu ensuite qu'on m'a représenté comme un vieillard monstrueux et féroce, théophage par égoïsme et mauvais instincts. Mais, je le jure solennellement – et comme il disait ces mots, le pendule oscilla drôlement vers son estomac –, ces prétendus crimes ne visaient qu'à satisfaire mon appétit. D'autre part, manger ses enfants fait partie d'une morale qui était très à la mode il y a quatre ou cinq mille ans.

Il dit cinq ou six mille ans comme qui dirait trois ou quatre jours.

[—]*Pero amigo mío, desde que el primer reloj hizo su aparición —y sus bigotes antes erguidos y marciales marcaron ahora las 7 y 25— no ha habido un momento de reposo para mí. Necesito multiplicarme, elevarme a una enésima potencia para poder funcionar todos los relojes existentes. Habrá usted observado que a veces no puedo con tanto trabajo y cuando eso acaece suelen enmudecer mis enemigos. La agitación es excesiva de unos siglos a esta parte, a pesar de lo cual oirá y aun leerá usted alguna vez «Discurría tranquilamente el tiempo...» «El tiempo tranquilamente prometía...»; pero créame, eso no son más que infundios y necedades, a las cuales no debe usted hacer caso.*

Al llegar aquí, una tosecilla molesta le asaltó y tosió las 8. Apenas pudo tictaquear prosiguió, entre el ladrido alborozado de mis dos relojes, que ladraban también las 8:

[—]*Veo que tiene usted ahí el retrato de ese majadero de Einstein. Mi experiencia me acoraza contra los insultos, pero el de relativo es el que más me ha dolido. Resulta que no bastan las falsedades que se me han levantado, sino que ahora soy la comidilla de las gentes por culpa de esa mala persona.*

De pronto su cuerpo comenzó a estirarse desmesuradamente. Yo me revolvía inquieto en la silla al ver un nuevo prodigio en aquella noche fantasmagórica. El Tiempo se alargaba demasiado.

— Mais, mon ami, depuis que la première montre a fait son apparition – et ses moustaches jusque-là dressées et martiales marquèrent 7 h 25 – je n'ai pas eu un seul instant de repos. Je dois me multiplier, m'élever à la puissance *n* pour pouvoir faire fonctionner toutes les montres qui existent. Vous aurez sans doute observé qu'il m'arrive de ne pas venir à bout de tout ce travail, et quand cela se produit, mes ennemis se taisent, généralement. Depuis quelques siècles, l'agitation est excessive, et malgré tout vous entendrez, vous lirez même, parfois, que « Le temps s'écoulait tranquillement… » « Le temps promettait tranquillement… » ; mais croyez-moi, ce ne sont que des blagues et des sottises, dont vous ne devez faire aucun cas.

Comme il disait cela, il fut pris d'une petite toux gênante et toussa huit heures. À peine put-il à nouveau faire son tic-tac il poursuivit, au milieu des aboiements joyeux de mes deux montres, qui marquaient huit heures elles aussi :

— Je vois que vous avez le portrait de cet imbécile d'Einstein. Mon expérience m'a cuirassé contre les insultes, mais c'est cette affaire de relativité qui m'a fait le plus mal. Voilà que ça ne suffit pas avec tous les mensonges qu'on a échafaudés sur moi, il faut encore que je sois maintenant le centre des commérages des gens, à cause de cette mauvaise personne.

Tout à coup, son corps commença à s'étirer démesurément. Je m'agitai sur ma chaise, très alarmé à la vue d'un nouveau prodige dans cette nuit fantasmagorique. Le Temps s'allongeait trop.

—No se intranquilice usted —me dijo ya del todo calmado— que en seguida termino y me voy. Pero no lo haré sin antes favorecerle en todo lo posible. Desde luego, cuando la vejez vaya a atraparle con sus garras trémulas yo seré quien la detenga y quedará eternamente joven.

—No, muchas gracias —respondí vivamente—, quiero que mi hora me llegue como a todos.

—Es usted un hombre sensato —me respondió—. Si rehúsa esto, entonces le contaré entre mis hijos dilectos y como a ellos le favoreceré.

—Pero, desearía saber quiénes van a ser mis hermanos.

—¡Hombre, por Dios! Pues sus hermanos serán los timadores y ladrones de relojes, porque ellos me alivian mucho en mi faena haciendo desaparecer de los bolsillos esos pequeños instrumentos que para mí son los más enojosos, porque existen en mayor cantidad. Mis hijos son también los perezosos, porque usan de mí con moderación. Mis hijos son…

—No siga —dije precipitadamente—. ¿Quiere usted hermanarme con timadores, con perezosos? De ningún modo acepto sus favores.

—Es usted un joven sin experiencia, demasiado ingenuo. Desengáñese que los que mejor han vivido son esos y los muchos que aún iba a citar. Si usted fuera artista amaría, por ejemplo, unas horas del tedio, mi hijo predilecto.

[—]*Estoy viendo que sus más amados hijos son las cualidades más desacreditadas entre los hombres. Me está usted resultando un ser vago, desaprensivo, egoísta.*

— Ne vous inquiétez pas, dit-il, complètement calmé maintenant. Je termine tout de suite et je m'en vais. Mais je ne le ferai pas sans vous avoir aidé de tout mon possible. Bien entendu, lorsque la vieillesse sera sur le point de vous saisir de ses griffes tremblantes, c'est moi qui l'arrêterai, et vous resterez éternellement jeune.

— Non, merci bien, répondis-je vivement, je veux que mon heure vienne, comme pour tout le monde.

— Vous êtes un homme sensé, me répondit-il. Si vous refusez cela, je vous compterai parmi mes enfants préférés, et comme tel, je vous favoriserai.

— Mais j'aimerais bien savoir quels seront mes frères.

— Voyons, au nom du Ciel ! Vos frères seront les escamoteurs et les voleurs de montres, car ils m'aident beaucoup dans mon travail en faisant disparaître des poches ces petits instruments qui pour moi sont les plus fâcheux, car ce sont les plus nombreux. Mes enfants, ce sont aussi les paresseux, car ils usent de moi avec modération. Mes enfants sont…

— N'allez pas plus loin, dis-je précipitamment. Vous voulez faire de moi le frère de voleurs, de paresseux ? Je ne veux en aucun cas de vos faveurs.

— Vous êtes un jeune homme sans expérience, trop ingénu. Détrompez-vous, ceux qui ont le mieux vécu sont ceux que je vous ai dits et tous ceux, fort nombreux, que j'allais encore vous citer. Si vous étiez artiste vous aimeriez, par exemple, quelques heures de spleen, mon fils préféré.

— Je vois que vos enfants bien-aimés sont les qualités les plus réprouvées parmi les hommes. Vous êtes pour moi un fainéant, un effronté et un égoïste.

El Tiempo amenazaba borrasca. Sus saetas se encolerizaban. Dio las ocho y media de una manera tan amenazadora, que yo llegué a sentir verdadero temor.

—Basta, joven, puesto que desdeña mis favores, sufrirá mis desfavores. Por lo pronto antes de dos días se quedará usted sin relojes.

Dicho esto, desapareció bruscamente.

Y su maldición se cumplió, pues no habían transcurrido dos días de mi aventura, cuando me vi sin una peseta y tuve que empeñar mis dos amados relojes.

Además sufría una obsesión constante. Todos los relojes con que topaba me miraban amenazadoramente y sus saetas se erizaban con ira. Otros, cuando quería enterarme de la hora, giraban burlonamente desconcertantes.

Por eso me compré un reloj de arena y le puse sobre la mesa. Pero entonces la venganza del Tiempo fue más cruenta. No sé qué haría con él, lo cierto es que su esbelto talle, ese talle fino como una aguja, fue engrosando poco a poco hasta dejar pasar la arena en grueso chorro.

Entonces a mí me llegó a repugnar aquel pobre reloj ajamonado, que después de todo no tenía la culpa de su deshonra y un día lo eché por la ventana, como esos amos intolerantes arrojan de su casa a la criada que tuvo un desliz.

Desde entonces estoy resignado a pasar sin reloj y esto me ha hecho perder muy buenos amigos por faltar a sus citas.

Le Temps menaçait la bourrasque. Ses aiguilles devenaient rouges. Il sonna huit heures et demie d'une manière si menaçante que j'en éprouvai une véritable crainte.

— Il suffit, jeune homme, puisque vous dédaignez mes faveurs, vous subirez ma défaveur. Pour commencer, avant deux jours vous n'aurez plus de montre.

Ayant dit, il disparut brusquement.

Et sa malédiction s'accomplit, car deux jours n'étaient pas passés depuis mon aventure que je me retrouvai sans un sou et que je dus gager mes deux montres bien-aimées.

De plus, je souffrais d'une obsession constante. Toutes les montres que je rencontrais me regardaient de façon menaçante et leurs aiguilles se dressaient de colère. D'autres, lorsque je voulais savoir l'heure, tournaient d'un air narquois et déconcertant.

C'est pourquoi j'achetai un sablier que je mis sur ma table. Mais alors la vengeance du Temps fut plus sanglante encore. Je ne sais ce qu'il a bien pu faire avec lui, mais le fait est que sa taille svelte, cette taille fine comme une aiguille se mit peu à peu à grossir, et finit par laisser passer le sable à grand flot.

Il arriva alors que je me pris à détester ce pauvre sablier empâté, qui après tout n'était pas coupable de son déshonneur, et un jour je le jetai par la fenêtre, comme ces maîtres intolérants qui chassent de chez eux la domestique qui a fait un faux pas.

Depuis ce jour-là, je me résigne à vivre sans montre, ce qui m'a fait perdre nombre de bons amis, pour n'être pas allé au rendez-vous qu'ils m'avaient fixé.

TEOREMA

Si por un punto fuera de una recta trazamos una paralela a ella obtendremos una soleada tarde de otoño.

En efecto:

El cielo todo ojos azules refleja el sueño sin peces de los estanques y estos a su vez bañan tibiamente la pereza de la tarde.

Los árboles ciegos pasan en lenta procesión y en sus más altas ramas pía oro alguna hoja rezagada.

Las calles en masa quieren salirse a pasear al campo pero tan lentamente que pronto los viandantes se las dejan atrás todas estremecidas al sol.

Campos amarillentos trepan por colinas y alcores y allí se tienden, con las piernas abiertas, en espera de la noche. Solo unos chopos siempre inquietos, telegrafían un «Morse» de hojas.

Acompasado respirar de la tarde y todas las cosas batiendo a su ritmo.

Yo, traigo en la palma de la mano mi bastón sin hojas.

Un seno duerme runruneando al sol.

THÉORÈME

Si par un point situé hors d'une droite nous traçons une parallèle à cette droite, nous obtiendrons un soir d'automne ensoleillé.

En effet :

Le ciel, tout yeux bleus, reflète le rêve sans poissons des bassins, lesquels à leur tour baignent de tiédeur la paresse du soir.

Les arbres aveugles passent en lente procession et dans leurs plus hautes branches une feuille attardée pépie de l'or.

Les rues, en masse, veulent aller se promener dans la campagne, mais si lentement que, très vite, les passants les laissent derrière eux, toutes frissonnantes dans le soleil.

Des champs jaunissants escaladent collines et coteaux et s'y étendent, jambes écartées, pour attendre la nuit. Seuls quelques peupliers, toujours inquiets, télégraphient un Morse de feuilles.

Respiration cadencée de l'après-midi, et de toutes les choses qui battent à son rythme.

Moi, j'ai dans la paume de ma main ma canne sans feuilles.

Un sein dort en ronronnant au soleil.

Todas las ventanas tienen pestañas como mujeres.

La torre de la iglesia, como un índice, señala la última nubecilla blanca.

Después de un bordoneo un silencio y luego pasa Cristo vendiendo voces.

Las golondrinas besan el pico de las siete.

Una descarga cerrada de veletas por el aire.

Las orejas de aquel mulo —él no se apercibe— reabsorben la tarde.

Se extingue la luz en mis solapas.

Es la hora en que comienza el solitario parto de las farolas.

Alguien da media vuelta al interruptor de las estrellas.

Que es lo que no nos habíamos propuesto demostrar.

Toutes les fenêtres ont des cils comme des femmes.

Le clocher de l'église, comme un index, montre le dernier petit nuage blanc.

Après un bourdonnement un silence puis passe le Christ, qui vend des voix.

Les hirondelles embrassent le bec de sept heures.

Décharge nourrie de girouettes dans l'air.

Les oreilles de ce mulet – lui, on ne le voit pas – réabsorbent le soir.

La lumière s'éteint sur les revers de ma veste.

C'est l'heure où commence l'accouchement solitaire des réverbères.

Quelqu'un tourne l'interrupteur des étoiles.

Ce qui est ce que nous ne nous étions pas proposé de démontrer.

LUCILLE Y SUS TRES PECES

Cada mes de abril, tres peces rojos, tres peces japoneses cruzaban y descruzábanse en silenciosas espirales sobre la dulce faz de Lucille. En su discreta frente hasta entonces sin nubes ni cometas locos, habían quedado impresas tres suaves ondas.

Un buen día, al llegar la última primavera desapareció uno de los peces, aquel a quien Lucille bautizó con el nombre de Tejedor de ensueños.

Y al llegar el otoño, desapareció el segundo pez japonés, aquel Punzón de ondas *como le habíamos llamado entre sonrisas corteses los amigos.*

La frente de Lucille volvió a quedar como antes, como una fuente de planta: porque el pez tercero, el Ovillador silencioso de deseos *tampoco estaba... ALLÍ.*

Cuando Lucille con su boquita pintada de corazón dice «ALLÍ» entornando deliciosamente su ojo izquierdo por el derecho como por una pecera, atraviesa sonámbula la sombra del tercer pez japonés, la del Ovillador silencioso de deseos.

LUCILLE ET SES TROIS POISSONS

Chaque année, au mois d'avril, trois poissons rouges, trois poissons japonais, se croisaient et se décroisaient en silencieuses spirales sur le tendre visage de Lucille. Sur son front droit jusque-là sans nuages ni comètes folles, trois ondes douces étaient restées marquées.

Un beau jour, au début du printemps dernier, un des poissons disparut, celui que Lucille avait baptisé du nom de *Tisseur de rêves*.

Et quand l'automne arriva, disparut le deuxième poisson japonais, cette *Corne d'ondes*, comme nous, les amis de Lucille, nous l'avions appelé en riant.

Le front de Lucille fut à nouveau comme avant, comme une source de plante : le troisième poisson, *Le silencieux Pelotonneur de désirs* n'était plus... LÀ non plus.

Quand Lucille, de sa petite bouche maquillée en cœur, dit « LA » en fermant délicieusement à demi son œil gauche, dans son œil droit comme dans un bocal, passe, somnambule, l'ombre du troisième poisson japonais, celle du *Silencieux Pelotonneur de désirs*.

DILUVIO

Llovía.

Diluviaba.

Algo más que torrencialmente. Diluviaba oceánicamente: nadie podía esperar que un mar pudiera viajar así, como un avión, de un planeta a otro. La atmósfera se había transformado en un mar sin peces. Se hallaba próximo el instante en que estos iban a poder salir tranquilamente de los estanques para pasearse por la gran bola acuática de la exatmósfera. Ya muchos sacaban sus cabezas de un agua para ponerlas en la otra y quedaban así, con mansuetud de niños, como cocodrilos a medio sumergir.

La ciudad entera guarecida bajo los tejados se veía impotente para resistir aquel diluvio que caía como en los sueños al ralentí, pareciendo de tan compacto no caer sino quedarse.

Toda la ciudad con sus grandes torres desmanteladas era un inmenso bergantín por primera vez náufrago en la lluvia.

Llovía.

DÉLUGE

Il pleuvait

Il pleuvait à verse.

Plus que torrentiellement, même. Il pleuvait océaniquement : personne n'aurait imaginé qu'une mer pût voyager ainsi, comme un avion, d'une planète à l'autre. L'atmosphère s'était transformée en une mer sans poissons. L'instant était proche où ces derniers allaient pouvoir sortir tranquillement des bassins pour se promener dans la grande boule aquatique de l'ex-atmosphère. Beaucoup d'entre eux déjà sortaient la tête hors d'une eau pour la mettre dans l'autre et restaient ainsi, avec une douceur enfantine, comme des crocodiles à demi submergés.

La ville entière, à l'abri de ses toits, était impuissante à résister à ce déluge qui tombait comme dans les rêves, au ralenti, et qui semblait, tant il était compact, non pas tomber mais rester immobile.

Toute la ville avec ses grandes tours démantelées était un immense brigantin pour la première fois naufragé de la pluie.

Il pleuvait.

Los peces parecían mariposas atraídos por la luz húmeda de los faroles y en los tejados se entreabrían las tejas como lapas.

En los escaparates colonias enteras de libros buscaban algo en el agua con las hojas vibrátiles y ondulantes, sexos de pólipo.

Los niños nadaban por el acuario iluminado de los pisos, acercándose a los cristales —unos bobos— muy abiertos los ojos, dejando escapar una columna de circulitos por sus bocas redondas.

Llovía. Llovía. Llovía.

Todo tenía o presentía un palpitar de pulpo. Todo era repugnante a la vista y al tacto.

Las avenidas comenzaban a llenarse de vientres hinchados, de vientres tumefactos sobre los que acudían por bandadas, con inaudita voracidad, manos hambrientas, lenguas hambrientas, cabelleras hambrientas.

A mil metros de altura cruzó la luz fantasmal de un tranvía herido acosado de delfines, asaeteado por millones de dentaduras blanquísimas.

Llovía. Llovía. Llovía. Llovía.

Por todas partes entre grietas de agua y resplandores glaucos acechaban unos ojos grises de mirar metálico, con ferocidad de escualo, los ojos de todos los habitantes de la ciudad, todo ojos, todo ferocidad.

Mis diez dedos no tenían hueso y mis ojos, también mis ojos me acechaban de lejos, más grandes que nunca, grises para siempre, con la ferocidad de los demás ojos.

Les poissons avaient l'air de papillons attirés par la lumière humide des réverbères et sur les toits les tuiles s'entrouvraient comme des bernicles.

Dans les vitrines, des colonies entières de livres cherchaient quelque chose dans l'eau avec leurs feuilles vibratiles et ondulantes, sexes de polype.

Les enfants nageaient dans l'aquarium illuminé des appartements, en s'approchant des vitres – les sots –, yeux grands ouverts, et laissaient échapper une colonne de petits cercles de leurs bouches rondes.

Il pleuvait. Il pleuvait. Il pleuvait.

Tout avait ou pressentait une palpitation de poulpe. Tout était répugnant à la vue et au toucher.

Les avenues commençaient à se remplir de ventres gonflés, de ventres tuméfiés vers lesquels se précipitaient en bandes, avec une voracité inouïe, des mains affamées, des langues affamées, des chevelures affamées.

À mille mètres d'altitude passa la lumière fantomatique d'un tramway blessé assailli par les dauphins, transpercé par des millions de petites dentures éclatantes de blancheur.

Il pleuvait. Il pleuvait. Il pleuvait. Il pleuvait.

De tous côtés, entre des lézardes d'eau et de glauques éclairs épiaient des yeux gris au regard métallique, avec une férocité de squale, les yeux de tous les habitants de la ville, tout yeux, toute férocité.

Mes dix doigts n'avaient pas d'os et mes yeux, mes yeux aussi me guettaient de loin, plus grands que jamais, à tout jamais gris, avec la férocité des autres yeux.

Junto a mí pasó flotando mi novia ahogada impulsada por el temblor de su velo nupcial, medusa de amor y muerte.

Llovía. Llovía. Llovía. Llovía.

En el reloj de la catedral dieron las doce burbujas de la noche.

Llovía.

Près de moi passa en flottant ma fiancée noyée poussée par le tremblement de son voile nuptial, méduse d'amour et de mort.

Il pleuvait. Il pleuvait. Il pleuvait. Il pleuvait.

À l'horloge de la cathédrale sonnèrent les dix bulles de la nuit.

Il pleuvait.

RAMUNETA EN LA PLAYA

Se había dicho muchas veces a Ramuneta:

—La Venus de Milo tendría algún interés si la vistieran con un mallot de seda verde. En cambio a V. Ramuneta con sus dos trenzas rubias le iría mejor un mallot de seda cielo-azul.

Y ahora —corza en el mar— corretea por la playa, ceñida en un adolescente, tiernamente modelado mallot azul, terso disimulador de su gracia plástica, templado sobre su perfecto cuerpecillo por las clavijas incipientes de los senos.

—Ramunetaaaa...

Se para en seco embobada, embelesada mi Ramuneta, con la atención de los niños por las cometas que ellos mismos lanzan sobre las playas.

—Ramuneta, ¿no oye V. sonar los acordeones de los puertos? Mire; precisamente allí, sobre el golfo, ¿es brisa o polka ese suave sonido o contacto que ahora llega hasta nosotros?

Pero ella no hace más que reír y se pone a danzar como una tonta.

¡Qué turbador resulta ese ¿quieres? *de sus muslos y ese* ¡no puedo! *de sus ojos!*

RAMUNETA À LA PLAGE

On avait souvent répété à Ramuneta :

— La Vénus de Milo aurait un intérêt si on l'habillait d'un maillot de soie verte. En revanche, ce qui vous irait mieux à vous, Ramuneta, avec vos deux tresses blondes, c'est un maillot de soie bleu ciel.

Et maintenant – chevrette du bord de mer – elle court partout sur la plage, moulée dans un maillot bleu, adolescent et tendrement modelé, dissimulateur lustré de sa grâce plastique, réglé sur son parfait petit corps par les chevilles débutantes de ses seins.

— Ramunetaaaa…

Elle s'arrête net, étonnée, charmée ma Ramuneta, avec l'attention qu'ont les enfants pour les cerfs-volants qu'ils lancent sur les plages.

— Ramuneta, n'entendez-vous pas chanter les accordéons des ports ? Regardez, là, précisément, sur le golfe, est-ce la brise ou bien une polka, ce doux son, ce contact qui nous parvient maintenant ?

Mais elle se contente de rire et se met à danser comme une sotte.

Qu'ils sont troublants, ce *tu veux ?* de ses cuisses et ce *je ne peux pas !* de ses yeux.

¿De qué gaviota increada o de qué insólito delfín habrá tomado tan extrañas actitudes?

Pero un sol decadente, rabioso de su obligada ausencia, lanza contra ella un gran puñado de rayos últimos.

—¡Ay! que no veo, que me acabo de quedar ciega. ¿Dónde estamos?

Para que lo sepa leo unas líneas preparadas días antes.

Cóncava esplendidez diurna: curva clara que conduce a todas las playas.

Sobre tu frente, Ramuneta, un anélido de luz y bajo tus pies desnudos un azul marino esculpe frisos sin saberlo.

En el oro de la arena se estrella un concurso de olas: discóforos las ondillas finas: platelmintos las verdes algas. En el atardecer sin sombras ni sonidos da un ritmo blanco la espuma de las olas.

Geometría sutil de ciudades lejanas, en delirantes espejismos envuelve el horizonte.

Cien caminos sugieren cien motivos distintos.

Campos ciudades torbellinos de cosas y reflejos: parece entreverse el mundo en interposición local de cromatismo.

Y frente a nosotros un mar sin barcos un mar sin peces un mar sin playas un mar sin mar.

Tus dos trenzas rubias Ramuneta son dos admiraciones al crepúsculo por donde nace tu sonrisa, tu sonrisa que puede meterse entre mi ropa blanca.

À quelle mouette non créée, à quel insolite dauphin a-t-elle bien pu emprunter ces attitudes si étranges ?

Mais un soleil décadent, plein de rage à cause de son absence forcée, lui lance une grande poignée de derniers rayons.

— Ah ! Je n'y vois plus, je suis aveugle. Où sommes-nous ?

Afin qu'elle le sache, je lis deux ou trois lignes préparées quelques jours plus tôt.

Concave splendeur diurne : courbe claire qui mène à toutes les plages.

Sur ton front, Ramuneta, un annélide de lumière et sous tes pieds nus un bleu marine sculpte des frises sans le savoir.

Sur l'or du sable se brise un concours de vagues : discophores les fines ondelettes : plathelminthes les algues vertes. Dans le soir tombant sans ombre ni bruits l'écume des vagues a un rythme blanc.

Une géométrie subtile de villes lointaines enveloppe l'horizon de délirants mirages.

Cent chemins suggèrent cent motifs distincts.

Campagne villes tourbillons de choses et de reflets : on croirait entrevoir le monde dans une interposition locale de chromatisme.

Et devant nous une mer sans bateaux une mer sans poissons une mer sans plages une mer sans mer.

Tes deux tresses blondes Ramuneta sont deux points d'exclamation provoqués par le crépuscule par où naît ton sourire, ton sourire qui peut se glisser dans mes vêtements blancs.

Momentos después, huyendo de mis voces, Ramuneta insumergible entre las dos calabazas deliciosas de sus senos, nadaba riendo hacia las islas.

Quelques instants plus tard, fuyant mes appels, Ramuneta, insubmersible entre les deux délicieuses calebasses de ses seins, nageait en riant vers les îles.

NOTICIAS DE HOLLYWOOD

(Última hora)

Hemos hablado con Menjou, quien niega rotundamente su participación en el adulterio de su deliciosa amiga Greta Nissen.

—Sin embargo, se dice que usted...

Menjou sonríe enigmático. De su americana extrae una magnífica pitillera de oro, regalo del ex Kaiser. La abre y nos la presenta repleta de bigotes. Tomamos uno, que le agradecemos muy cordialmente, pero volvemos a insistirle:

—Dicen que le vieron a usted...

Menjou tiene un gesto sincero de extrañeza:

—Me vieron; entonces, ¿quién sabe? Es muy posible. Ando tan distraído estos días.

*

El escándalo del otro día en el Coolidge's Bar, el mejor frecuentado de Hollywood, lo constituyó el extraño ataque que sufrió Clara Bow, la que imprevistamente comenzó a dar gritos llamando a su mamá. Todos se levantaron horrorizados de aquel atrevimiento, e incluso hubo algunos, como Douglas Fairbanks, que lo calificaron de shocking. *Durante dos horas continuó llamando a la autora de sus días,*

NOUVELLES D'HOLLYWOOD

(dernière minute)

Nous avons parlé avec Menjou, qui nie catégoriquement toute participation à l'adultère de sa délicieuse amie Greta Nissen.

— Cependant, on dit que vous…

Menjou a un sourire énigmatique. Il extrait de sa veste un magnifique étui à cigarettes en or, cadeau de l'ex-Kaiser. Il l'ouvre et nous le présente, tout rempli de moustaches. Nous en prenons une, en le remerciant cordialement, mais nous insistons de nouveau :

— On dit qu'on vous a vu…

Menjou a une sincère expression d'étonnement :

— On m'a vu ; alors, qui sait ? C'est bien possible. Je suis tellement distrait ces jours-ci.

*

Le scandale de l'autre jour au Coolidge's Bar, le mieux fréquenté d'Hollywood, a été causé par l'étrange crise de nerfs de Clara Bow, qui commença soudain à crier en appelant sa maman. Tout le monde se leva, horrifié de cette audace, et il y en eut même, comme Douglas Fairbanks, qui la qualifièrent de *shocking*. Pendant deux heures, elle continua à appeler sa mère,

sin tener siquiera un recuerdo para su progenitor, y esto es lo que no le han perdonado. Como consecuencia del suceso, Clarita Bow ha dejado de pertenecer a la Metro, y treinta y dos stars *han pedido su inmediato divorcio, como signo de adhesión a su amiga y a las respectivas mamás.*

*

Alarmados, nos escriben gran número de lectores para cerciorarse de la noticia respecto del dentífrico empleado por Mary Pickford. Tranquilícense los tales, porque no había nada cierto. Lo que sucedió fue que por no encontrar en la tienda del que suele emplear, se vio forzada a comprar un tubo de la marca Sot. Mas desde ayer, la simpática Mary ha recomenzado con el empleo de su antigua pasta. Quedan complacidos los admiradores de la gentil Mary.

*

Beltrán Masses ha terminado su retrato de John Gilbert. Lo ha realizado casi mejor que una fotografía, y muchos invitados llegan a confundirlo con el original y hasta le ofrecen pitillos. Como detalle curioso, daremos el de que en el traje que representa el conocido de Enrique VIII de Inglaterra se han incrustado brillantes auténticos por valor de 10.000 dólares. Ayer, John Gilbert organizó una reunión en honor del ilustre pintor, digno sucesor de Velázquez,

sans avoir même une pensée pour son géniteur, et c'est ce qu'on ne lui a pas pardonné. En conséquence de cet événement, Clarita Bow a cessé de faire partie de la Metro, et trente-deux *stars* ont immédiatement demandé le divorce, en signe de soutien à leur amie et à leurs mamans respectives.

*

Un grand nombre de lecteurs alarmés nous écrivent pour s'assurer de la nouvelle concernant le dentifrice utilisé par Mary Pickford. Qu'ils se tranquillisent, car il n'y avait rien de vrai. Ce qui s'est passé, c'est que ne trouvant pas chez le marchand celui qu'elle emploie d'habitude, elle a été obligée d'acheter un tube de la marque Sot. Mais depuis hier, la sympathique Mary a repris l'usage de son ancienne pâte. Les admirateurs de la gracieuse Mary se réjouissent.

*

Beltrán Masses a terminé son portrait de John Gilbert. Il l'a presque mieux réussi qu'une photographie, et de nombreux invités vont jusqu'à le confondre avec l'original et même à lui proposer des cigarettes. Comme détail curieux, nous dirons que dans le costume inspiré de celui, bien connu, du roi Henri VIII d'Angleterre, ont été incrustés des brillants authentiques pour un montant de 10 000 dollars. Hier, John Gilbert a organisé une réception en l'honneur de l'illustre peintre, digne successeur de Vélasquez,

en la que se hallaba presente Mr. Nicholson, profesor de Arte de la Universidad de Pensilvania. Le fue pedido su parecer sobre el retrato. Después de meditar un instante, respondió:

—¡Magnífico retrato! Parece que va a hablar.

Fue muy comentada esta sentencia, pues corren rumores de que Mr. Nicholson se halla preparando un nuevo aparato que permitirá en adelante dialogar en los Museos con los cuadros.

*

El papá de Jannings no se llamaba Emil, sino Andrew. Ya se han remitido telegramas a todo el mundo dando cuenta de la noticia.

*

Corren rumores de que el Ministro de Instrucción pública va a impedir en lo sucesivo toda clase de información cinematográfica y aún, según dicen, de revistas dedicadas al séptimo arte. Parece ser que el Ministro califica las tales de pornográficas, de embrutecedoras del gusto público, de alimentar la idiótica banalidad de admiradores y admiradoras de estrellas, de atentar continuamente contra la inteligencia de la masa. Ha impuesto gruesas multas a importantes periódicos, porque, según él, resultaba inmoral, dado el carácter de seriedad de que hacían gala, la inserción de tan viles páginas cinematográficas. Para corroborar estas noticias,

à laquelle a assisté Mr. Nicholson, professeur d'art de l'Université de Pennsylvanie. On lui a demandé son avis sur le portrait. Après avoir réfléchi un instant, il a répondu :

— Portrait magnifique ! On dirait qu'il va parler.

Cette sentence a été beaucoup commentée, car le bruit court que Mr. Nicholson est en train de préparer un nouvel appareil qui permettra désormais de dialoguer dans les musées avec les tableaux.

*

Le papa de Jannings ne s'appelait pas Emil, mais Andrew. On a envoyé à tout le monde des télégrammes pour annoncer cette nouvelle.

*

Le bruit court que le ministre de l'Instruction publique va interdire dorénavant toute sorte d'information cinématographique et même, à ce qu'on dit, de revues consacrées au septième art. Il semblerait que le Ministre les accuse d'être pornographiques, d'abêtir le goût du public, d'alimenter l'idiotique banalité des admirateurs et admiratrices des stars, d'attenter continuellement à l'intelligence de la masse. Il a imposé de grosses amendes à d'importants journaux, parce que selon lui, et vu le caractère de sérieux dont ils se prévalaient, l'insertion de pages pornographiques aussi viles était immorale. Pour corroborer ces informations, *nos llegó ayer la [de] que Baltasar Fernández ha sido detenido en su domicilio. Protestamos enérgicamente contra esas disposiciones draconianas y remitimos a los no iniciados en estas lecturas a la de una revista profesional cualquiera o a la página cinematográfica de uno cualquiera de nuestros grandes rotativos. El lector juzgará de las injustas disposiciones ministeriales.*

nous avons appris hier que Baltasar Fernández a été arrêté à son domicile. Nous protestons énergiquement contre des dispositions draconiennes et nous renvoyons les non-initiés à la lecture d'une quelconque revue professionnelle, ou à la page cinéma de l'un quelconque de nos grands journaux. Le lecteur jugera de l'injustice des dispositions ministérielles.

UNE GIRAFE

Cette girafe, de grandeur naturelle, est une simple planche de bois découpée en forme de girafe et qui offre une particularité qui la différencie du reste des animaux du même genre fabriqués en bois. Chaque tache de sa peau, qui, à trois ou quatre mètres de distance, n'offre rien d'anormal, est en réalité constituée soit par un couvercle que chaque spectateur peut très facilement ouvrir, en le faisant tourner sur un petit gond invisible placé dans un de ses côtés, soit par un objet, soit par un trou laissant apparaître le jour – la girafe n'a que quelques centimètres d'épaisseur –, soit par une concavité contenant les différents objets qu'on détaille dans la liste ci-dessous.

Il est à remarquer que cette girafe ne prend véritablement son sens que lorsqu'elle est entièrement réalisée, c'est-à-dire, quand chacune de ces taches remplit la fonction à laquelle elle est destinée. Si cette réalisation est très *dispendieuse* elle n'en reste, pour cela, pas moins possible.

TOUT EST ABSOLUMENT RÉALISABLE

Pour cacher les objets qui doivent se trouver derrière l'animal, il faudra placer celui-ci devant un mur noir de dix mètres de hauteur sur quarante de longueur. La surface du mur doit être intacte. Devant ce mur il faudra entretenir un jardin d'asphodèles, dont les dimensions seront les mêmes que celles du mur.

CE QUI DOIT SE TROUVER DANS CHAQUE TACHE DE LA GIRAFE

Dans la première : L'intérieur de la tache est constitué par un petit mécanisme assez compliqué ressemblant beaucoup à celui d'une montre. Au milieu du mouvement des roues dentées, tourne vertigineusement une petite hélice. Une légère odeur de cadavre se dégage de l'ensemble. Après avoir quitté la tache, prendre un album qui doit se trouver par terre aux pieds de la girafe. S'asseoir dans un coin du jardin et feuilleter cet album qui présente des dizaines de photos de très misérables et toutes petites places désertes. Ce sont celles de vieilles villes castillanes : Alba de Tormes, Soria, Madrigal de las Altas Torres, Orgaz, Burgo de Osma, Tordesillas, Simancas, Sigüenza, Cadalso de los Vidrios et surtout Tolède.

Dans la deuxième : À condition de l'ouvrir à midi, comme le précise l'inscription extérieure, on se trouve en présence d'un œil de vache dans son orbite, avec ces cils et sa paupière. L'image du spectateur se reflète dans l'œil. La paupière doit tomber brusquement, mettant fin à la contemplation.

Dans la troisième : En ouvrant cette tache, on lit, sur un fond de velours rouge, ces deux mots :

Les lettres étant détachables, on pourra se livrer avec elles à toutes les combinaisons possibles.

Dans la quatrième : Il y a une petite grille, comme celle d'une prison. À travers la grille, on entend les sons d'un véritable *orchestre* de cent musiciens jouant l'ouverture des *Maîtres Chanteurs*.

Dans la cinquième : Deux boules de billard tombent à grand fracas dès l'ouverture de la tache. À l'intérieur de celle-ci ne reste plus, debout, qu'un parchemin roulé, entouré d'une ficelle ; le dérouler afin de pouvoir lire ce poème :

À RICHARD CŒUR DE LION

Du chœur à la cave, de la cave à la colline, de la colline à l'enfer, au sabbat d'agonies de l'hiver.

Du chœur au sexe de la louve qui fuyait dans la forêt sans temps du Moyen Âge.

Verba vedata sunt fodido en culo, et puto gafo, *c'était le tabou de la première cabane dressée dans le bois infini, c'était le tabou de la déjection de la chèvre d'où sortirent les foules qui élevèrent les cathédrales.*

Les blasphèmes flottaient dans les marécages, les tourbes tremblaient sous le fouet des évêques de marbre mutilés, on employait les sexes féminins pour mouler des crapauds.

Avec le temps reverdissaient les religieuses, de leurs côtés secs poussaient des branches vertes, les incubes leur faisaient de l'œil tandis que les soldats pissaient dans les murs du couvent et que les siècles grouillaient dans les plaies des lépreux.

Des fenêtres pendaient des grappes de nonnes sèches qui produisaient, à l'aide du tiède vent printanier, une suave rumeur d'oraison.

J'aurai à payer mon écot, Richard Cœur de Lion, fodido en puto gafo.

Dans la sixième : La tache traverse de part en part la girafe. On contemple alors le paysage à travers le trou ; à une dizaine de mètres, ma mère – Mme Buñuel – habillée en blanchisseuse, est agenouillée devant un petit ruisseau en train de laver le linge. Quelques vaches derrière elle.

Dans la septième : Une simple toile de vieux sac salie de plâtre.

Dans la huitième : Cette tache est légèrement concave et se trouve couverte de poils très fins, frisés, blonds, pris au pubis d'une jeune adolescente danoise aux yeux bleus très clairs, potelée de corps, à la peau brûlée par le soleil, de toute innocence et candeur. Le spectateur devra souffler suavement sur les poils.

Dans la neuvième : À la place de la tache on découvre un gros papillon nocturne obscur, avec la tête de mort entre les ailes.

Dans la dixième : À l'intérieur de la tache une appréciable quantité de pâte à pain. On est tenté de la pétrir entre ses doigts. Des lames de rasoir très bien dissimulées mettront en sang les mains du spectateur.

Dans la onzième : Une membrane en vessie de porc remplace la tache. Plus rien. Prendre la girafe et la transporter en Espagne pour la placer au lieu-dit « Masada del Vicario », à 7 kilomètres de Calanda, au sud de l'Aragon, la tête dirigée vers le nord. Crever d'un coup de poing la membrane et regarder par le trou. On verra une maisonnette très pauvre, blanchie à la chaux, au milieu d'un paysage désertique. Un figuier est placé à quelques mètres de la porte, en avant. Au fond, des montagnes pelées et des oliviers. Un vieux laboureur sortira peut-être, à cet instant, de la maison, pieds nus.

Dans la douzième : Une très belle photo de la tête du Christ couronnée d'épines mais RIANT AUX ÉCLATS.

Dans la treizième : Au fond de la tache une très belle rose plus grande que nature fabriquée avec des pelures de pommes. L'androecie est en viande sanglante. Cette rose deviendra noire quelques heures après. Le lendemain [elle] pourrira. Trois jours plus tard, sur les restes apparaîtra une légion de vers.

Dans la quatorzième : Un trou noir. On entend ce dialogue chuchoté avec une grande angoisse :

VOIX DE FEMME : *Non, je t'en supplie. Ne gèle pas.*

VOIX D'HOMME : *Si, il le faut. Je ne pourrais pas te regarder en face.* (On entend le bruit de la pluie.)

VOIX DE FEMME : *Je t'aime tout de même, je t'aimerai toujours, mais ne gèle pas.* NE... GÈLE... PAS. (Pause.)

VOIX D'HOMME (très bas, très doux) : *Mon petit cadavre...* (Pause. On entend un rire étouffé.)

Une lumière très vive se fait brusquement à l'intérieur de la tache. À cette lumière, on voit quelques poules qui picorent.

Dans la quinzième : Une petite fenêtre à deux battants construite à l'imitation parfaite d'une grande. Il en sort tout à coup une épaisse bouffée de fumée blanche, suivie, quelques secondes plus tard, d'une explosion éloignée. (Fumée et explosion doivent être comme celles d'un canon, vues et entendues à quelques kilomètres de distance.)

Dans la seizième : En ouvrant la tache on voit à deux ou trois mètres une *Annonciation* de Fra Angelico, très bien encadrée et éclairée, mais dont l'état est pitoyable : déchirée à coups de couteau, gluante de poix, la figure de la Vierge soigneusement souillée avec des excréments, les yeux crevés par des aiguilles, le ciel portant en caractères très grossiers l'inscription : À BAS LA MÈRE DU TURC.

Dans la dix-septième : Un jet de vapeur très puissant jaillira de la tache au moment de son ouverture et aveuglera affreusement le spectateur.

Dans la dix-huitième : L'ouverture de la tache provoque la chute angoissante des objets suivants : aiguilles, fil, dé, morceaux d'étoffe, deux boîtes d'allumettes vides, un morceau de bougie, un jeu de cartes très vieux, quelques boutons, des flacons vides, des grains de Vals, une montre carrée, une poignée de porte, une pipe cassée, deux lettres, des appareils orthopédiques et quelques araignées vivantes. Le tout s'éparpille de la manière la plus inquiétante. (Cette tache est la seule qui symbolise la mort.)

Dans la dix-neuvième : Une maquette de moins d'un mètre carré derrière la tache, représentant le désert du Sahara sous une lumière écrasante. Couvrant le sable, cent mille petits maristes en cire, le tablier se détachant sur la soutane. À la chaleur, les maristes fondent peu à peu. (Il faudra avoir plusieurs millions de maristes de réserve.)

Dans la vingtième : On ouvre cette tache. Rangés sur quatre planches on voit douze petits bustes en terre cuite, représentant Mme…*, merveilleusement bien faits et ressemblants malgré leurs dimensions d'environ deux centimètres. À la loupe on constatera que les dents sont faites en ivoire. Le dernier petit buste a toutes les dents arrachées.

* Je ne puis révéler ce nom. *(N.d.A.)*

LA AGRADABLE CONSIGNA DE SANTA HUESCA

Una pregunta seguida de un cañonazo.

—Aún no lo he pronunciado— dice el gobernador.

—Pues allá usted y para mayor seguridad, mire.

El gobernador se administra y ve lo que sigue.

Dos horas después entre la carretera de San Feliu y San Guíxols va andando un trozo de carne asada, de unos dos kilos de peso, gorda y requemadota. Aún la veo y sin remordimiento la puedo llamar, hija de puta. Pero ella ni se menea, ni argumenta, ni vomita. Igual le da.

La carretera se pierde en el horizonte en línea obstinadamente recta, empolvada, iluminada canicularmente. Al verla se presienten ciertas funciones de ópera en el instante en que una dama de un palco se lleva los impertinentes a los ojos.

Mientras, la carne asada continúa su camino sin pensar en nada interesante. Solo una nubecilla de polvo señala su paso. De pronto, brota de la tierra, atraídos por el sol, una muchedumbre inmensa, un millón de millones de pequeños sastres de los que el mayor no llega al milímetro. Unos saltan a un metro de altura del suelo,

L'AGRÉABLE CONSIGNE DE SAINTE HUESCA

Une question suivie d'un coup de canon.

— Je ne l'ai pas encore prononcé, dit le gouverneur.

— Eh bien c'est votre affaire, et pour plus de sécurité, regardez.

Le gouverneur prend sa pilule et voit ce qui suit :

Deux heures plus tard sur la route de San Feliu et San Guixols marche un morceau de viande grillée, d'un poids d'à peu près deux kilos, grosse et un peu brûlée. Je la vois encore et sans remords je peux l'appeler « fille de pute ». Mais elle ne bouge pas, n'argumente pas, ne vomit pas. Elle s'en fiche.

La route se perd à l'horizon selon une ligne obstinément droite, poussiéreuse, éclairée par la canicule. En la voyant, on pense à certaines soirées d'opéra, à l'instant où une dame, dans une loge, porte à ses yeux son face-à-main.

Pendant ce temps, la viande grillée poursuit son chemin sans penser à rien d'intéressant. Seul un petit nuage de poussière signale son passage. Soudain jaillissent de la terre, attirés par le soleil, en foule immense, un milliard de petits tailleurs dont le plus grand n'atteint pas un millimètre de haut. Les uns sautent à un mètre du sol,

otros persiguen a alguna campesina extraviada, otros arden como una mecha, otros postulan.

El trozo de carne, molesto, vomitando, emprende veloz carrera arrollando a cuantos sastres encuentra a su paso. A la media hora, la carretera no es más que un inmenso lodazal: cada sastre se disuelve en una gota de orina, desmelenada, sollozante y que antes de fundirse con el polvo se agarra desesperadamente a los postes del camino. En medio de este caos, por todos los ámbitos del horizonte llegan ecos de órganos, de rezos, de himnos que provienen de lejanas catedrales.

El trozo de carne ha emprendido una veloz carrera. En un recodo le salen dos barruntos en las orejas. En la próxima curva hay un ciprés de ranura, y se detiene ante él. El trozo de carne descansa y observa.

A un metro justo de la base del ciprés percibe un bulto que inmediatamente se pone a la defensiva. El trozo de carne sabe que aquello puede influir en la vida de la ciudad. Es un tic-tac corriente que ya salta, ya pregunta, ya se concentra esgrimiendo un libro o ya vuelca un tranvía puesto a la cabeza de las turbas. Él no tiene nada que ver con las agonías ni con la historia. Después de todo él va donde va la gente.

El trozo de carne sigue observando.

Los alegatos del ciprés son raros. Sus cámaras se hallan cubiertas de válvulas aceradas, color vegetal, y su suelo es de carne congelada, la cual produce tan gran estrépito que los pájaros huyen de los tejados.

d'autres poursuivent une paysanne égarée, d'autres brûlent comme une mèche, d'autres font la quête.

Le morceau de viande, incommodé, vomit et se lance dans une course rapide en renversant tous les tailleurs qu'il trouve sur son passage. Au bout d'une demi-heure, la route n'est plus qu'un immense bourbier : chaque tailleur se dissout dans une goutte d'urine, échevelé, sanglotant, et avant de se mêler à la poussière, il s'accroche désespérément aux poteaux du chemin. Au milieu de ce chaos, de toute l'étendue de l'horizon arrivent des échos d'orgues, de prières, d'hymnes provenant de lointaines cathédrales.

Le morceau de viande s'est lancé dans une course rapide. À un tournant du chemin deux pressentiments lui poussent dans les oreilles. Au tournant suivant il y a un cyprès à rainure, et il s'arrête devant. Le morceau de viande se repose et observe.

À un mètre juste de la base du cyprès, il aperçoit une forme qui se met aussitôt sur la défensive. Le morceau de viande sait que cela peut influer sur la vie de la ville. C'est un tic-tac courant qui tantôt saute, tantôt pose des questions, tantôt encore se concentre en brandissant un livre, ou encore renverse un tramway placé en tête des foules. Lui, il n'a rien à voir avec les agonies, avec l'histoire non plus. Après tout, il va là où vont les gens.

Le morceau de viande continue à observer.

Les plaidoyers du cyprès sont rares. Ses chambres sont recouvertes de soupapes acérées, de couleur végétale, et leur sol est fait de viande congelée, qui fait un vacarme tel que les oiseaux fuient les toits.

El estrépito no se oye porque es menor que un gato negro y tan silencioso como este.

El trozo de carne piensa que esta ocasión es única. Sin embargo espera el crepúsculo para entrar en acción.

A todo esto, el tic-tac, apoyándose en arco contra la tierra, se distiende y se lanza verticalmente al espacio. A medida que asciende se infla, se redondea. Pronto no es más que una cubierta de algodón tendida en la más miserable de las camas.

Son las ocho y un estudiante se dispone a ir a clase.

El trozo de carne, junto a la pila del agua bendita, ofrece el sagrado licor a las primeras beatas. Por la tarde, todas las mulas de la ciudad aparecían muertas en las cuadras. El público amotinado se reúne junto al sagrario y lo destruye a hachazos. Alguien va a rociarlo con gasolina. De pronto, un grito de horror: 500 hostias consagradas, con el miembro en erección, están hollando el trozo de carne asada, la cual, repantingada, ni se da cuenta, ni le importa nada, ni se pone detrás del horizonte volando alrededor del sol.

Uno del público se acerca al trozo de carne y mientras los demás espantan las hostias a palos, aquel introduce su mano por la palangana del trozo de carne. Después de gran trabajo consigue sacar un libro voluminoso de cantos oblicuos. Sobre la cubierta en letras doradas aparece el título:

«Vida de Santa Huesca»

Ce vacarme ne s'entend pas car il est moindre qu'un chat noir et aussi silencieux que ce dernier.

Le morceau de viande se dit que cette occasion est unique. Cependant, il attend le crépuscule pour agir.

Pendant ce temps, le tic-tac, s'arc-boutant contre la terre, se détend et se lance verticalement dans l'espace. À mesure qu'il monte, il s'enfle, s'arrondit. Très vite, il n'est plus qu'une couverture de coton tendue sur le plus misérable des lits.

Il est huit heures et un étudiant se prépare à aller en classe.

Le morceau de viande, près du bénitier, offre la liqueur sacrée aux premières bigotes. L'après-midi, toutes les mules de la ville mouraient dans leurs écuries. Le public mutiné se rassemble près du tabernacle et le détruit à coups de hache. Quelqu'un va l'arroser d'essence. Soudain, un cri d'horreur : 500 hosties consacrées, le membre en érection, foulent aux pieds le morceau de viande grillée, laquelle, vautrée, ne s'en rend même pas compte, s'en moque complètement, et ne se place pas derrière l'horizon en volant autour du soleil. Une des personnes du public s'approche du morceau de viande et tandis que les autres chassent les hosties à coups de bâton, elle introduit la main dans la cuvette du morceau de viande. Après un gros effort elle réussit à en retirer un gros volume de chants obliques. Sur la couverture, en lettres dorées, on peut voir le titre :

Vie de sainte Huesca

Poco después un sacristán carga un borrico de cántaros al pie de las ruinas de la iglesia. En cada cántaro va oculto un bandido que al llegar al bosque saltará de su escondite y unido a sus compañeros construirá una choza. En la choza habrá una puta. La puta irá a un ciprés, el ciprés en un día de viento atraerá a las doncellas que le ofrecerán su culo. El culo de las doncellas será hollado entonces por el trozo de carne que cantará mientras holla y el cántico del trozo de carne será como el gluglú de agua que devolverá la vista a los ciegos. ¡Gloria al señor en los espacios!

El gobernador está en pie ahora, presenciando el paso de Santa Huesca, que camina al martirio con la cabeza baja. Su mano esgrime una palma. Detrás de ella, medio aplastado por la lluvia de piedras, se arrastra un gato negro y ensordecedor. Sobre la cruz donde han crucificado a Santa Huesca pende indiferente, aborregado, hecho un lector, el trozo de carne asada.

Inscripción para la lápida del trozo de carne

«Iban dos niños por un campanario sin pensar en lo ventajoso de sus obligaciones cuando de pronto les pareció oír todo cuanto pasaba en el Instituto. Subiéndose en seguida a un ciprés, pudieron observar lo que sigue: Dos maristas, dispuestas a jugarse la vida, iban en un tranvía. En la primera parada se bajaron y subieron otra vez en otro tranvía, lleno de colmenas.

Peu après, un sacristain charge un bourricot de cruches au pied des ruines de l'église. Dans chaque cruche est caché un bandit qui, en arrivant au bois, bondira de sa cachette et avec ses compagnons construira une cabane. Dans la cabane il y aura une pute. La pute ira vers un cyprès, le cyprès un jour de vent attirera les pucelles qui lui offriront leur cul. Le cul des pucelles sera alors foulé aux pieds par le morceau de viande qui ce faisant chantera, et le cantique du morceau de viande sera comme le glouglou de l'eau qui rendra la vue aux aveugles. Gloire à Dieu dans les espaces !

Le gouverneur est debout maintenant, il assiste au passage de sainte Huesca, qui marche au martyre tête basse. Sa main brandit une palme. Derrière elle, à demi écrasé par la pluie de pierres, se traîne un chat noir et assourdissant. Sur la croix où on a crucifié sainte Huesca pend, indifférent, moutonnant, transformé en lecteur, le morceau de viande grillée.

Inscription pour la pierre tombale
du morceau de viande :

« Deux enfants se promenaient dans un clocher sans penser combien leurs obligations étaient avantageuses, quand tout à coup il leur sembla entendre tout ce qui se passait dans le lycée. Grimpant aussitôt en haut d'un cyprès, ils purent observer ce qui suit : deux maristes, disposées à risquer leur vie, étaient dans un tramway. Au premier arrêt, elles descendirent et montèrent dans un autre tramway, plein de ruches.

Las abejas hacían un ruido admisible y las maristas yacían en sus ataúdes dispuestas a jugarse el todo por el todo. Una de ellas decía por lo bajo: «Es cierto que la mortadela está hecha por los ciegos, como ha dicho Péret». La otra le contestó: «Ya hemos llegado a la pasarela». Debajo de la pasarela, en medio del agua medio podrida, medio verde, podia verse una lápida que decía: "Las Normas". A su alrededor cientos de personas celebraban el Año Nuevo».

Esta es la lápida que deberá tener el trozo de carne durante 364 días al año corriente y 365 los bisiestos.

Les abeilles faisaient un bruit admissible et les maristes gisaient dans leurs cercueils, prêtes à risquer le tout pour le tout. L'une d'elles disait tout bas : "Il est vrai que la mortadelle est faite par les aveugles, comme a dit Péret." L'autre lui répondit : "Nous voilà arrivées à la passerelle." Sous la passerelle, au milieu de l'eau mi-pourrie, mi-verte, on pouvait voir une dalle qui disait : "Les Normes". Tout autour, des centaines de personnes célébraient le Nouvel An. »

C'est la pierre tombale que devra avoir le morceau de viande pendant 364 jours l'année courante et 365 les années bissextiles.

LA DESCOMUNAL BATALLA DE LAS CATEDRALES Y LAS VAGONETAS

San Valero apadrina la madrugada nebulosa. El dije que cuelga del chaleco de san Valero, representa en altorrelieve a mi criada Carmen.

Un tallo rubio de paja. En sentido longitudinal se oyen cinco campanadas. Casi al unísono, un rugido enorme brota del lugar que corresponde a la espiga y aprovechando una grieta de la paja, aplico allí mi ojo. (Mi ojo se eleva a 62 metros sobre el nivel del mar y sus nervios finales se iluminan con las mareas altas). Un espectáculo interesantísimo se ofrece a mis miradas. Miles de vagonetas circulan en todos sentidos, y de los rieles por los que se deslizan, se desprende un canto funeral. De pronto y en pleno jolgorio irrumpen en la explanada cuatro o cinco catedrales, cada una con su consabido cordero al hombro, y sin esperar órdenes, la emprenden a patadas con las vagonetas. El estrépito es ensordecedor. Unas vagonetas se esconden bajo las ensaladas, otras vomitan por la borda, y todas corren hacia los cuatro puntos cardinales abrochándose las húmedas braguetas.

LE COMBAT PRODIGIEUX ENTRE LES CATHÉDRALES ET LES WAGONNETS

Saint Valère parraine l'aube nébuleuse. La breloque qui pend au gilet de saint Valère représente, en haut-relief, ma domestique Carmen.

Une tige de paille rouge. Dans le sens longitudinal, on entend cinq coups de cloche. Presque à l'unisson, un énorme rugissement jaillit de l'endroit qui correspond à l'épi, et profitant d'une fente dans la paille, j'y applique un œil. (Mon œil s'élève à 62 mètres au-dessus du niveau de la mer et ses nerfs terminaux s'éclairent avec les marées hautes.) Un spectacle ultra-intéressant s'offre à mes regards. Des milliers de wagonnets circulent en tous sens, et des rails sur lesquels ils glissent monte un chant funèbre. Soudain, et en pleine allégresse, quatre ou cinq cathédrales font irruption sur l'esplanade, chacune avec son traditionnel agneau sur l'épaule, et sans attendre d'ordres, elles commencent à s'en prendre à coups de pied aux wagonnets. Le fracas est assourdissant. Quelques wagonnets se cachent sous les salades, d'autres vomissent par-dessus bord, et tous courent vers les quatre points cardinaux en reboutonnant leurs braguettes humides.

A todo esto, las catedrales no cesan de patear la vagoneta que cazan. La catedral más gorda se para un momento a secarse el sudor. Una vagoneta blanda, rugosa, lacia como un pulpo, le cuelga del colmillo. La catedral ni se da cuenta de lo repugnante del espectáculo. Llena de grasa de vagoneta, de hule de vagoneta, de oratorio de vagoneta, está nauseabunda. A través de tanta inmundicia y por los grandes vitrales góticos se oyen las notas policiacas del «Miserere agnus dei» cantado por 800 y pico de frailes. Sus voces graves llenas de mística unción revolotean alrededor del hule de la vagoneta y luego se meten en casa. A alguna se le oye decir: «Aquí no ha pasado nada. ¡Dios mío, tú que presides los destinos inútiles del mundo, tú que acaricias la alondra y fijas el lino en tu arcabuz circundándolo de parva; tú que presides la sinfonía paciente del alcalde, no consientas a tus catedrales, ínfimas esclavas tuyas, pasearse tan descaradamente después del toque de retreta, ni meterse en lo que no les importa, que para eso están los tutores de familia! ¡Tú, que conduces los ejércitos a la victoria, no dejes sin sanción ni a las catedrales ni a las vagonetas!».

¿Para qué hablaría así a Dios, aquella vagoneta? Apenas pronunció sus últimas palabras treinta y dos Jesucristos armados de catapultas empezaron a salir del caño y en un «quitame allí esas pajas» dejaron el terreno más libre que se queda la puerta del sol cuando no hay faena en las eras.

Pendant ce temps, les cathédrales continuent à donner des coups de pied au wagonnet qu'elles chassent. La plus grosse d'entre elles s'arrête un moment pour essuyer sa sueur. Un wagonnet mou, rugueux, raide comme un poulpe, est accroché à sa dent. La cathédrale ne se rend même pas compte de ce que ce spectacle peut avoir de répugnant. Pleine de graisse de wagonnet, de caoutchouc de wagonnet, d'oratoire de wagonnet, elle est nauséabonde. À travers tous ces immondices et par les grands vitraux gothiques on entend les notes policières du « Miserere agnus dei » chanté par 800 et quelques moines. Leurs voix graves pleines d'onction mystique volettent autour du caoutchouc du wagonnet puis rentrent chez elles. On en entend une qui dit : « Il ne s'est rien passé. Mon Dieu, Toi qui présides aux destins inutiles du monde, Toi qui caresses l'alouette et fixes le lin sur ton arquebuse en l'entourant de blé battu ; Toi qui présides à la patiente symphonie du maire, ne permets pas à tes cathédrales, tes infimes esclaves, de se promener si effrontément après le couvre-feu, ni de s'occuper de ce qui ne les regarde pas, parce qu'il y a les tuteurs de famille pour ça ! Toi, qui mènes les armées à la victoire, ne laisse impunis ni les cathédrales ni les wagonnets ! »

Pourquoi diable ce wagonnet parlait-il ainsi à Dieu ? À peine eut-il prononcé ses derniers mots que trente-deux Jésus-Christ armés de catapultes commencèrent à sortir du tuyau et en deux temps trois mouvements ils laissèrent le terrain plus libre que la porte du soleil quand il n'y a pas de travail sur les aires.

Garantizo que no hay nada más honrado que dos o tres santos Jesús Cristos ni nada que se sepa mejor la lección ni que llegue antes a su casa. Pero dejemos dormir a las vagonetas y de puntillas para que no se oxiden pasemos al cuarto de al lado. El cuarto de al lado estaba dividido en cuatro partes asimétricas pero dignas de Porcio Catulo Nerón por su familiaridad. Como las cuatro eran iguales describiré nada más una. Oscura como un jacinto, silenciosa como un toro, y amenazadora como la caída de una ceniza de puro que desprendida de la brasa cae en el pie divino de una niña de nueve años, rubia, fornida, con el coño aún sin pelo, pero largo y abierto por las mil violaciones de que ha sido objeto. Lo interesante de este cuarto no era ese coño boquiabierto, rojo, húmedo, oliente, lechoso y pulverizado, lo interesante era la señora que con la cara cubierta acaba de doblar esa esquina. Sigámosla. La niebla invade la calle y los escasos tranvías apenas hacen oír el feroz salto de los atunes o el lúbrico tantán de los nipones. Una etiqueta roja con letras negras señala la muerte. Una saeta empuja el deseo. Un niño yace sobre el hilo del sueño de las prostitutas. Niebla. Ni pasos ni occipucios. Solo báculos, tronos y fístulas. Ha llegado la hora de tutearse con Dios. «Ven aquí Carmen ven aquí y lanzada al vacío incrústate en mi miembro repugnante, cubierto por la mosca cadavérica y amenazando dejar salir por su agujero la guarnición de Huesca. Enséñame tu coño, Carmen, tu coño abierto,

Je garantis que rien n'est plus honnête que deux ou trois saints Jésus-Christ ni rien qui sache mieux sa leçon et ne rentre plus tôt chez lui. Mais laissons dormir les wagonnets et sur la pointe des pieds pour qu'ils ne rouillent pas, passons dans la pièce à côté. La pièce à côté était divisée en quatre parties asymétriques mais dignes de Porcio Catulle Néron par leur familiarité. Comme elles étaient pareilles toutes les quatre, je n'en décrirai qu'une. Sombre comme une jacinthe, silencieuse comme un taureau, et menaçante comme la chute de la cendre de cigare qui détachée de la braise tombe sur le pied divin d'une enfant de neuf ans, blonde, robuste, avec la chatte encore sans poils, mais longue et ouverte par les milliers de viols dont elle a été l'objet. Ce qui était intéressant dans cette pièce, ce n'était pas cette chatte bouche bée, rouge, humide, odorante, laiteuse et pulvérisée, ce qui était intéressant c'était la dame qui, le visage couvert, venait de tourner au coin de la rue. Suivons-la. Le brouillard envahit la rue et les rares tramways font à peine entendre le saut féroce des thons ou le tamtam lubrique des Nippons. Une étiquette rouge avec des lettres noires indique la mort. Une flèche pousse le désir. Un enfant gît sur le fil du sommeil des prostituées. Brouillard. Ni pas, ni occiputs. Uniquement des bâtons, des trônes et des fistules. L'heure est venue de tutoyer Dieu. « Viens ici, Carmen, viens ici et lancée dans le vide incruste-toi sur mon membre répugnant, couvert par la mouche cadavérique et menaçant de laisser sortir par son trou la garnison de Huesca. Montre-moi ta chatte, Carmen, ta chatte ouverte,

que tú haces voltear entre tus manos chorreantes de cera. Nuestros cuerpos quieren revolcarse en común espasmo sobre la calumnia, sobre la muerte, sobre nuestras sombras. Yo devoraré tus tetas, tu esfínter se pondrá a girar como un loco y nuestros labios quedarán al fin olvidados en el cajón de la mesilla entre plumas, dijes, relojes y olores rancios. Éntrame los huevos en tu boca y róeme luego los huesos uno a uno. Chilla, blasfema, protege a los niños, mea, levántate y anda, funda asilos, cuelga delincuentes, que a la primera gota de suero que tú lances a mi trono, mi alma, mi sexo, mi avanzadilla te entrarán hasta lo más profundo de tus entrañas».

Una niebla gris revolvía con tristeza el café con leche. Un fiacre *acababa de pararse en la esquina. La portezuela se abre y desciende majestuosa una mecedora. Un gesto de sus ojos y los huecos de mi fachada se obturan. Otro gesto y mi casa no es más que un milano arrastrado por el viento. En medio del paisaje hostil, rodeado de unos barbudos, de doncellas que cosen, y de hipocampos, dejo este papel sobre la mesa de disección.*

«Dadme por Dios una cuaderna, para ayudar a las obras del Santo Sepulcro».

que tu fais voltiger entre tes mains ruisselantes de cire. Nos corps veulent se vautrer dans un spasme commun sur la calomnie, sur la mort, sur nos ombres. Je dévorerai tes tétons, ton sphincter se mettra à tourner comme un fou et nos lèvres seront enfin oubliées dans le tiroir de la table de nuit parmi les plumes, les breloques, les montres et les odeurs rances. Fais rentrer mes burnes dans ta bouche puis ronge mes os un à un. Crie, blasphème, protège les enfants, pisse, lève-toi et marche, fonde des asiles, pends des délinquants qui à la première goutte de sérum que tu lanceras sur mon trône, mon âme, mon sexe, mon avant-garde, entreront jusqu'au plus profond de tes entrailles. »

Un brouillard gris remuait tristement le café au lait. Un *fiacre* venait de s'arrêter au coin d'une rue. La portière s'ouvre et en descend, majestueux, un fauteuil à bascule. Un signe de ses yeux et les creux de ma façade sont obturés. Un autre signe de ma maison n'est rien d'autre qu'un milan emporté par le vent. Au milieu du paysage hostile, entouré de barbus, de damoiselles qui cousent, et d'hippocampes, je laisse ce papier sur la table de dissection.

« Au nom de Dieu donnez-moi une pièce, pour aider aux œuvres du Saint-Sépulcre. »

[QUERIDO PEPÍN]

Madrid, 2 de febrero de 1935

Querido Pepín: ¡Cómo me conmovió el leer tu carta y ver la modestia con que recordabas el inolvidable día 29!, ese día en que San Valero Ventolero pasa con un ajimez sobre la cabeza por la acera de Cecilio Gasca. Tú siempre has sido muy bueno y te has acordado del día 29. Yo en cambio el día de San Valero decidí auscultarme. No voy bien. Cada día pierdo fuerzas. Cuando el doctor comenzaba a diagnosticarme se desencadenó fuera una gran ventolera, tan brutal que desgajó los postigos del balcón como si fueran brazos. El polvo en la calle era densísimo tanto que ni se veían pasar los curas. Entre el polvo, giraban velozmente saliendo de él para después de brillar un instante volverse a perder en la nada, infinidad de máquinas de coser, bastones, tinas pequeñas en forma de embudo y pequeñas islas de Formosa rodeadas de bancos de atunes.

[CHER PEPÍN]

Madrid, le 2 février 1935.

Cher Pepín,

Comme j'ai été ému en lisant ta lettre et en voyant avec quelle modestie tu te souvenais de cet inoubliable jour du 29, ce jour où san Valero Ventolier passe, une fenêtre à meneaux au-dessus de la tête, sur le trottoir de Cecilio Gasca. Tu as toujours été très bon et tu t'es toujours souvenu du 29. Moi, en revanche, le jour de la San Valero, j'ai décidé de me faire ausculter. Je ne vais pas bien. Chaque jour je perds des forces. Alors que le docteur commençait à établir son diagnostic, un fort coup de vent se déchaîna dehors, si brutal qu'il arracha les volets du balcon comme si ç'avait été des bras. Dans la rue la poussière était si dense qu'on ne voyait même pas passer les curés. Au milieu de cette poussière, en émergeant pour briller un instant avant de se perdre à nouveau dans le néant, tournoyaient à grande vitesse une infinité de machines à coudre, de cannes, de cuvettes en forme d'entonnoirs et de petites îles de Formose entourées de bancs de thons.

A todo esto ni mi padre ni el médico me entendían. Mi buen padre objetaba que aquella ventolera representaba un serio escollo en su vida y que ni por un momento toleraba diagnóstico tan indecente. El médico decía que tal vez fuera así pero que mi progenitor siempre le había puesto la proa y que por muy veterano que se creyese, él, médico, era más alto y que a otro perro con tal hueso.

Mi padre me agarró de una mano y me sacó a la calle. La violencia del viento llegaba a su apogeo. ¡Qué olor a cera! Un zumbido despreciable nos aturdía y grandes y poderosas ráfagas nos impedían casi el avanzar. La ventolera nos lanzaba a la cara, aturdiéndonos, cientos de curas semidesnudos. Pude notar que todos ellos al chocar contra nuestras narices se ponían a cantar entre dientes, siempre la misma canción. Era algo parecido a este motete:

NIÑITA, NIÑITA MÍA,
NO SABES LO QUE ES EL MAR,
SI LO SUPIERAS MI VIDA,
TE ECHARÍAS A RODAR.

Podrá parecer frívola la moraleja pero bastó para hacerme recordar mis tiempos de camarero, cuando mi pobre padre venía a traerme el alcuzcuz al café, un poco antes de mediodía, metido en una tarterita de oro inolvidable que siempre dejaba a tres o cuatro kilómetros de los veladores.

Pendant ce temps, ni mon père ni le médecin ne me comprenaient. Mon brave père objectait que cette bourrasque représentait un sérieux écueil dans sa vie, et qu'il ne pouvait un seul instant tolérer un diagnostic aussi indécent. Le médecin disait qu'il en était peut-être ainsi, mais que mon géniteur lui avait toujours mis les bâtons dans les roues, et qu'il avait beau se croire vétéran, lui, le médecin, était plus grand que lui, alors à d'autres avec cette histoire.

Mon père m'attrapa d'une main et me tira dans la rue. La violence du vent atteignait son paroxysme. Quelle odeur de cire ! Un bourdonnement méprisable nous étourdissait et de grandes et puissantes rafales nous empêchaient presque d'avancer. Le vent nous lançait à la figure, à nous assommer, des centaines de curés à demi nus. Je pus remarquer qu'en se cognant contre notre nez ils se mettaient tous à chanter entre les dents, et toujours la même chanson. Quelque chose qui ressemblait à ce motet :

PETITE, MA PETITE,
TU NE CONNAIS PAS LA MER,
SI TU LA CONNAISSAIS MA JOLIE,
TU TE METTRAIS À ROULER.

La moralité pourra paraître frivole, mais elle suffit à me rappeler le temps où j'étais garçon de café, quand mon pauvre père venait m'apporter mon couscous, au café, un peu avant midi, dans une inoubliable petite gamelle d'or qu'il laissait toujours à trois ou quatre kilomètres des guéridons.

Cada vez llegaban más numerosos los curas a chocar contra nuestras narices. La canción devenía zumbona, casi ininteligible, lo que me hizo comprender que había una alusión poco respetuosa para mi ausente madre. Mas, dime, Pepín: ¿quién se molesta porque tales capiteles dejen de ser de tal o cual estilo? Allá ellos.

Por fin la sotana de uno de los curas quedó prendida del bigote blanco y venerable de papá. Allí se mantuvo el sacerdote dispuesto a todo, como los buenos. Aprovechó la ocasión para bien a mi pesar, largarme la siguiente filípica:

«En verdad te digo, hijo mío, que San Valero, JAMÁS dejó de respetar el código. El arte de su época —y te hablo sin rencor— consistió en ahuyentar los ruidos parásitos de las grandes naves donde solo el humo de las batallas podía elevarse. ¡Allí los pechos errantes, las alas de piedra, los tristes surcos, las alegres meriendas sobre las piedras tumbales, los incestos, las frases sueltas que se oyen de noche, los montones de leña erizados de manos de niño! Pues bien: san Valero sentado frente a la caja, no se metía en nada. Nunca le faltó un céntimo. Él, su padre, su abuelo, todos fueron contables y además de contables ingenieros. Lástima que el hijo de San Valero, también llamado San Valero, no tuviera medios de costearse los estudios. Pero esto forma parte del siguiente capítulo».

Ya, con las últimas palabras, llegaba la noche. Calló el cura y con pericia y cariño, comenzó a reunir a las dispersas cabrillas y rehecho el rebaño lo hizo aventurarse por la abrupta pendiente que descendía al valle.

Les curés étaient de plus en plus nombreux à se cogner contre notre nez. La chanson devenait moqueuse, inintelligible presque, ce qui me fit comprendre qu'elle contenait une allusion peu respectueuse à ma mère absente. Mais dis-moi, Pepín, qui donc se soucie que tel ou tel chapiteau ne soit pas de tel ou tel style ? Qu'ils aillent au diable.

Finalement, la soutane de l'un des curés s'accrocha à la moustache blanche et vénérable de papa. Le prêtre resta là, prêt à tout, comme les bons le sont. Il profita de l'occasion pour m'assener, bien malgré moi, la philippique suivante :

« En vérité je te le dis, mon fils, San Valero n'a JAMAIS cessé de respecter le code. L'art de son époque – et je te parle sans rancœur – consista à faire fuir les bruits parasites des grandes nefs où seule pouvait s'élever la fumée des batailles. Là, les poitrines errantes, les ailes de pierre, les tristes sillons, les joyeux goûters sur les pierres tombales, les incestes, les phrases lestes qu'on entend la nuit, les tas de bois hérissés de mains d'enfants ! Or donc, San Valero, assis face à la caisse, ne s'occupait de rien. Jamais il ne lui manqua un centime. Lui, son père, son grand-père, tous étaient comptables, et de plus, ingénieurs. Dommage que le fils de San Valero, appelé San Valero lui aussi, n'ait pas eu les moyens de se payer ses études. Mais cela fait partie du chapitre suivant. »

Sur ces derniers mots, tombait la nuit. Le curé se tut et avec habileté et tendresse, il commença à rassembler ses chèvres dispersées, et une fois le troupeau regroupé, il le fit aventurer sur la pente abrupte qui descendait vers la vallée.

MUY IMPORTANTE

EL VALLE LLEVABA UNA VALLA, la cual no me fue dado atravesar. Diez enormes curas con poderosos alfanjes me impedían la entrada. En las resplandecientes hojas de las armas pude atisbar la siguiente inscripción: «El valle llevaba una vaxxx». La última palabra semiborrada era de difícil interpretación. ¿Decía valla *o tal vez* vela? *Acaso ni valla ni vela sino que era una fotografía de «La última Cena» en la que los comensales hubieran sido sustituidos por copones, y en donde el copón sentado en el lugar correspondiente a Cristo le da un botellazo al copón que apoya la cabeza en sus hombros, y el último copón, el que hace de Judas lleva un carromato en la mano.*

Yo me encolericé:

«¿Sois curas o gentiles? Si lo primero luchemos, si lo segundo, Dios os lo pague».

Pero ya al atardecer, el valle, la vela, los alfanjes, no son más que el teclear de una máquina de escribir, manipulada por el propio jefe de taquígrafos. Este extrae el papel del rodillo, lo introduce en un sobre y a mano y con lápiz, escribe la dirección:

Sr. Dn. Alaticio Pantaleón
Palatino Pudibundo
Panticosa

Que escribas

TRÈS IMPORTANT

LA VALLÉE AVAIT UNE CLÔTURE, qu'il ne me fut pas donné de franchir. Dix énormes curés armés de puissants cimeterres m'en interdisaient l'entrée. Sur les lames resplendissantes de leurs armes, je pus remarquer l'inscription suivante : « La vallée avait une cxxxxxx. » Le dernier mot, à demi effacé, était difficile à interpréter. Disait-il *clôture* ou *couture* ? Ni l'un ni l'autre, peut-être, c'était plutôt une photographie de « La Cène » où les convives auraient été remplacés par des ciboires, et où le ciboire assis à la place du Christ donne un coup de bouteille au ciboire qui appuie la tête sur ses épaules, et le dernier ciboire, celui qui fait Judas a un grand chariot dans la main.

Je me mis en colère :

« Êtes-vous des curés ou des gentils ? Dans le premier cas, luttons, dans le second, que Dieu vous le rende. »

Mais comme le soir tombe, la vallée, la clôture, les cimeterres ne sont plus que le bruit des touches d'une machine à écrire, manipulée par le chef des dactylographes lui-même. Il tire la feuille de papier du rouleau, l'introduit dans une enveloppe, et à la main, au crayon, il écrit l'adresse :

M. Alaticio Pantaleón
Palatin Pudibond
Panticosa

Écris

DETALLES REALISTAS

Mi hermana reconoce que el día de San Valero era muy extraño en Zaragoza. «Se encontraba una la calle de San Pablo con gente inacostumbrada, baronesas, condesas, las de Parellada con grandes sombreros. Luego, para entrar en la iglesia de San Pablo, había que bajar unos escalones y en el interior, en un altarucho, estaba San Valero, que es un santo negruzco con un dedo levantado y un roscón de velas. Luego en casa nos comíamos un San Valero *de azúcar y todos estaban muy alegres y muy tristes. Tal vez porque ese día murió nuestro abuelo».*

DÉTAILS RÉALISTES

Ma sœur reconnaît que le jour de la San Valero était très étrange à Saragosse. « On retrouvait la rue San Pablo pleine de gens inhabituels, des baronnes, des comtesses, ces dames Parellada avec de grands chapeaux. Puis, pour entrer dans l'église San Pablo, il fallait descendre quelques marches et à l'intérieur, sur un méchant autel, se trouvait San Valero, qui est un saint noiraud avec un doigt levé et une couronne de cierges. Puis, rentrés à la maison, *nous mangions un San Valero* de sucre et tout le monde était très joyeux et très triste. Peut-être parce que c'est ce jour-là que mourut notre grand-père. »

HAMLET
(Tragédie comique)

PERSONAJES

HAMLET: Amante de la parte superior de Leticia.
AGRIFONTE: Rival de Hamlet, amante del punto interesante de Leticia.
MITRÍDATES: Cadáver recalcitrante.
DON LUPO: Maestro de bailes.
EL PADRE DE HAMLET: Espectro dócil y bien educado.
EL CONTERTULIO A CADENA PERPETUA.
UN CAPITÁN.
LETICIA: Nominativo de Letitia, ae.
MARGARITA: Mora enamorada.
CORTESANOS Y SOLDADESCA.

Nota: Al final de cada acto se presentirán los campesinos.

PERSONNAGES

HAMLET : Amant de la partie supérieure de Lætitia.
AGRIPHON : Rival d'Hamlet, amant du point intéressant de Lætitia.
MITHRIDATE : Cadavre récalcitrant.
DON LUPO : Maître à danser.
LE PÈRE D'HAMLET : Spectre docile et bien élevé.
Le compagnon à perpétuité.
Un capitaine.
LÆTITIA : Nominatif de Lætitia, ae.
MARGUERITE : Mauresque énamourée.
Courtisans et soldatesque.

Nota : *À la fin de chaque acte seront pressentis les paysans.*

ACTO I

(Un campo cualquiera. Aquí y allá sollozantes riachuelos. Al fondo la catedral de Rouen antes de ser manoseada por nadie. Por el horizonte un niño loco declina musa, musae.)

AGRIFONTE

Decía amigo Hamlet, que los muertos son iguales: también las vidas se parecen y solo difieren aquellas que pueden demostrarse como un teorema. Mas, dime, ¿qué fue de Margarita?

HAMLET

¿Margarita? ¿Qué Margarita? ¿La que tachona tibios prados o la que infausta y abaritonada se desvaneció entre tus brazos?

AGRIFONTE

La que nos regaló esta pitillera. (Ofrece un pitillo.) *Tomad y fumad enhorabuena.*

ACTE I

(Une campagne quelconque. Çà et là, de sanglotants ruisseaux Au fond, la cathédrale de Rouen avant qu'elle ne fût tripatouillée par qui que ce soit. À l'horizon, un enfant fou décline musa, musæ.)

AGRIPHON

Je disais, Hamlet, mon ami, que tous les morts sont égaux : les vies se ressemblent elles aussi et seules diffèrent celles qu'on peut démontrer comme un théorème. Mais dis-moi, qu'est devenue Marguerite ?

HAMLET

Marguerite ? Quelle Marguerite ? Celle qui constelle les tendres prés, ou bien celle qui, malheureuse et barytonne, s'est évanouie entre tes bras ?

AGRIPHON

Celle qui nous a offert cet étui à cigarettes. *(Il lui en offre une.)* Prenez et fumez, je vous en prie.

HAMLET

Gracias.

AGRIFONTE

No encendáis por Dios vivo, o sabréis quien soy yo.

HAMLET

¡Bah! Ayer mismo me telegrafió vuestro tío diciéndome que clase de sujeto sois vos.

AGRIFONTE

(Extrañado.) *Mi tío, ¿cuál de los siete?*

HAMLET

El octavo, el más documentado, el que bien a su pesar no pudo daros el ser.

AGRIFONTE

Decid, nombre de Cristo, de una vez, quién es el hijo de mi madre.

HAMLET

Pues ahí va, aunque os pese. Sois doña Iracunda de Álvaro Menor, madre putativa de la que conoció en otros tiempos diástoles increíbles.

HAMLET

Merci.

AGRIPHON

N'allumez pas, par Dieu, ou vous saurez qui je suis.

HAMLET

Bah ! Pas plus tard qu'hier votre oncle m'a télégraphié pour me dire quel genre de sujet vous êtes.

AGRIPHON

(Étonné.) Mon oncle ? Lequel des sept ?

HAMLET

Le huitième, le plus documenté, celui qui à son grand dépit n'a pu vous donner l'existence.

AGRIPHON

Par le Christ, une fois pour toutes, dites qui est le fils de ma mère.

HAMLET

Eh bien voici, dût-il vous en coûter. Vous êtes doña Irascible d'Alvaro Menor, mère putative de celle qui jadis connut d'incroyables diastoles.

AGRIFONTE

(Hosco.) *Dejad vuestros proverbios para más tarde y contemplad ahora vuestra obra.*

(Mira Hamlet en la dirección indicada. Un espantoso cuadro se insinúa ante su vista. En un confortable ataúd yace Mitrídates descompuesto y episcopal.)

MITRÍDATES

(Incorporándose.) *¡Oh, Hamlet! ¡Oh, Agrifonte! Jamás veréis a Margarita.*

HAMLET Y AGRIFONTE

¿Qué decís insensato en medio de tan horrenda putrefacción?

MITRÍDATES

Margarita fue al campo de las interrogaciones. Quien osa llegar al campo de las interrogaciones jamás retorna de allí.

HAMLET Y AGRIFONTE

Oh, hideputa, bellaco; vos amáis también a Margarita.

MITRÍDATES

¿Yo? Yo no amo ni odio. Pero Margarita será mi esposa en las aladas sombras.

AGRIPHON

(Revêche.) Laissez vos proverbes pour plus tard et contemplez donc votre œuvre.

(Hamlet regarde dans la direction indiquée. Un épouvantable tableau s'insinue devant ses yeux. Dans un confortable cercueil gît Mithridate, décomposé et épiscopal.)

MITHRIDATE

(En se levant.) Oh, Hamlet ! Oh, Agriphon ! Oncques ne verrez Marguerite.

HAMLET ET AGRIPHON

Que dites-vous, insensé, au milieu d'une si horrible putréfaction ?

MITHRIDATE

Marguerite est allée au champ des interrogations. Quiconque ose aller au champ des interrogations n'en revient jamais.

HAMLET ET AGRIPHON

Oh, fils de pute, maraud ; vous aussi vous aimez Marguerite.

MITHRIDATE

Moi ! Désormais je n'aime ni ne hais. Mais Marguerite sera mon épouse dans les ombres aux grandes ailes.

(Hamlet y Agrifonte arden en maquillada ira. Un sol vindicativo desenfunda miles de rayos por el horizonte. Las sombras de los tres personajes aparecen tercas y apisonadas sobre el páramo.)

HAMLET Y AGRIFONTE

Rufián, canalla, putrefacto, ahora veréis.

(Los dos azuzan sus sombras como a lebreles. Estas grandes arañas negras, avanzan hacia el féretro de Mitrídates.)

MITRÍDATES

¡Ah! me habéis vencido. Era vuestro único recurso contra mí. Pero temed la sombra de mi sombra. La muerte es más ligera que el sueño.

(Las sombras de los tres riñen metafísicamente azuzadas por sus respectivos amos. La de Agrifonte ha hecho presa en el cuello de la de Mitrídates. La de Hamlet, mientras, ladra a la luna, ahuyentándola.)

(Y un huracán sin piedad se lleva las tres sombras que desaparecen gesticulando por el horizonte.)

(Mitrídates muere definitivamente en medio de torpes mecanismos.)

AGRIFONTE

Y ahora ya sin sombras seamos francos Hamlet: vos amáis también a Margarita.

(Hamlet et Agriphon brûlent d'une colère maquillée. Un soleil vindicatif dégaine des milliers de rayons sur l'horizon. Les ombres des trois personnages paraissent, obstinées et tassées, sur la lande.)

HAMLET ET AGRIPHON

Ruffian, canaille, putréfié, vous allez voir.

(Ils excitent tous les deux leurs ombres comme des lévriers. Ces grandes araignées noires avancent vers le cercueil de Mithridate.)

MITHRIDATE

Ah ! Vous m'avez vaincu. C'était votre seul recours contre moi. Mais craignez l'ombre de mon ombre. La mort est plus légère que le sommeil.

(Les ombres des trois personnages luttent métaphysiquement excitées par leurs maîtres respectifs. Celle d'Agriphon a saisi au cou celle de Mithridate. Pendant ce temps, celle d'Hamlet hurle à la lune, et la fait fuir.)

(Et un ouragan sans pitié emporte les trois ombres qui disparaissent en gesticulant à l'horizon.)

(Mithridate meurt définitivement au milieu de grossiers mécanismes.)

AGRIPHON

Et maintenant que nous voilà sans ombre, soyons francs, Hamlet : vous aussi vous aimez Marguerite.

HAMLET

¿Yo?... De ningún modo.

AGRIFONTE

Pues, ¿por qué se batió vuestra sombra contra nuestro pobre y llorado Mitrídates?

HAMLET

(Dieciochescamente.) *Por el amor en general.*

AGRIFONTE

Ahora lo comprendo todo. (Prosigue con un marcado acento extranjero.) *Hamlet: prepárate, se lo voy a contar todo a tu mamá.*

HAMLET

Pues cuéntaselo. Pero, mientras, me quedo con el barroco caballito de cartón.

(Agrifonte se va jugando con el aro. Su madre empotrada en la pared derrama una lágrima lejana. Cuatro doncellas se inclinan llorando sobre el cadáver de Mitrídates para llevárselo luego por el revuelto cauce del día.)

HAMLET

Moi ?… Point du tout.

AGRIPHON

Alors pourquoi votre ombre s'est-elle battue contre notre pauvre et regretté Mithridate ?

HAMLET

(Très dix-huitième siècle.) Pour l'amour en général.

AGRIPHON

Je comprends tout maintenant. *(Il poursuit avec un accent étranger marqué.)* Hamlet : prépare-toi, je vais tout raconter à ta maman.

HAMLET

Eh bien, raconte-lui tout. Mais en attendant je garde le petit cheval de carton baroque.

(Agriphon s'en va, en jouant avec son cerceau. Sa mère, scellée dans le mur, verse une larme lointaine. Quatre suivantes s'inclinent en pleurant sur le cadavre de Mithridate, et l'emportent ensuite le long du cours trouble du jour.)

ACTO II

[ESCENA I]

Margarita sola en el prado se limpia arbitrariamente las trenzas. Canta en un idioma jocundo e improvisado.

[MARGARITA]

Cridia estroche eka per crilo
Idrios celían tankar
Alora e cor per atores
Non plivía credoyar

(Después de columpiarse en la catedral prosigue:)

Así es la vida ingente
Mucho tararear
Mucha aritmética
Y poca gente

(Hablado.) *Si al menos Hamlet, mi bien amado estuviese aquí. Mas helo ahí.*

ACTE II

[SCÈNE I]

(Marguerite, seule dans le pré, nettoie arbitrairement ses tresses. Elle chante dans une langue enjouée et improvisée.)

[MARGUERITE]

Cridia estroche eka per crilo
Idrios celían tankar
Alora e cor per atores
Non plivía credoyar

(Après s'être balancée dans la cathédrale, elle poursuit :)

Telle est la longue vie
Beaucoup fredonner
Beaucoup d'arithmétique
Et peu de gens

(En parlant.) Si au moins Hamlet, mon bien-aimé, était ici. Mais le voici.

(Cambia precipitadamente los francos que le restan: luego adopta un aire adolescente.)

HAMLET

(Entrando.) *Margarita, ¿has conocido el mar?*

MARGARITA

En ello estaba señor cuando llegasteis. Mas, ¿eso es todo lo que después de tan larga ausencia me proponéis?

HAMLET

Eso es todo.

MARGARITA

Pues cómo así cambiasteis después de vuestro ambiguo viaje a Ámsterdam. Acaso los banqueros o alguna otra doncella más propicia que yo...

HAMLET

Margarita... Podría amarte...

MARGARITA

Decid.

(Elle change précipitamment les francs qui lui restent : puis elle prend un air adolescent.)

HAMLET

(Entrant en scène.) Marguerite, as-tu connu la mer ?

MARGUERITE

J'en étais là, seigneur, quand vous êtes arrivé. Mais est-ce là tout ce que vous me proposez après une aussi longue absence ?

HAMLET

C'est tout.

MARGUERITE

Eh bien comme vous avez changé depuis votre voyage ambigu à Amsterdam. Peut-être que les banquiers ou quelque autre pucelle plus propice que moi…

HAMLET

Marguerite… Je pourrais t'aimer…

MARGUERITE

Dites.

HAMLET

Mas me sería imposible circunscribir mi amor a tus más elevadas regiones.

MARGARITA

Amadme, señor, amadme. Qué más da. De lo otro ya hablaremos el lunes.

HAMLET

Yo solo amo a Leticia.

MARGARITA

Amadme, señor, no os pesará. Preguntad a los soldados de vuestro padre si por acaso se arrepintieron de mi amor.

HAMLET

Puesto que así me lo excusáis, dejad que yo también os ame. Comenzaré si os parece posando mis aniñados labios en vuestros lejanos senos.

MARGARITA

Comenzad.

HAMLET

Fabriquemos antes.

HAMLET

Mais il me serait impossible de circonscrire mon amour à tes régions les plus élevées.

MARGUERITE

Aimez-moi, seigneur, aimez-moi. Qu'est-ce que ça peut faire. Nous parlerons du reste lundi.

HAMLET

Je n'aime que Lætitia.

MARGUERITE

Aimez-moi, seigneur, vous ne le regretterez pas. Demandez aux soldats de votre père si par hasard ils se sont repentis de mon amour.

HAMLET

Puisque vous me le présentez ainsi, laissez-moi vous aimer moi aussi. Je commencerai, si vous le voulez bien, par poser mes lèvres enfantines sur vos seins lointains.

MARGUERITE

Commencez.

HAMLET

Bâtissons d'abord.

MARGARITA

Fabriquemos.
(Los dos fabrican. Ya solo quedan dos ladrillos cuando Hamlet, desesperado porque Margarita no acude a la cita, se pierde entre los demás soldados.)

ESCENA II

(La mansión de Margarita. Esta, con su maestro de baile Don Lupo toma aparatosamente una lección.)

DON LUPO

Uno, dos. Uno, dos. Ahora aquel pie… eso es… Volved, volved sobre el tacón favorito, pero sin arrumacos… Eso es… ¡Alto!
(Los soldados se paran en seco. Uno de ellos, capitán inminente, indisciplinado, da un paso adelante.)

CAPITÁN

Basta ya, Don Lupo. Se os acusa de intelectual. ¡Qué decís a ello! Bajáis la cabeza, no respondéis. Rezad vuestra famosa oración pues vais a perecer. ¡¡Soldados!! ¡¡¡Fuego a discreción!!!
(Se oye una descarga cerril; luego otra. Don Lupo decentemente ensangrentado le echa la culpa a su caballo.)

MARGUERITE

Bâtissons.

(Ils bâtissent tous les deux. Il ne reste plus que deux briques lorsque Hamlet, désespéré parce que Marguerite ne vient pas au rendez-vous, se perd parmi les autres soldats.)

SCÈNE II

(La demeure de Marguerite. Celle-ci, avec son maître à danser don Lupo, prend pompeusement une leçon.)

DON LUPO

Un, deux. Un, deux. Maintenant, ce pied… c'est ça… Tournez, tournez sur votre talon favori, mais sans câlineries… C'est ça… Halte !

(Les soldats s'arrêtent. L'un d'eux, imminent capitaine, indiscipliné, fait un pas en avant.)

LE CAPITAINE

Suffit comme ça, don Lupo. On vous accuse d'être un intellectuel. Que répondez-vous à cela ! Vous baissez la tête, vous ne répondez pas. Dites votre célèbre prière, car vous allez périr. Soldats ! Feu à volonté !

(On entend une décharge sauvage ; puis une autre. Don Lupo, décemment ensanglanté, rejette la faute sur son cheval.)

DON LUPO

No fue nada Margarita. Mi caballo, un, a fe mía, ignaro caballo que cayó sobre mi cabeza al pasar bajo vuestra ventana. Mas, teniéndoos en los brazos, ¿quién piensa en polígonos ni candados? Gocemos de nuestro amor, Margarita.

MARGARITA

(Aparte.) *¿Será atrevido? Oh, el ruin maestrillo y qué escuálidos lazos me propone. Mas disimulemos o mi honor peligra.* (En voz alta.) *Señor, cerramos el almacén a las doce. Elegid enhorabuena vuestra ascendencia que luego será tarde.*

DON LUPO

Está bien. Dadme esa de ahí. La amarilla, la arborescente que asoma por el dintel.

MARGARITA

Pero ¿cuál de las dos? ¿La rústica o la profana?

DON LUPO

(Perverso.) *La que vos queráis.*

MARGARITA

Tomadla.

(Se la da y luego ella se entrega a su primo. Don Lupo con su caja de entomólogo enseña desplegados y activos sus bigotes. Sus grandes bigotes empolvados y misérrimos.)

DON LUPO

Ce n'est rien, Marguerite. Mon cheval, par ma foi, un cheval ignare qui est tombé sur ma tête comme je passais sous votre fenêtre. Mais quand on vous tient dans ses bras, comment penser aux polygones et aux cadenas ? Jouissons de notre amour, Marguerite.

MARGUERITE

(À part.) Est-il point audacieux ? Oh, le vil petit maître, et quels liens répugnants il me propose. Mais dissimulons, ou mon honneur est en péril. *(À voix haute.)* Monsieur, nous fermons le magasin à midi. Choisissez donc habilement votre ascendance, car après il sera trop tard.

DON LUPO

C'est bon. Donnez-moi celle-là, là-bas. La jaune, arborescente, qui dépasse du linteau.

MARGUERITE

Mais laquelle des deux ? La rustique, ou la profane ?

DON LUPO

(Pervers.) Celle que vous voudrez.

MARGUERITE

Prenez-la.

(Elle la lui donne, puis elle s'offre à son cousin. Don Lupo, avec sa boîte d'entomologiste, exhibe ses moustaches déployées et actives. Ses grandes moustaches poussiéreuses et misérables.)

ACTO III

[ESCENA I]

(Un usado calabozo. ¿Por qué Dios mío se debate este año el carnaval en tan definitivo calabozo? Las marquesas se desangran artificiosamente por las nauseabundas paredes. Por un ventanuco entran las últimas luces solubles del día.)

AGRIFONTE

(Desnudo y maquiavélico sueña en voz alta.) *Casto y lejano, el Dios festejaba danzas siderales y el día aún no venido temblaba en su génesis. Iba y venía, trenzaba y destrenzaba sus eternas barbas en las doradas torres. Mientras ahora me oprimen estos barrocos remordimientos, deben ellas danzar, al viento las cabelleras, por las dulces islas de la mañana. Mientras suena mi última hora, ¡cómo deben ellas combar con sus graciosos saltos este inefable atardecer otoñal!*

(Levántase sonámbulo y coge a un contertulio por las solapas.)

ACTE III

[SCÈNE I]

(Un cachot délabré. Pourquoi, grand Dieu, débat-on cette année du carnaval dans un cachot si définitif ? Les marquises se vident artificiellement de leur sang le long des murs nauséabonds. Par une méchante fenêtre entrent les dernières lumières solubles du jour.)

AGRIPHON

(Nu et machiavélique, il rêve à haute voix.) Chaste et lointain, le Dieu fêtait des danses sidérales et le jour encore à venir tremblait dans sa genèse. Il allait et venait, tressait et détressait sa barbe éternelle dans les tours dorées. Maintenant, alors que ces remords baroques m'oppriment, elles, elles doivent danser, cheveux au vent, sur les douces îles du matin. Tandis que sonne ma dernière heure, comme elles doivent arquer de leurs sauts gracieux cet ineffable après-midi d'automne !

(Il se lève, tel un somnambule, et saisit l'un des compagnons par le revers.)

Decidme, ¿habéis visto alzar en la plaza de las cuatro esquinas la cigüeña sin ojos del patíbulo?

CONTERTULIO

Sí. Yo mismo me vi obligado a substituir al verdugo a causa de su destitución. Era demasiado sensiblero y él mismo echaba de comer a las palomas de la Plaza. Los turistas se paraban a ver tal prodigio. Lo denunciaron al gobernador por las palabras que, juntando su pico con el de ellas, susurraba líricamente: «Palomas, palomitas, palomitinas, palomititinas». Era una frase estúpida pero tierna y eso es lo que no le han perdonado.

AGRIFONTE

Entonces sois vos el encargado de desposarme con el anillo del patíbulo.

CONTERTULIO

Sí: ciertamente. Pero antes... Es necesario que lo sepáis. Margarita y Hamlet huyeron juntos.

AGRIFONTE

(Extrañado.) *¿Juntos?* (Ruge de ira.) *¿Qué queréis decir con eso?*

Dites-moi, avez-vous vu dresser sur la place des quatre coins la cigogne sans yeux du gibet ?

LE COMPAGNON

Oui. Je me suis vu moi-même obligé de remplacer le bourreau à cause de sa destitution. Il était trop sujet à la sensiblerie et donnait lui-même à manger aux pigeons de la place. Les touristes s'arrêtaient pour voir semblable prodige. Ils le dénoncèrent au gouverneur à cause des mots que, joignant son bec à ceux des pigeons, il murmurait lyriquement : « Pigeons, pigeonneaux, pigeonnets, pigeonneteaux. » C'était une phrase stupide mais tendre, et c'est ce qu'on ne lui a pas pardonné.

AGRIPHON

Alors c'est vous qui êtes chargé de me marier avec l'anneau du gibet.

LE COMPAGNON

Oui, c'est sûr. Mais avant… Il faut que vous le sachiez. Marguerite et Hamlet ont fui ensemble.

AGRIPHON

(Étonné.) Ensemble ? *(Rugissant de colère.)* Que voulez-vous dire par là ?

CONTERTULIO

Mira. (Le muestra la piragua que llevaba escondida detrás.)

AGRIFONTE

(Como loco.) *¡Cielos! ¡Ay de mí! ¡Desventurado!* (Da un inicuo traspiés.) *Entonces el nefando acueducto…*

CONTERTULIO

(Sardónico.) *Muerto también.*

AGRIFONTE

(Iluminado.) *Entonces aún hay tiempo. Reprochemos inmediatamente y que el cielo nos acompañe.*

CONTERTULIO

Reprochemos, si así os parece.

(Los dos montan a caballo y desaparecen estáticos. En un rincón la piragua olvidada da al ambiente una infinita tristeza, de mar desecado, de mar de luna, de órbitas vacías e irremediablemente secas.)

ESCENA II

(Las afueras de Ámsterdam. Por los prados pastan groseramente algunos seres. Junto a un canal un arzobispo nauseabundo silabea equitativamente. Un pastorcillo invisible hace sonar el blanco agujero del atardecer.)

LE COMPAGNON

Regarde. *(Il lui montre la pirogue qu'il cachait derrière lui.)*

AGRIPHON

(Comme fou.) Ciel ! Malheur à moi ! Infortuné ! *(Il fait un inique faux pas.)* Alors l'abominable aqueduc…

LE COMPAGNON

(Sardonique.) Mort lui aussi.

AGRIPHON

(Illuminé.) Alors il est encore temps. Reprochons immédiatement et que le ciel soit avec nous.

LE COMPAGNON

Reprochons, si bon vous semble.

(Tous deux montent à cheval et disparaissent statiquement. Dans un coin, la pirogue oubliée confère à l'atmosphère une infinie tristesse, de mer asséchée, de mer de lune, d'orbites vides et irrémédiablement sèches.)

SCÈNE II

(Les environs d'Amsterdam. Dans les prés paissent grossièrement quelques êtres. Près d'un canal un archevêque nauséabond ânonne équitablement. Un petit berger invisible fait sonner le trou blanc du soir.)

DON LUPO

(Vestido de pastor.) *Ya la luna herida en la frente por la redonda piedra del sol se envuelve en el sudario de su luz. Ya mi enteco ganado rumia siluetas y el liberado Agrifonte no llega. ¿Gemirá aún en su atroz calabozo? Más helo ahí, que llega.*

AGRIFONTE

(Dirigiéndose a *Don Lupo*.) *Decidme pastor; ¿visteis desfilar el huérfano cortejo de las sombras? ¿Acaso Leticia, con su coruscante veste, formaba parte de él? ¿No resaltaba su cuerpo como una noticia blanca en medio de tanta negra calamidad? Hablad sin temor pues nadie nos escucha. ¿No es cierto, amigos?*
(Los cortesanos asienten.)

DON LUPO

(Serenándose.) *No, ciertamente nada vi si es que puede llamarse ver al desusado adjetivo o al brusco epíteto.*

AGRIFONTE

(Aparte.) *¿Se estará burlando? Comprobémoslo.* (En voz alta.) *Decidme ¿sois el cruel Wenceslao o el anagnosta aquel?*

DON LUPO

Por quién me tomáis, vive Cristo.

DON LUPO

(Habillé en berger.) Déjà la lune blessée au front par la pierre ronde du soleil s'enveloppe dans le suaire de sa lumière. Déjà mon troupeau chétif rumine des silhouettes et Agriphon le délivré n'arrive pas. Est-il encore en train de gémir dans son atroce cachot ? Mais le voici qui vient.

AGRIPHON

(À don Lupo.) Dites-moi, berger, avez-vous vu défiler le cortège orphelin des ombres ? Lætitia en faisait-elle partie, dans sa robe étincelante ? Son corps ne se détachait-il pas comme une blanche nouvelle sur tant de noires calamités ? Parlez sans crainte, car personne ne nous écoute. N'est-ce pas, les amis ?

(Les courtisans acquiescent.)

DON LUPO

(Rasséréné.) Non, je n'ai certainement rien vu, si l'on peut appeler voir l'adjectif désuet ou la brusque épithète.

AGRIPHON

(À part.) Se moquerait-il de moi ? Assurons-nous-en. *(À voix haute.)* Dites-moi, êtes-vous le cruel Wenceslas, ou le fameux anagnoste ?

DON LUPO

Pour qui me prenez-vous, par le Christ !

AGRIFONTE

Por vos mismo.

(Don Lupo se revuelve violento. Sus ojos destellan un odio a muerte. De un golpe desenvaina su mísera espada.)

DON LUPO

Repetid si os place esas mutiladas, esas, sabedlo de una vez, cretinas palabras.

AGRIFONTE

Decía que...

(No termina pues Don Lupo con rabia ulcerada le tira un mandoble.)

DON LUPO

Tomad. Tomad. Tomad y tomad. Pero ¿sigue V. bien amigo mío?

AGRIFONTE

Bien ¿y V.?

DON LUPO

Sin novedad, gracias a Dios. ¿Y su presunta familia? ¿Y Hamlet?

AGRIFONTE

Helo precisamente por ahí, insomne y virginal.

AGRIPHON

Pour vous-même.

(Don Lupo est pris d'un accès de violence. Ses yeux irradient une haine mortelle. D'un seul geste, il dégaine sa misérable épée.)

DON LUPO

Répétez s'il vous plaît ces mots mutilés, ces mots, sachez-le une fois pour toutes, ces mots crétins.

AGRIPHON

Je disais que…

(Il ne finit pas sa phrase, car Don Lupo, ulcéré de rage, lui assène un grand coup de sa lame.)

DON LUPO

Tenez, Tenez. Tenez et Tenez. Mais allez-vous toujours bien, mon ami ?

AGRIPHON

Bien, et vous ?

DON LUPO

Rien à signaler, grâce à Dieu. Et votre famille présumée ? Et Hamlet ?

AGRIPHON

Le voici précisément qui arrive, insomniaque et virginal.

¿Queréis que os lo presente? (Llamando a Hamlet.) *¡Eh!, buen hombre.*

HAMLET

(Como saliendo de un sueño.) *Quiénes son los que así me llaman.* (Los mira fijamente.) *Decid.*

(Don Lupo y Agrifonte comprenden que Hamlet lo sabe todo. Palidecen de rabia y de asco.)

DON LUPO

Os podemos jurar que ignorábamos…

HAMLET

Haber o tener, la podredumbre es esa.

AGRIFONTE

Esto es ya excesivo. (Vase al municipio coge el documento y vuelve.) *Hamlet, amigo mío, tu padre, el buen padre que te dio el asunto acaba de fallecer incauto.*

HAMLET

(Extraviado, riendo con infinita amargura.) *Ja, ja, ja… Mi padre me dio el asunto. ¡Vaya asunto! J'en pense le plus de mal possible.*

Voulez-vous que je vous le présente ? *(Il appelle Hamlet.)* Eh, mon brave !

HAMLET

(Comme s'il sortait d'un rêve.) Qui sont ces gens qui ainsi m'appellent ? *(Il les regarde fixement.)* Parlez.

(Don Lupo et Agriphon comprennent qu'Hamlet sait tout. Ils pâlissent de rage et de dégoût.)

DON LUPO

Nous pouvons vous jurer que nous ignorions…

HAMLET

Avoir ou posséder, voilà la pourriture.

AGRIPHON

C'est tout à fait excessif. *(Il va à la mairie, prend le document et revient.)* Hamlet, mon ami, ton père, le bon père qui t'a donné le sujet vient de mourir sans rien savoir.

HAMLET

(Égaré, riant avec une amertume infinie.) Ah… Ah… Ah… Mon père m'a donné le sujet. Vous parlez d'un sujet ! J'en pense le plus de mal possible.

(Apareciendo.) *Señores, la comida está servida.*

(Vanse todos. El paisaje ahora vacío recuerda a uno de aquellos inverecundos participios que en otros tiempos hacían la delicia de nuestros antepasados.)

LE SPECTRE DE SON PÈRE

(Il apparaît.) Messieurs, le repas est servi.

(Tous sortent. Le paysage, vide maintenant, rappelle l'un de ces participes éhontés qui faisaient jadis les délices de nos ancêtres.)

ACTO IV

(Un cementerio —cimeteri, en catalán— ahogado entre la madrépora de sus tumbas. Llueve.)

HAMLET

(Con bigote y barbas, postizos.) *Venid, niñas, venid al dulce jubilitero real. Oiremos el tic-tac de las campanas convertirse en un bandeo de corazones. Venid, niñas, que vuestro mes de mayo quiere ya convertirse en senos.*

(Pasa el tiempo.)

Doncellas, dónde os halláis ya doncellas. Veo vuestro vientre intacto pero lleváis en cada dedo un surtidor de venas rotas.

(Pasa el tiempo.)

Mujeres: ¿no os halláis cansadas de parir? Ved cuanto ejército, descendiente vuestro, pelea sobre la tierra. ¿Y esas espadas? Las habéis labrado a golpes de corazón. Por eso vuestros senos cobardes, ya doblegados, señalan la última puesta de sol.

ACTE IV

(Un cimetière – cimeteri, en catalan – étouffé par les madrépores de ses tombes. Il pleut.)

SCÈNE I

HAMLET

(Avec des moustaches et une barbe postiches.) Venez, jeunes filles, venez à la douce fête royale. Nous entendrons le tic-tac des cloches se transformer en musiques de cœurs. Venez, jeunes filles, car votre mois de mai veut maintenant se changer en seins.

(Le temps passe.)

Pucelles, où donc êtes-vous, pucelles ? Je vois votre ventre intact mais vous avez à chaque doigt un jet de veines coupées.

(Le temps passe.)

Femmes : n'êtes-vous pas fatiguées d'accoucher ? Voyez combien d'armées, qui descendent de vous, se battent sur cette terre. Et ces épées ? Vous les avez forgées à coups de cœur. C'est pourquoi vos poitrines lâches, affaissées maintenant, signalent le dernier coucher du soleil.

(Pasa el tiempo. Una bicicleta de alambre rojo surca el cielo. Hamlet se quita los postizos y reaparece juvenil y eterno, clamando:)

Oh, antes niñas y ahora deleznables viejas, viejas pedorras madres de toda calamidad, de lacios bigotes canosos. ¿De qué os sirve la arrugada piel de vuestros tambores? Niña o doncella, mujer o vieja, vuestra disyuntiva es esa: es así que Niño = Niña, luego os digo que Hombre es lo que queriamos demostrar.

AGRIFONTE

(Disfrazado de sepulturero.) *Decíais, amigo Hamlet…*

HAMLET

Decía y sostengo que el infanzón se llamaba Don Rótulo Apodaca.

AGRIFONTE

(Una vez más iracundo.) *El Apodaca y el Daca seréis vos.*

HAMLET

Y si lo fuera…

AGRIFONTE

Entonces…, pues la verdad, no sé.

(Frente a la puerta del castillo se detiene una cabalgata. *Margarita* desciende del caballo, sube precipitadamente las escaleras y entra como loca en el cementerio.)

(Le temps passe. Une bicyclette en fil de fer rouge sillonne le ciel. Hamlet ôte ses postiches et semble de nouveau jeune et éternel, il déclame :)

Oh vous, naguère enfants et maintenant fragiles vieilles femmes, vieilles péteuses, mères de toute calamité, à moustaches grises et plates. À quoi vous sert la peau ridée de vos tambours ? Enfant ou pucelle, femme ou vieille, voici votre alternative : c'est ainsi que Garçon = Fille, donc je vous dis que Homme est ce que nous voulions démontrer.

AGRIPHON

(Déguisé en fossoyeur.) Vous disiez, ami Hamlet…

HAMLET

Je disais et je soutiens que l'infançon s'appelait don Rotule Apodaque.

AGRIPHON

(De nouveau en colère.) Apodaque vous-même.

HAMLET

Et quand bien même…

AGRIPHON

Alors… eh bien à vrai dire, je ne sais pas.

(En face de la porte du château s'arrête une cavalcade. Marguerite descend de cheval, monte précipitamment les escaliers et entre comme une folle dans le cimetière.)

MARGARITA

(Abalanzándose sobre el cadáver de Hamlet.) *Oh, imposible, imposible.* (Solloza.) *Pobre Hamlet, helo ahí muerto, alejado de mí para siempre, eternamente inasequible a mi amor.* (Solloza.) *Pobre Hamlet, tan puntual, tan bueno. Hubiéramos podido ser tan felices, oh Agrifonte. Mas no ha sabido comprenderme; no, ni ha sabido comprenderme ni acudirá a la cita. ¿Le habéis visto hoy?*

AGRIFONTE

(Perverso y lúbrico.) *No: precisamente lo estaba esperando. Y vos Margarita ¿sonreís lúgubre o es que continuáis insatisfecha?*

MARGARITA

Yo quiero ver a Hamlet, mi bien amado.

AGRIFONTE

(Cogiendo las llaves y el azadón.) *Vamos pues.*

(Se pierden en una oscura avenida, amorosamente enlazados. Margarita se ha dejado olvidado el sexo en la cruz de una tumba. Hamlet no habrá salido de su escondite: desde allí habrá seguido con creciente angustia cuanto llevamos relatado.)

MARGUERITE

(Se jetant sur le cadavre d'Hamlet.) Oh, impossible, impossible. *(Elle sanglote.)* Pauvre Hamlet, le voilà mort, éloigné de moi à tout jamais, éternellement inaccessible à mon amour. *(Elle sanglote.)* Pauvre Hamlet, si ponctuel, si bon. Nous aurions pu être si heureux, oh, Agriphon. Mais il n'a pas su me comprendre ; non, il n'a pas su me comprendre, et il ne viendra pas au rendez-vous. L'avez-vous vu aujourd'hui ?

AGRIPHON

(Pervers et lubrique.) Non : précisément, je l'attendais. Et vous, Marguerite, souriez-vous lugubrement, où êtes-vous toujours insatisfaite ?

MARGUERITE

Je veux voir Hamlet, mon bien-aimé.

AGRIPHON

(Prenant les clefs et sa houe.) Eh bien allons-y.

(Ils se perdent dans une avenue sombre, amoureusement enlacés. Marguerite a oublié son sexe sur la croix d'une tombe. Hamlet ne sera pas sorti de sa cachette, d'où il aura suivi avec une angoisse croissante tout ce que nous avons relaté.)

ESCENA II

(El mar, Agrifonte, El Contertulio, Don Lupo y Hamlet en un bajel. Por el tragaluz comienza a filtrarse la blanca procesión de niños muertos.)

DON LUPO

(Desde la punta del trinquete, con su telescopio en ristre no mira, huele a horizonte.) *¡Eh! ¡Los de a bordo! Un modesto bergantín a estribor.*

(Los tres amigos dirigen sus lacios catalejos a babor. Leticia, sonriente, sin miriñaque, les hace unas señas increíbles.)

DON LUPO

(Siempre desde el trinquete.) *¿La veis?*

HAMLET

(Enajenado.) *Sí: la veo.*

CONTERTULIO

Yo no.

AGRIFONTE

Yo ni la veo ni la conozco. Con que hasta mañana señores pues yo me suelo retirar temprano. (Se va.)

SCÈNE II

(La mer, Agriphon, le compagnon, don Lupo et Hamlet dans un vaisseau. Par la lucarne commence à filtrer la blanche procession des enfants morts.)

DON LUPO

(De la pointe du mât de misaine, avec son téléscope en arrêt, il ne regarde pas mais hume l'horizon.) Eh ! Gens du navire ! Un modeste brigantin à tribord.

(Les trois amis dirigent leurs molles longues-vues à babord. Lætitia, souriante, sans crinoline, leur fait d'incroyables signes.)

DON LUPO

(Toujours du haut de son mât.) Vous la voyez ?

HAMLET

(Absent.) Oui : je la vois.

LE COMPAGNON

Moi pas.

AGRIPHON

Moi je ne la vois pas et je ne la connais pas. Alors messieurs à demain, car j'ai l'habitude de me retirer de bonne heure. *(Il s'en va.)*

CONTERTULIO

Adiós Hamlet. Que te diviertas. ¡Ah! se me olvidaba. El cardenal te ha perdonado. (Se va igualmente.)

HAMLET

(Aparte.) *¿Por qué se van? ¿Estaremos todos locos?* (En voz alta.) *Vos, Don Lupo, tal vez el más cuerdo, sacadme de mi terrible inquietud, decidme si…*

(No termina. Espantado, ve a un delfín numismático abalanzarse contra Don Lupo y triturarlo sin interrupción. Aquel lanza un ¡ay! folklórico.)

HAMLET

(Sombrío.) *Solo en todo el mar, en un bajel por ataúd. Y sin el goce supremo de contemplar a Leticia, único amor y norte de mi vida.* (Se estremece.) *Mas ¿qué es esto? ¿Qué contemplaron mis ojos? Dios mío ¿será posible?…*

(Por fin… Leticia, la imponderable Leticia, desemboca allí mismo en el mar.)

(Delirante, estremecido de amor.) *Leticia, Leticia mía.* (La ciñe entre sus brazos.)

LETICIA

Oh, Hamlet. Bésame. Al fin soy tuya. Me entrego.

HAMLET

Leticia, Leticia. ¿Solo mía?…

LE COMPAGNON

Adieu, Hamlet. Amuse-toi bien. Ah ! j'oubliais. Le cardinal t'a pardonné. *(Il s'en va lui aussi.)*

HAMLET

(À part.) Pourquoi s'en vont-ils ? Sommes-nous tous fous ? *(À voix haute.)* Vous, don Lupo, qui êtes peut-être le plus sage, ôtez-moi de ma terrible inquiétude, dites-moi si…

(Il n'achève pas sa phrase. Effrayé, il voit un dauphin numismate se jeter sur don Lupo et le triturer sans interruption. Celui-ci lance un « ay » folklorique.)

HAMLET

(Sombre.) Seul sur la mer immense, un vaisseau pour cercueil. Et sans la suprême jouissance de contempler Lætitia, unique amour et boussole de ma vie. *(Il frissonne.)* Mais qu'est cela ? Qu'est-ce que mes yeux ont contemplé ? Mon Dieu, serait-ce possible ?…

(Enfin… Lætitia, l'impondérable Lætitia, débouche là même, dans la mer.)

(Délirant, tremblant d'amour.) Lætitia, ma Lætitia. *(Il la serre dans ses bras.)*

LÆTITIA

Oh, Hamlet. Embrasse-moi. Enfin je suis à toi. Je me livre.

HAMLET

Lætitia, Lætitia. Rien qu'à moi… ?

LETICIA

Mi bien amado, tuya para siempre. Solo tuya y de él.

HAMLET

¿De él también? ¿Del hijo de mi jardinero? (Mirando al cielo.) *¡Gracias Dios mío!* (A *Leticia*.) *Vida de mi vida.*

LETICIA

¡Oh, amor!

(Cae el uno en brazos del otro, para formar un cuerpo con los dos suyos. Rien, lloran, deletrean su amor. Los siglos pasan como murciélagos. Mas... de pronto Hamlet se pone horriblemente pálido, retrocede unos pasos y después de lanzar un terrible ¡ay! incestuoso cae mutilado por cubierta.)

(¿Qué ha sucedido?)

(Leticia, la deseada Leticia, la de los aseados senos, no es otra que Hamlet mismo, él, el idéntico Hamlet que alumbró su madre.)

FIN

Hotel des Terrases, París 6 julio 1927.

LÆTITIA

Mon bien-aimé, à toi pour toujours. Rien qu'à toi et à lui.

HAMLET

À lui aussi ? Au fils de mon jardinier ? *(Les yeux levés vers le ciel.)* Merci, mon Dieu. *(À Lætitia.)* Vie de ma vie.

LÆTITIA

Oh, amour !

(Ils tombent dans les bras l'un de l'autre, pour former un seul corps de leurs deux corps. Ils rient, ils pleurent, ils ânonnent leur amour. Les siècles passent comme des chauves-souris. Mais… brusquement Hamlet pâlit horriblement, recule de quelques pas et après avoir lancé un terrible « ay » incestueux, il tombe mutilé sur le pont.)

(Que s'est-il passé ?)

(Lætitia, Lætitia la désirée, la femme aux seins propres, n'est autre qu'Hamlet lui-même, lui, Hamlet, identique à celui que sa mère à mis au monde.)

FIN

Hôtel des Terrasses, Paris, 6 juillet 1927.

UN CHIEN ANDALOU

et autres scénarios

LA SANCTA MISA VATICANAE

La Sancta Misa Vaticanae, *rezaba el título en latín macarrónico. Sería un cortometraje en el que se vería una competición de misas en la Plaza de San Pedro, de Roma. La Iglesia, "siempre atenta a las conquistas de la civilización y el deporte", quería poner la misa al ritmo trepidante de nuestro tiempo. Para ello, entre cada dos de las gigantescas columnas de la plaza arquitecturada por Bernini se habían colocado altares funcionales, en cada uno de los cuales oficiaba un sacerdote. Al darse la "salida" los curas empezaban a decir la misa lo más de prisa que podían. Alcanzaban velocidades increíbles, al volverse los fieles para decir el* Dominus vobiscum, *para santiguarse, etc., mientras el monaguillo pasaba y repasaba incesantemente con el misal y demás objetos rituales. Algunos caían exhaustos, como boxeadores. Finalmente, queda campeón Mosén Rendueles, de Huesca, con un récord de haber dicho la misa entera en un minuto y tres cuartos. Como premio se le entrega una custodia con un roscadero.*

LA SANCTA MISA VATICANAE

La Sancta Misa Vaticanae, disait le titre en latin macaronique. Ce serait un court-métrage où l'on verrait une compétition de messes sur la place Saint-Pierre de Rome. L'Église, « toujours attentive aux conquêtes de la civilisation et du sport », voulait mettre la messe au rythme trépidant de notre temps. Pour cela, entre les colonnes de la place architecturée par le Bernin, on avait installé des autels fonctionnels, devant chacun desquels officiait un prêtre. Dès qu'on donnait le « départ », les curés commençaient à dire la messe le plus rapidement possible. Ils atteignaient des vitesses incroyables, pour se tourner vers les fidèles et dire le *Dominus vobiscum*, pour faire le signe de croix, etc., tandis que l'enfant de chœur passait et repassait sans cesse avec le missel et les autres objets rituels. Certains tombaient, épuisés, comme des boxeurs. Finalement, le champion est Mosén Rendueles, de Huesca, avec le temps record d'une minute quarante-cinq pour dire la messe. Il reçoit pour prix un ostensoir et un grand panier en osier aragonais.

UN CHIEN ANDALOU

La publication de ce scénario dans La Révolution surréaliste *est la seule que j'autorise. Elle exprime, sans aucun genre de réserve, ma complète adhésion à la pensée et à l'activité surréalistes.* Un chien andalou *n'existerait pas si le surréalisme n'existait pas. Un film à succès, voilà ce que pensent la majorité des personnes qui l'ont vu. Mais que puis-je contre les fervents de toute nouveauté, même si cette nouveauté outrage leurs convictions les plus profondes, contre une presse vendue ou insincère, contre cette foule imbécile qui a trouvé* beau *ou* poétique *ce qui, au fond, n'est qu'un désespéré, un passionné appel au meurtre.*

L. B.

PROLOGUE

IL ÉTAIT UNE FOIS...

Un balcon dans la nuit.

Un homme aiguise son rasoir près du balcon. L'homme regarde le ciel au travers des vitres et voit...

Un léger nuage avançant vers la lune qui est dans son plein.

Puis une tête de jeune fille, les yeux grands ouverts. Vers l'un des yeux s'avance la lame d'un rasoir.

Le léger nuage passe maintenant devant la lune.

La lame du rasoir traverse l'œil de la jeune fille en le sectionnant.

FIN DU PROLOGUE

HUIT ANS APRÈS.

Une rue déserte. Il pleut.

Un personnage, vêtu d'un costume gris foncé, paraît à bicyclette. Il a la tête, le dos et les reins entourés de mantelets de toile blanche. Sur sa poitrine est assujettie, par des courroies, une boîte rectangulaire rayée en diagonale de noir et blanc. Le personnage pédale machinalement, le guidon libre, les mains posées sur les genoux.

Le personnage vu de dos jusqu'aux cuisses en *plan américain*, surimpression en sens longitudinal de la rue dans laquelle il circule, de dos à l'appareil.

Le personnage avance vers l'appareil jusqu'à ce que la boîte rayée soit en *gros plan*.

Une chambre quelconque à un troisième étage dans cette rue. Au milieu est assise une jeune fille vêtue d'un costume aux couleurs vives, elle lit attentivement un livre. Elle tressaille tout à coup, elle écoute avec curiosité et se débarrasse du livre en le jetant sur un divan tout proche. Le livre reste ouvert. Sur une des pages on voit une gravure de *La Dentellière* de Vermeer. La jeune fille est convaincue maintenant qu'il se passe quelque chose : elle se lève, fait demi-tour et va vers la fenêtre d'un pas rapide.

Le personnage de tantôt vient de s'arrêter, en bas, dans la rue. Sans opposer la moindre résistance, par inertie, il tombe avec la bicyclette dans le ruisseau, au milieu d'un tas de boue.

Geste de colère, de rancune, de la jeune fille qui se précipite dans les escaliers pour descendre dans la rue.

Gros plan du personnage étendu à terre, sans aucune expression, dans la position identique à celle du moment de sa chute.

La jeune fille sort de la maison en se précipitant sur le cycliste et l'embrasse frénétiquement sur la bouche, les yeux, le nez. La pluie augmente jusqu'au point de faire disparaître la scène précédente.

Enchaîné avec la boîte dont les raies obliques se superposent sur celles de la pluie. Des mains munies d'une petite clef ouvrent la boîte, de laquelle elles tirent une cravate enveloppée dans du papier de soie. Il faut tenir compte de ce que la pluie, la boîte, le papier de soie et la cravate doivent se présenter avec des raies obliques dont seule la largeur varie.

La même chambre.

Debout à côté du lit se trouve la jeune fille, qui contemple les accessoires que portait le personnage – mantelets, boîte et col dur avec cravate foncée et unie –, le tout disposé comme si ces objets étaient portés par une personne étendue sur le lit. La jeune fille se décide enfin à prendre en main le col duquel elle enlève la cravate unie pour la remplacer par la rayée, qu'elle vient de retirer de la boîte. Elle la replace au même endroit, puis s'assied tout près du lit, dans l'attitude d'une personne qui veille un mort. (*Nota :* le lit, c'est-à-dire la couverture et l'oreiller sont légèrement froissés et creusés comme si réellement un corps humain s'y reposait.)

La femme a la sensation que quelqu'un se trouve derrière elle et se retourne pour voir qui c'est. Sans le moindre étonnement, elle voit le personnage, sans aucun accessoire cette fois, qui observe avec grande attention quelque chose dans sa main droite. Dans cette grande attention, il entre assez d'angoisse.

La femme s'approche et regarde à son tour ce qu'il a dans la main. *Gros plan* de la main, au centre de laquelle grouillent des fourmis qui sortent d'un trou noir. Aucune de ces dernières ne tombe.

Enchaîné avec les poils axillaires d'une jeune fille étendue sur le sable d'une plage ensoleillée. *Enchaîné* avec un oursin dont les pointes mobiles oscillent légèrement. *Enchaîné* avec la tête d'une autre jeune fille prise en plongée très violente et cernée par l'iris. L'iris s'ouvre et laisse voir que cette jeune fille se trouve au milieu d'un groupe de personnes qui tentent de forcer un barrage d'ordre, établi par des agents.

Au centre du cercle, cette jeune fille essaye de ramasser avec un bâton une main coupée aux ongles colorés, qui se trouve à terre. Un des agents s'approche d'elle et la semonce vertement ; il se baisse et ramasse la main qu'il enveloppe soigneusement et qu'il met dans la boîte que portait le cycliste. Il remet le tout à la jeune fille qu'il salue militairement lorsqu'elle le remercie.

Il faut tenir compte qu'au moment où l'agent lui remet la boîte elle est envahie par une émotion extraordinaire qui l'isole complètement de tout. Elle est comme subjuguée par les échos d'une musique religieuse et lointaine : peut-être une musique entendue en sa plus tendre enfance.

Le public, sa curiosité satisfaite, commence à se disperser dans toutes les directions.

Cette scène aura été vue par les personnages que nous avons laissés dans la chambre du troisième étage. On les voit à travers les vitres du balcon d'où on peut voir la fin de la scène décrite ci-dessus. Quand l'agent remet la boîte à la jeune fille, les deux personnages du balcon paraissent, eux aussi, envahis par la même émotion qui en arrive jusqu'aux larmes. Leurs têtes se balancent comme si elles suivaient le rythme de cette musique impalpable.

Le personnage regarde la jeune fille lui faisant un geste qui semble dire : « As-tu vu ? Ne te l'avais-je pas dit ? »

Elle regarde de nouveau, dans la rue, la jeune fille qui est seule maintenant comme clouée sur place, en un état d'inhibition absolue. Des autos passent à des allures vertigineuses. Tout à coup l'une d'elles lui passe dessus en la mutilant affreusement.

Alors, avec la décision d'un homme dans son plein droit, le personnage s'approche de sa compagne et, après l'avoir regardée lascivement dans le blanc des yeux, il lui saisit les seins à travers le jersey. *Gros plan* des mains lascives sur les seins. Ceux-ci émergent de dessous le jersey. On voit alors une terrible expression d'angoisse, presque mortelle, se refléter sur les traits du personnage. Une bave sanguinolente lui coule de la bouche sur la poitrine découverte de la jeune fille.

Les seins disparaissent pour se transformer en cuisses que le personnage continue de palper. L'expression de celui-ci a changé. Ses yeux brillent de méchanceté et de luxure. Sa bouche, grande ouverte, se referme, minuscule, comme resserrée par un sphincter.

La jeune fille recule vers l'intérieur de la chambre, suivie par le personnage toujours dans la même attitude.

Subitement, elle a un geste énergique pour lui écarter les bras, se libérant ainsi du contact entreprenant.

La bouche du personnage se contracte de colère.

Elle se rend compte qu'une scène désagréable ou violente va commencer. Elle recule, pas à pas, jusque dans un coin où elle se retranche derrière une petite table.

Geste de traître de mélodrame chez le personnage. Il regarde de tous côtés, cherchant quelque chose. À ses pieds, il voit un bout de corde et le ramasse de la main droite. Sa main gauche cherche aussi et attrape une corde identique.

La jeune fille collée au mur regarde, épouvantée, le manège de son agresseur.

Celui-ci avance vers elle en traînant, dans un grand effort, ce qui vient attaché à la suite des cordes.

On voit passer d'abord un bouchon, puis un melon, deux Frères des écoles chrétiennes et enfin deux magnifiques pianos à queue. Les pianos sont remplis par des charognes d'ânes dont les pattes, les queues, les croupes et les excréments débordent de la caisse d'harmonie. Quand un des pianos passe devant l'objectif, on voit une grande tête d'âne appuyée sur le clavier.

Le personnage traînant à grand-peine cette charge est tendu désespérément vers la jeune fille. Il renverse les chaises, les tables, une lampe à pied, etc. Les croupes des ânes s'accrochent à tout. La lumière suspendue au plafond, bousculée au passage par un os décharné, se balancera jusqu'à la fin de la scène.

Quand le personnage est sur le point d'atteindre la jeune fille, celle-ci l'esquive d'un bond et s'enfuit. Son agresseur, lâchant les cordes, se lance à sa poursuite. La jeune fille ouvre la porte de communication par où elle disparaît dans la chambre contiguë, mais pas assez rapidement pour pouvoir s'enfermer. La main du personnage ayant réussi à passer par la jointure y reste prisonnière, prise par le poignet.

À l'intérieur de la chambre, serrant la porte de plus en plus, la jeune fille regarde la main qui se contracte douloureusement au *ralenti*, et les fourmis qui reparaissent se répandent sur la porte.

Immédiatement, elle tourne la tête vers l'intérieur de la nouvelle chambre qui est identique à la précédente, mais à laquelle l'éclairage donnera un aspect différent : la jeune fille voit…

Le lit sur lequel est étendu le personnage dont la main est toujours prise dans la porte. Il est vêtu des mantelets et la boîte sur la poitrine, sans faire le moindre geste, les yeux grands ouverts et avec une expression superstitieuse qui semble dire : « Maintenant, il va se passer quelque chose de vraiment extraordinaire ! »

VERS TROIS HEURES DU MATIN

Sur le palier, près de la porte d'entrée de l'appartement, un nouveau personnage vu de dos, vient de s'arrêter. Il presse le bouton de sonnerie de la porte de l'appartement où se passent les événements. On ne voit ni le timbre ni le marteau électriques de la sonnette, mais, à la place qui leur correspondrait, par deux trous pratiqués au-dessus de la porte, on voit passer deux mains qui agitent un « shaker » en argent. Leur action est instantanée, comme dans les films ordinaires, quand on appuie sur le bouton de sonnerie.

Le personnage alité tressaille.

La jeune fille va ouvrir.

Le nouveau venu va directement vers le lit et ordonne impérieusement au personnage de se lever. Il obéit, en rechignant à tel point que l'autre se voit forcé de l'empoigner par les mantelets et l'oblige, de vive force, à se lever.

Après lui avoir arraché les mantelets un à un, il les jette par la fenêtre. La boîte suit le même chemin, ainsi que les courroies que le patient tentait en vain de sauver de la catastrophe. Et ça conduit le nouveau venu à punir le personnage en l'envoyant se tenir debout contre un des murs de la chambre.

Le nouveau venu aura exécuté tous ses mouvements complètement tourné de dos. Il se retourne alors pour la première fois pour aller chercher quelque chose de l'autre côté de la chambre.

À l'instant la photographie devient vaporeuse. Le nouveau venu se meut au ralenti et l'on voit ses traits, identiques à ceux de l'autre : ils ne font qu'un ; seulement celui-ci a un air plus jeune et plus pathétique, comme devait être l'autre il y a nombre d'années.

Le nouveau venu va vers le fond de la chambre, précédé de l'appareil qu'il suit en *plan américain*.

Un pupitre, vers lequel se dirige notre individu, entre dans le champ. Deux livres, sur le pupitre, ainsi que divers objets scolaires ; leurs positions et sens moral se détermineront avec soin.

Il prend les deux livres et se retourne pour aller rejoindre le personnage. À l'instant, tout revient à l'état normal, disparaissent le flou et le ralenti.

Arrivé près de lui, il lui ordonne de se mettre les bras en croix, lui pose un livre dans chaque main et lui ordonne de rester ainsi comme punition.

Le personnage puni a maintenant une expression aiguë et pleine de traîtrise. Il se retourne vers le nouveau venu. Les livres, qu'il soutient toujours, se convertissent en revolvers.

Ce dernier le regarde avec tendresse, sentiment qui augmentera par moments.

Le personnage des mantelets, menaçant l'autre de ses armes, le force au « hands up ! » et, malgré son obéissance, décharge sur lui les deux revolvers. En *plan américain*, le nouveau venu tombe mortellement blessé, ses traits se contractant douloureusement (le *flou* revient et la chute en avant est en un *ralenti* plus prononcé que le précédent).

De loin, on voit tomber le blessé, qui n'est plus cette fois dans la chambre mais dans un parc. À ses côtés se trouve assise, immobile et vue de dos, une femme aux épaules nues légèrement penchée en avant. En tombant, le blessé essaye de la saisir et de caresser ses épaules ; une de ses mains, tremblante, est tournée vers lui-même ; l'autre effleure la peau des épaules nues. Il tombe enfin à terre.

Vue de loin. Quelques passants et quelques gardiens se précipitent pour lui prêter secours. Ils le soulèvent dans leurs bras et l'emportent à travers bois.

Faire intervenir le boiteux passionné.

Et l'on revient à la même chambre. Une porte, celle où la main était restée prisonnière, s'ouvre lentement. Paraît la jeune fille que nous connaissons. Elle referme la porte derrière elle et regarde très attentivement le mur contre lequel se trouvait l'assassin.

L'homme n'est plus là. Le mur est intact, sans un seul meuble ni décor. La jeune fille a un geste de dépit et d'impatience.

On voit de nouveau le mur au milieu duquel il y a une petite tache noire. Cette petite tache vue de près est un papillon tête-de-mort. Le papillon en *gros plan*.

La tête de mort des ailes du papillon couvre tout l'écran.

En *plan américain* paraît brusquement l'homme aux mantelets, qui porte rapidement la main à la bouche comme quelqu'un qui perd ses dents.

La jeune fille le regarde dédaigneusement.

Quand le personnage retire sa main, on voit que la bouche a disparu.

La jeune fille semble lui dire : « Bien ! Et après ? » et se fait un raccord aux lèvres avec son carmin.

On revoit la tête du personnage. À l'endroit où se trouvait la bouche commencent à pousser des poils.

La jeune fille, en s'en apercevant, étouffe un cri et se regarde vivement l'aisselle qui est complètement épilée. Méprisante, elle lui tire la langue, se jette un châle sur les épaules et, ouvrant la porte de communication qui est à côté d'elle, elle passe dans la chambre contiguë, qui est une grande plage.

Près de l'eau attend un troisième personnage. Ils se saluent très aimablement et se promènent en suivant la courbe des vagues.

Plan de leurs jambes et des vagues qui déferlent à leurs pieds.

Suivis en *Trav.* par l'appareil. Les vagues rejettent doucement à leurs pieds d'abord les courroies, puis la boîte rayée, ensuite les mantelets et finalement la bicyclette. Cette vue continue encore un instant sans que la mer rejette quoi que ce soit.

Ils continuent leur promenade sur la plage en s'estompant peu à peu pendant que dans le ciel apparaissent ces mots :

AU PRINTEMPS

Tout est changé. Maintenant on voit un désert sans horizon. Plantés dans le centre, enlisés dans le sable jusqu'à la poitrine, on voit le personnage et la jeune fille, aveugles, les vêtements déchirés, dévorés par les rayons du soleil et par un essaim d'insectes.

ILEGIBLE, HIJO DE FLAUTA

Argumento cinematográfico original de Juan Larrea y Luis Buñuel. Basado en un libro perdido de Juan Larrea.

Una calle en un barrio tranquilo, casi sin tiendas. Pasan algunos transeuntes. Se ve caminar a un policía uniformado presa de visible agitación. Es fácil darse cuenta que atraviesa por uno de esos momentos críticos en que se toman soluciones radicales. Se enjuga los ojos con el dorso de la mano. Al llegar a una esquina desenfunda de repente su pistola y se dispara un tiro en el paladar. Se desploma. Algunos curiosos entre estupefactos y consternados empiezan a formar un círculo en torno suyo. Hay uno, como de unos treinta y cinco años, cuya atención es atraída poderosamente por la pistola que el policía tiene todavía en su mano derecha. La mira, y el arma pasa a primer plano. Dicho transeunte se abre paso con decisión entre los que forman el círculo.

—Permítame, soy médico, dice.

ILLISIBLE, FILS DE FLÛTE

Argument cinématographique original de Juan Larrea et Luis Buñuel. Fondé sur un livre perdu de Juan Larrea.

Une rue dans un quartier tranquille, presque sans boutiques. Quelques passants. On voit marcher un policier en uniforme, en proie à une agitation visible. On se rend aisément compte qu'il traverse un de ces moments critiques où l'on prend des solutions radicales. Il s'essuie les yeux du dos de la main. Arrivé au coin de la rue, il dégaine son pistolet et se tire un coup de feu dans le palais. Il s'effondre. Quelques curieux, mi-stupéfaits, mi-consternés commencent à former un cercle autour de lui. L'attention de l'un d'entre eux, trente-cinq ans environ, est impérieusement attirée par le pistolet que le policier tient encore dans sa main droite. Il le regarde, et l'arme passe au premier plan. Le passant en question s'ouvre avec décision un passage entre ceux qui forment le cercle.

— Permettez, je suis médecin, dit-il.

Se arrodilla junto al policía. Le quita el arma de la mano, que conserva en la suya izquierda, mientras le toma el pulso. Abre luego la otra mano del polícia que apretaba un retrato de mujer arrugado. Aprovecha la curiosidad que este retrato despierta para guardarse la pistola en el bolsillo. Dice:

—No hay nada que hacer. Está muerto. Voy a telefonear a la Cruz Roja.

Esto es un pretexto. Se le ve caminar con rapidez varias calles y penetrar en un portal. Sube escaleras y se detiene ante la puerta de un apartamento. Introduce la llave en la cerradura y trata inútilmente de abrir: La puerta está atrancada por dentro. Pensando que tal vez se ha equivocado de puerta, levanta la vista hacia una cartela donde se lee su nombre: LEANDRO VILLALOBOS. *Toca entonces el timbre y repica insistentemente con los nudillos. Una voz de mujer pregunta desde dentro:*

—¿Quién es?

—Soy yo.

Al pronunciar la palabra "yo" se oye un ruido fortísimo, como de inmensa cristalería que se rompiera. Se sobresalta y mira hacia todos lados como buscando la causa.

En esto abre por fin la puerta una mujer sorprendida y mal peinada.

—¿Eres tú, Leandro?... ¿Cómo has regresado tan pronto?

—Y tú, ¿Por qué has cerrado desde dentro?

—Ya sabes lo miedosa que soy...

Il s'agenouille près du policier. Il lui ôte son arme de la main, et la garde dans sa main gauche, tout en prenant le pouls de la victime. Il ouvre ensuite son autre main, qui tient serré un portrait de femme tout froissé. Il profite de la curiosité éveillée par ce portrait pour mettre le pistolet dans sa poche. Il dit :

— Il n'y a rien à faire. Il est mort. Je vais appeler la Croix-Rouge.

Ce n'est qu'un prétexte. On le voit parcourir rapidement plusieurs rues, et pénétrer sous un porche. Il monte les escaliers et s'arrête devant la porte d'un appartement. Il introduit la clef dans la serrure et tente vainement de l'ouvrir : la porte est verrouillée de l'intérieur. Pensant qu'il s'est peut-être trompé de porte, il lève les yeux vers une plaque où l'on peut lire son nom : Leandro Villalobos. Il sonne et frappe avec insistance avec la jointure des doigts. Dedans, une voix de femme demande :

— Qui est-ce ?

— Moi.

Comme il prononce le mot de « moi », on entend un bruit très fort, comme celui d'une grande porte vitrée qui se briserait. Il sursaute et regarde de tout côté, comme pour en chercher la cause.

Sur ce, la porte s'ouvre enfin, devant une femme surprise et mal coiffée.

— C'est toi, Leandro ?... Comment es-tu rentré si tôt ?

— Et toi, pourquoi as-tu fermé de l'intérieur ?

— Tu sais comme je suis peureuse.

Pasa él a su despacho en el que se ve: una mesa escritorio muy pesada con su sillón frailero. Un armario grande, de dos hojas, en el que podrían caber perfectamente una persona, o dos. Estanterías de libros. En una de las paredes destaca visiblemente un inmenso gráfico que representa un cerebro humano en el que aparecen clavadas muchas banderitas exactamente como en los mapas militares. Hay también un espejo en la pared. En uno de los ángulos de la habitación se ve una estatua grande del Pensador *de Rodin cuya cabeza aparece tocada con un casco secador de peluquería.*

Mira rápidamente el cerebro del gráfico que parece un terreno montañoso. Reflexiona un instante ante él y cambía de lugar algunas banderitas como si realizara una operación estratégica, mientras su mujer le habla y él le responde:

—Pero ¿Qué te pasa?

—¿Qué quieres que me pase? Nada. Es decir, creo que he encontrado el medio de resolver el problema.

—¿El ganar dinero para vivir como es debido?

—Bah, ya sabes que para mi hay otras cosas más importantes.

El ha sacado de su bolsillo la pistola que deja sobre el escritorio. Ella le mira a él y mira el arma con ojos de espanto que vuelve hacia el armario para contemplarlo visiblemente aterrorizada. Su pavor sube de punto cuando su marido se dirige hacia dicho mueble y abre una de sus puertas. Saca de él una blusa blanca, viéndose al fondo un esqueleto.

Mientras se pone la blusa le dice a su mujer:

—Anda, vete.

Il entre dans son bureau où l'on peut voir : une table de travail très lourde, avec son fauteuil monacal. Une grande armoire à deux portes, où pourrait parfaitement tenir une personne, ou deux. Des étagères avec des livres. Sur l'un des murs se détache visiblement un immense graphique représentant un cerveau humain, sur lequel sont fichés plusieurs petits drapeaux, exactement comme sur les cartes militaires. Il y a aussi une glace au mur. Dans l'un des angles de la chambre on voit une grande statue du *Penseur* de Rodin dont la tête est couverte d'un séchoir de salon de coiffure.

Il regarde rapidement le cerveau du graphique, qui ressemble à un terrain montagneux. Il réfléchit, comme s'il menait une opération stratégique, tout en répondant à sa femme qui lui parle :

— Mais… Qu'est-ce que tu as ?

— Que veux-tu que j'aie ? Rien. C'est-à-dire que je crois avoir trouvé le moyen de résoudre le problème.

— Gagner de l'argent pour vivre comme il faut ?

— Bah, tu sais bien que pour moi il y a des choses plus importantes.

Il a tiré de sa poche le pistolet, qu'il pose sur son bureau. Elle le regarde, elle regarde l'arme, avec des yeux effrayés qu'elle tourne vers l'armoire. Elle contemple celle-ci d'un air visiblement terrorisé. Sa frayeur augmente d'un cran quand son mari se dirige vers ledit meuble et qu'il ouvre une de ses portes. Il en retire une blouse blanche, et on voit au fond un squelette.

Tout en passant sa blouse, il dit à sa femme :

— Allez, va-t'en.

—Pero ¿Qué te pasa? Me das miedo. Se diría que te propones cometer algún crimen...

—No seas tonta, no pienso suicidarme. Al contrario. Hay algo que tengo que saber hace tiempo, que está aquí, dentro de mi cabeza, y que ahora voy a averiguar... Déjame solo, te digo...

La empuja sin brusquedad hacia la puerta que cierra con llave después que ella ha salido.

Se acerca entonces al Pensador *de Rodin. Desenchufa el contacto eléctrico del casco y retira éste con cuidado. Mete una llavecita en una cerradura que la estatua tiene en la oreja izquierda y después de darle vuelta, toma un paño para levantarle, con precauciones a fin de no quemarse, la tapa de los sesos. Saca de allí una paloma asada cuya forma recuerda a un cerebro. Le corta un alón con un poco de pechuga y se lo come.*

Se dirige al mismo tiempo a un armarito, saca una botella de agua y un vaso. Vierte en éste dos dedos de líquido y luego un par de pastillas que extrae de un tubo de Veronal. *Las revuelve y las ingiere. Suena un timbre de teléfono. Se acerca al espejo y descuelga un pequeño auricular cuyo hilo atraviesa la luna de manera que, al mirarse en ella, parece que el cable sale de su propio entrecejo. Aunque se oyen dos voces, la suya y otra un poco más metálica y gangosa, es como si hablara consigo mismo. El diálogo expresará, con las menos palabras posibles, que por fin ha llegado el momento de obtener la solución del problema que tanto le preocupa. Esa "idea", esa verdad que él siente desde hace tiempo paseársela por la cabeza,*

— Mais qu'est-ce que tu as ? Tu me fais peur. On dirait que tu vas commettre un crime…

— Ne sois pas idiote, je n'ai pas l'intention de me suicider. Au contraire. Il y a quelque chose que je dois savoir depuis longtemps, qui est ici, dans ma tête, et que je vais vérifier… Laisse-moi seul, te dis-je…

Il la pousse sans brusquerie vers la porte, qu'il ferme à clef sur elle.

Il s'approche alors du *Penseur* de Rodin. Il débranche le casque et le retire avec précaution. Il met une petite clef dans une serrure que la statue a dans l'oreille gauche, puis après l'avoir tournée, il prend un linge pour lui enlever, en faisant bien attention de ne pas se brûler, le couvercle du crâne. Il en retire une colombe rôtie dont la forme rappelle celle d'un cerveau. Il en coupe une aile et un peu de blanc qu'il mange.

En même temps, il se dirige vers une petite armoire, en tire une bouteille d'eau et un verre. Il verse dans celui-ci deux doigts de liquide, puis deux comprimés qu'il extrait d'un tube de Véronal. Il les agite dans l'eau et les avale. Un téléphone sonne. Il s'approche de la glace et décroche un petit écouteur dont le fil traverse le miroir de façon telle que lorsqu'on s'y regarde, on dirait que le câble sort de son propre front, entre les sourcils. Bien qu'on entende deux voix, la sienne et une autre, un peu plus métallique et nasillarde, c'est comme s'il parlait tout seul. Le dialogue signifiera, avec le moins de mots possible, que le moment est enfin arrivé d'avoir la solution du problème qui le préoccupe tant. Cette « idée », cette vérité qu'il sent depuis longtemps passer par sa tête,

sin poder captarla, tendrá ahora que rendirse. La pistola que ha dado muerte a un policía tiene con toda seguridad un poder especial. Es algo así como un instrumento mágico irresistible. Sin embargo, él, conscientemente, ignora el uso que puede hacerse con ella. Hay que hacer algo, pero no sabe qué. No se trata de suicidarse, ni de disparar contra nadie. Ha llegado a la conclusión de que debe dar ocasión a que el subconsciente se manifieste. Prácticamente, ha decidido dormirse teniendo la pistola en la mano para que lo que debe suceder suceda. Con ese objeto acaba de tomar las pastillas de Veronal.

Terminada la conversación, cuelga el auricular y se sienta ante el escritorio. Toma un bloque de papel. Tacha con tinta roja su nombre escrito en el membrete: Leandro Villalobos. Desengaño 27, y escribe en su lugar: Ilegible, hijo de flauta.

Se oye alboroto en la calle, se asoma a la ventana. Hay gente apiñada mirando hacia el alero de la casa de enfrente donde se ve a otro policía uniformado dispuesto a precipitarse. Los espectadores, nerviosos, le increpan conminándole a que se retire. Pero el policía no les hace caso y se tira de cabeza en el momento en que se acerca una ambulancia, yendo a caer a pocos metros delante de ésta que frena y se detiene. Bajan rápidamente los enfermeros y recogen el cuerpo. Al colgarlo dentro de la ambulancia se ve que ésta contiene los cadáveres de otros dos policías.

—Qué barbaridad, comenta Ilegible. Verdaderamente hoy o nunca…

sans pouvoir la saisir, devra maintenant se livrer. Le pistolet qui a donné la mort à un policier possède à coup sûr un pouvoir spécial. C'est quelque chose comme un irrésistible instrument magique. Pourtant, il a conscience d'ignorer l'usage qu'on peut en faire. Il faut faire quelque chose, mais il ne sait pas quoi. Il ne s'agit pas de se suicider, ni de tirer sur qui que ce soit. Il en est arrivé à la conclusion qu'il doit donner l'occasion à son subconscient de se manifester. Pratiquement, il a décidé de s'endormir avec le pistolet à la main, pour que ce qui doit arriver arrive. C'est dans cette intention qu'il vient de prendre les cachets de Véronal.

Quand la conversation est terminée, il raccroche l'écouteur et s'assied à sa table. Il prend un bloc de papier. À l'encre rouge, il raye son nom écrit dans l'en-tête : Leandro Villalobos. 27, rue de la Désillusion, et il écrit à la place : *Illisible, fils de flûte*.

On entend du vacarme dans la rue, il se penche à la fenêtre. Il y a un attroupement de gens qui regardent vers le rebord du toit de la maison d'en face, où on voit un autre policier en uniforme prêt à se jeter dans le vide. Les spectateurs, nerveux, l'invectivent en lui intimant de redescendre. Mais le policier ne les écoute pas et saute au moment où arrive une ambulance, et tombe quelques mètres devant celle-ci, qui freine et s'arrête. Les infirmiers en descendent rapidement et ramassent le corps. Comme ils l'introduisent dans l'ambulance, on peut y voir les cadavres de deux autres policiers.

— Fantastique, dit Illisible. Vraiment, c'est aujourd'hui ou jamais…

Con esto parece querer decir que el día en que estos hechos extraños ocurren es excepcionalmente propicio para conseguir lo que él propone. Tal vez en su pensamiento se plantea la relación entre este parecer de los policías de la ciudad y la desaparición de la censura dentro de su psiquismo…

Vuelve a sentarse ante el escritorio. Se da cuenta de que hay una capa de polvo sobre la mesa. Hace unas rayas con el dedo y luego escribe maquinalmente: Avendaño. (Esta palabra es un apellido español.)

Dice:

—¿Avendaño? ¿Y por qué Avendaño? ¿Quién será Avendaño? ¿Sería este tal vez el apellido de mi padre?

A juzgar por estas palabras parece que uno de los motivos de su preocupación es ignorar su verdadera identidad, delatando así que no ha tenido padres.

Las pastillas de Veronal van haciendo su efecto y se va quedando dormido con la pistola en la mano.

Después de haberse dormido del todo suena de repente la detonación. Ilegible da un salto que derriba silla y mesa, cayéndose al suelo y quedando cogido bajo el mueble. La tinta roja se derrama junto a su cabeza. Parece haberse suicidado.

Se oyen en la puerta grandes golpes de la mujer que grita: ¡Dios mio!, ¡Virgen Santísima! Abridme, abridme…

Se entreabre cuidadosamente el armario y se ve asomar con grandes precauciones la calavera del esqueleto visto anteriormente. Poco después se retira la calavera y aparece la cabeza espeluznada del amante. Contempla a Ilegible caído.

Il semble vouloir dire par là que le jour où se produisent ces faits extraordinaires est exceptionnellement propice à la réussite de ce qu'il se propose. Dans son cerveau s'établit peut-être la relation entre ces morts des policiers de la ville et la disparition de la censure dans son psychisme…

Il retourne s'asseoir à sa table. Il s'aperçoit qu'elle est couverte d'une couche de poussière. Il y trace des lignes avec son doigt puis écrit : Avendaño. (Il s'agit d'un nom de famille espagnol.)

Il dit :

— Avendaño ? Et pourquoi Avendaño ? Qui peut bien être Avendaño ? Serait-ce le nom de mon père ?

À en juger par ces mots, on dirait que l'un de ses motifs de préoccupation est qu'il ignore sa véritable identité, et il révèle ainsi qu'il n'a pas eu de père.

Les cachets de Véronal commencent à faire leur effet et il s'endort peu à peu, pistolet en main.

Après qu'il s'est complètement endormi, une détonation retentit soudain. Illisible fait un bond qui renverse la chaise et la table, il tombe par terre et se trouve pris sous ces deux meubles. L'encre rouge se répand autour de sa tête. On dirait qu'il vient de se suicider.

On entend frapper de grands coups contre la porte, et la femme qui hurle : Mon Dieu ! Sainte Vierge ! Ouvrez-moi, ouvrez-moi…

L'armoire s'entrouvre doucement et on voit s'avancer, avec d'infinies précautions, la tête du squelette qu'on a vu précédemment. Peu après, la tête de mort se retire et on voit la tête ébouriffée de l'amant. Elle contemple Illisible, allongé par terre.

Sale entonces de su escondite dejando la calavera encima del esqueleto y se dirige a la puerta de la habitación que abre, dando paso a la mujer que ha seguido gritando.

El amante dice:

—¡Se mató!

—Pobrecillo... Pero qué susto, creí que te había matado a ti...

Se toman las manos y comentan:

—De buena te has librado.

—Es que yo soy yo...

Al pronunciarse la palabra "yo", así como antes se oyó el ruido de cristalería se oye ahora un ruido muy fuerte como de cadenas...

Ilegible que ha escuchado todo, gruñe, se queja.

Hace como si se despertara. Dice con dificultad:

—Quitadme esta mesa.

Lo hacen así. Ilegible se incorpora con cuidado.

—¿Pero no éstas muerto?, dice su mujer.

—Ya vas a verlo.

Les ha cortado el camino hacia la puerta que cierra otra vez con llave. Después de hacerles comprender que lo ha oído todo, los obliga bajo la amenaza de la pistola a ponerse de espaldas uno junto a otro. Toma una cuerda larga, de las cortinas, y empieza a atarlos juntos, brazo contra brazo, mano contra mano, pierna con pierna, pie con pie.

—¡Dos duros al que se siente primero!, dice, mientras la mujer llora y se lamenta y el amante lo insulta.

Il sort alors de sa cachette en posant la tête de mort sur le squelette et se dirige vers la porte de la chambre, qu'il ouvre, permettant ainsi d'entrer à la femme, qui continue à crier.

L'amant dit :

— Il s'est tué !

— Le pauvre… Mais quelle peur j'ai eue ! J'ai cru qu'il t'avait tué toi…

Ils se prennent les mains et disent :

— Tu l'as échappé belle…

— C'est que je suis moi…

En même temps que le mot « moi », de même que tout à l'heure on a entendu un bruit de verre brisé, on entend maintenant un bruit très fort, on dirait un bruit de chaînes…

Illisible, qui a tout entendu, grogne et se plaint.

Il fait semblant de se réveiller. Il dit avec difficulté :

— Ôtez-moi cette table.

Ce qu'ils font. Illisible se relève en faisant attention.

— Mais tu n'es pas mort ? dit sa femme.

— Tu vas voir si je suis mort.

Il leur a coupé le chemin vers la porte, qu'il referme en donnant un tour de clef. Après leur avoir fait comprendre qu'il a tout entendu, il les oblige, sous la menace du pistolet, à se mettre dos à dos. Il prend aux rideaux une longue corde et commence à les attacher ensemble, bras contre bras, main contre main, jambe contre jambe, pied contre pied.

— Deux douros au premier qui s'assied ! dit-il tandis que sa femme pleure et se lamente et que l'amant l'insulte.

—A que os gustaba bailar muy arrimaditos, les dice Ilegible. Vamos a ver cómo lo hacéis ahora…

Se acerca a un receptor de radio que está sobre una mesita y lo pone en marcha. Busca un música de baile, que suena mientras sigue atándolos por la cintura, etc.

La radio suspende la música para anunciar con voz conmovida que algo por demás extraño está ocurriendo en la ciudad. No se sabe por qué los policías se están suicidando. Lo verdaderamente peregrino del caso es que, por lo que ha podido deducirse hasta el presente, cada uno de los suicidas ha obrado por razones personales, unos por motivos íntimos, otros por disgustos de diversa índole, alguno por deudas de juego, por enfermedad incurable, etc. Ya se llevan recogidos ochenta cuerpos y se teme que los suicidados sean todos los policías de la ciudad, pues los que quedan vivos andan preocupados y cejijuntos.

Recomienda al público que en cuanto vean a un policía procuren desarmarlo y no perderlo de vista para evitar ese fin inexplicable…

Ilegible dice:

—Ya veis que hoy puede hacerse con vosotros lo que se quiera sin temor alguno.

—Lo que se ve es que es usted un policía frustrado… Ni siquiera ha sabido suicidarse.

Ilegible acaba de atarlos, pasando una cuerda alrededor de los cuellos, de manera que si uno se quiere desatar tendría que ahorcar al otro.

— Je suis sûr que vous aimez bien danser collés l'un contre l'autre, leur dit Illisible. Voyons comment vous vous y prenez maintenant...

Il va vers un poste de radio qui se trouve sur une petite table et le met en marche. Il cherche une musique de danse, qui joue pendant qu'il continue à les attacher par la taille, etc.

La radio interrompt la musique pour annoncer d'une voix émue que quelque chose d'extrêmement étrange est en train de se passer dans la ville. On ne sait pas pourquoi, les policiers se suicident. Ce qu'il y a de vraiment curieux dans cette affaire, c'est que d'après ce qu'on a pu déduire pour l'instant, chacun des suicidés a agi pour des raisons personnelles, les uns pour des motifs intimes, d'autres pour des ennuis de différentes sortes, l'un pour dettes de jeu, un autre à cause d'une maladie incurable, etc. On a déjà ramassé quatre-vingts corps et l'on craint que ceux qui sont encore vivants ne soient très préoccupés et soucieux.

On recommande aux auditeurs, dès qu'il verront un policier, d'essayer de le désarmer et de ne pas le perdre de vue pour éviter cette fin inexplicable...

Illisible dit :

— Vous voyez, aujourd'hui on peut faire de vous ce qu'on voudra sans rien craindre.

— Ce qui est évident, c'est que vous êtes un policier frustré... Vous n'avez même pas su vous suicider.

Illisible termine de les attacher, en leur passant une corde autour du cou, de façon que si l'un d'eux essaye de se détacher, il devra étrangler l'autre.

—Ahora vamos a ver, dice Ilegible, quién quiere más a quién; cuál de los dos se deja matar para que el otro viva.

Mientras la radio toca una música solemne, Ilegible se dispone a marcharse. Recoge sus cosas. Abre la puerta, les dice adiós y la cierra con llave por fuera.

Se ve entonces cómo el amante trata de desatarse y le ahoga a ella después de algunos metros de posturas grotescas. Pero no logra desasirse y permanece por el suelo atado al cadáver de ella. Esto se ha visto por el ojo de la cerradura. Pero no ha sido Ilegible el que lo ve.

Este último cierra la puerta de la escalera también con llave. Sale a la calle. Ata las llaves a una piedra que encuentra por el suelo y al pasar junto a un buzon que representa las fauces de un león las echa dentro. Se oye como si cayeran rebotando en un pozo o una cueva muy profunda y al final un chasquido como de agua.

Reina en la ciudad una inusitada efervescencia por efecto de lo ocurrido a los policías. Las gentes van y vienen presurosas cuando no forman corrillos que comentan en voz alta lo sucedido. Hay grupos que escuchan las radios de los comercios. Estos por precaución, temiendo a los malhechores, tienen medio bajados los cierres. Ilegible camina calle abajo llegando junto a un edificio que parece ser la Jefatura de policía. Se ve entrar al patio dos ambulancias, y al pasar percibe Ilegible tendidos por tierra innumerables cuerpos de policías.

En vez de deternerse, Ilegible aprieta el paso. Luego de caminar un par de cuadras más,

— Nous allons voir maintenant lequel de vous deux aime mieux l'autre ; lequel se laissera tuer pour que l'autre vive.

Tandis que la radio joue une musique solennelle, Illisible se dispose à partir. Il range ses affaires. Il ouvre la porte, leur dit adieu et ferme à clef derrière lui.

On voit alors l'amant essayer de se détacher et étrangler sa maîtresse, après quelques mètres de postures grotesques. Mais il ne réussit pas à se libérer et il reste par terre, lié au cadavre de la femme. On a vu cela par le trou de la serrure. Mais ce n'est pas Illisible qui l'a vu.

Celui-ci ferme également à clef la porte de l'escalier. Il sort dans la rue. Il attache les clefs à une pierre qu'il trouve par terre, et en passant devant une boîte aux lettres qui représente la gueule d'un lion il les y jette. On dirait qu'elles rebondissent en tombant dans un puits ou une caverne très profonde, et on entend finalement comme un plouf dans l'eau.

Il règne dans la ville une effervescence inhabituelle, à cause de ce qui arrive aux policiers. Les gens vont et viennent, affairés, quand ils ne forment pas des cercles qui commentent à voix haute ce qui arrive. Il y a des groupes qui écoutent les radios des boutiques, dont les patrons, par précaution, et craignant les malfaiteurs, ont fermé à demi leurs rideaux de fer. Illisible descend la rue et arrive devant un édifice qui semble être le commissariat central. On voit deux ambulances entrer dans la cour, et en passant, Illisible aperçoit d'innombrables corps de policiers étendus par terre.

Au lieu de s'arrêter, Illisible presse le pas. Après qu'il a longé deux pâtés de maisons,

su atención es llamada de pronto por la presencia de una mujer joven, como de unos veinte años, que indiferente a cuanto le rodea se apoya contra una puerta. Tiene un libro grande, como de música en el brazo izquierdo. Su actitud abstraída contrasta fuertemente con la agitación de los demás. Ilegible se vuelve, la contempla. De la cabeza de ella se tiene la impresión de que salen unos cuantos rayos que corresponden realmente a un anuncio que está pintado detrás. Es necesario que los espectadores más perspicaces sientan que la figura de esa mujer guarda alguna relación con la estatua de la Libertad.

Vuelve Ilegible a pasar delante de la ensimismada. Por fin se decide y la aborda. Hablan bromeando:

—¿Me esperabas?

—Naturalmente.

—¿Hace mucho?

—Todo es posible.

—¿Desde hace años?

—¿Y por qué no siglos?

—Apuesto a que te llamas Perpetua.

—Pierdes. Sólo me llamo Cadena.

—¿Qué estudias?

—Música.

—Anda, vente conmigo, dice Ilegible. Tengo muchísimo que hablar contigo pero ando con prisa…

La toma de la mano y echa a andar de nuevo calle adelante. Poco después los vemos bajarse de un vehículo público que los deja en un parque por el que, caminando, llegan a un bosque. Conversan al andar. Él le dice que mañana va a marcharse de la ciudad para siempre.

son attention est soudain attirée par la présence d'une femme jeune, d'environ vingt ans, qui, indifférente à tout ce qui l'entoure, est appuyée contre une porte. Elle a un grand livre, du genre livre de musique, sous son bras gauche. Elle est absorbée dans ses pensées, et son attitude contraste fortement avec l'agitation des autres. Illisible se retourne, l'observe. On a l'impression que de la tête de la jeune femme émanent des rayons qui correspondent en fait à une publicité qui est peinte derrière elle. Il est nécessaire que les spectateurs les plus perspicaces sentent que la silhouette de cette femme a une certaine relation avec la statue de la Liberté.

Illisible repasse devant la jeune pensive. Il finit par se décider à l'aborder. Ils plaisantent :

— Tu m'attendais ?

— Naturellement.

— Ça fait longtemps ?

— Tout est possible.

— Depuis des années ?

— Et pourquoi pas des siècles ?

— Je parie que tu t'appelles Perpétue.

— Perdu. Je m'appelle simplement Prison.

— Que fais-tu comme études ?

— De la musique.

— Allez, viens avec moi, dit Illisible. J'ai énormément de choses à te raconter, mais je suis pressé...

Il la prend par la main et se remet à marcher dans la rue. Peu après, on les voit descendre d'un véhicule public qui les laisse dans un parc qu'ils traversent avant d'arriver à un bois. Ils parlent en marchant. Il lui dit que demain il quittera la ville à tout jamais.

No sabe a dónde, lo más lejos que pueda. La invita a acompañarle. Ella parece bien dispuesta.

—Contigo soy capaz de ir al fin del mundo. Ya bastante dentro del bosque, entre los árboles se sientan en la hierba. Ella le pide permiso para retirarse un poco entre los matorrales. Enseguida se la ve salir desnuda de medio cuerpo para arriba y sin más velo que un paño en la misma posición que el que tiene la Venus de Milo. Camina con los ojos clavados en el infinito, iluminada de lleno por el sol poniente, como sonámbula y se detiene delante de él que se ha levantado bruscamente. Tras un instante de perplejidad, Ilegible frunce el ceño. Se diría que está profundamente decepcionado. La insulta, la llama zorra, etc.

—Merecías que te pegara... La ayuda a ponerse el abrigo.

Ella se echa a llorar desconsoladamente. Tan desconsoladamente que Ilegible no tiene más remedio que acercarse a calmarla. La toma de la mano, que acaricia. Trata de bromear diciendo que como siga así se van a ahogar en ese mar de lágrimas. Ve en su muñeca un reloj de pulsera modesto. Le propone que en promesa de amistad cambien sus relojes. Así lo hace. Le pregunta él si vive muy lejos. Ella le contesta que no vive en ninguna parte. El se molesta de nuevo.

Va oscureciendo. Ella le mira a hurtadillas con miradas profundas, incubadoras, como una madre puede mirar a su hijo en los momentos más apasionados de su vida. Empieza a lloviznar. Se ha hecho de noche.

Il ne sait pas où il ira, le plus loin possible. Il l'invite à partir avec lui. Elle semble bien disposée.

— Avec toi je suis capable d'aller jusqu'au bout du monde.

Une fois bien enfoncés dans le bois, ils s'assoient sur l'herbe. Elle lui demande la permission de se retirer un instant dans les fourrés. On la voit ensuite revenir nue jusqu'à la taille, et sans autre vêtement qu'un morceau de tissu dans la même position que celui que porte la Vénus de Milo. Elle marche les yeux perdus dans l'infini, éclairée en plein par le soleil couchant, comme une somnambule et s'arrête devant lui, qui s'est levé brusquement. Après un instant de perplexité, Illisible fronce les sourcils. Il a l'air profondément déçu. Il l'insulte, la traite de catin, etc.

— Tu mériterais que je te batte…

Il l'aide à mettre son manteau.

Elle se met à pleurer, elle est inconsolable. Si inconsolable qu'Illisible ne peut faire autrement que de s'approcher d'elle et de la calmer. Il lui prend la main et la caresse. Il essaye de plaisanter en disant que si elle continue comme ça, ils vont se noyer dans cette mer de larmes. Il voit à son poignet une modeste montre. Il lui propose, en gage d'amitié, d'échanger leurs montres. Ce qu'ils font. Il lui demande si elle habite loin de là. Elle lui répond qu'elle n'habite nulle part. Il se fâche à nouveau.

La nuit tombe. Elle le regarde en cachette, avec des regards profonds, des regards qui le couvent, comme une mère peut regarder son enfant dans les moments les plus passionnés de sa vie. Il se met à pleuvoter. La nuit est tombée maintenant.

Ilegible la propone volver a la ciudad. Ella va desnuda bajo el abrigo. Se apoya en su brazo. Él se da cuenta de que a ella le resulta difícil caminar.

—¿Qué te pasa, estás cansada?, le pregunta.

—No sé, me cuesta andar.

La luz de la luna le da en la cara. Ilegible se extraña, no se diría que es la misma persona. Parece tener diez años más. Vuelve a la oscuridad y la marcha se hace más trabajosa. Torna la luna a iluminarla e Ilegible vuelve a encontrarla más vieja. Ha empezado a llover, copiosamente. Él enciende una cerilla que la lluvia apaga.

—¿Pero qué te sucede?

—Nada, no me siento fuerte.

—Se diría que la oscuridad te sienta mal, que te envejece.

—¡Quién sabe!, responde ella.

Enciende él otra cerilla que aproxima al rostro de ella. Le pregunta si la luz le produce algún alivio y ella le dice que sí y en efecto, se diría que rejuvenece un poco. Se guarecen bajo un árbol. Se sientan en un tronco. Busca Ilegible algo que prender pero todo en torno suyo está mojado. Saca los papeles de su bolsillo, que enciende. Grita pidiendo auxilio. Nadie responde. Se consumen los papeles. Cuando vuelve a hacer la luz la encuentra mucho más avejentada. Quema cuanto encuentra encima de sí, su documentación, billetes de banco... Ya no le quedan casi cerillas. Ilegible se encuentra en estado casi delirante. Vuelve a hacerse oscuro. La voz de ella suena a cascada.

Illisible lui propose de retourner en ville. Elle est nue sous son manteau. Elle s'appuie sur son bras. Il se rend compte qu'elle a du mal à marcher.

— Qu'as-tu, tu es fatiguée ? lui demande-t-il.

— Je ne sais pas, je peux à peine marcher.

La lumière de la lune éclaire son visage. Illisible s'étonne, on dirait que ce n'est pas la même personne. Elle a l'air d'avoir dix ans de plus. Elle est dans l'ombre maintenant, et son allure est plus pénible encore. La lune l'éclaire de nouveau, et Illisible la trouve encore plus vieille qu'un instant plus tôt. Il pleut abondamment. Il allume une allumette que la pluie éteint.

— Mais qu'est-ce que tu as ?

— Rien, je me sens fatiguée.

— On dirait que l'obscurité ne te convient pas, qu'elle te vieillit.

— Qui sait ! répond-elle.

Il allume une autre allumette qu'il approche du visage de la femme. Il lui demande si la lumière la soulage et elle répond que oui, et en effet, on dirait qu'elle rajeunit un peu. Ils s'abritent sous un arbre. Ils s'assoient sur un tronc. Illisible cherche quelque chose avec quoi faire un feu, mais tout est mouillé autour de lui. Il tire des papiers de sa poche, les brûle. Il appelle à l'aide. Personne ne répond. Les papiers se consument. Quand il redonne de la lumière, il la trouve beaucoup plus vieille encore. Il brûle tout ce qu'il trouve sur lui, ses papiers d'identité, des billets de banque… Il n'a presque plus d'allumettes. Illisible se trouve dans un état quasi délirant. L'obscurité revient. La voix de la femme est comme une cascade.

Cuando se la ve, le faltan dientes. Llega un instante en que su vejez es extrema.

En este momento, cuando él la tiene entre sus brazos y enciende la última cerilla, ella desfallece y entre sollozos exclama:

—¡Hijo, hijo mío!

Ilegible se siente conmovido profundísimamente. Tiene de súbito la impresión de que aquella mujer que siente extenuarse en sus brazos es su madre, la madre que nunca tuvo y que va a morirse... La estrecha contra su corazón, bebe su aliento:

—¡Madre! ¡Madre!

La respiración de la mujer se apaga y poco a poco muere en los brazos de Ilegible que, al darse cuenta de que está muerta, la deja con cuidado tendida sobre el tronco y se aleja gritando:

—¡Madre! ¡Madre!

Vuelve al poco con una linterna que ha conseguido no muy lejos. En el sitio en que dejó el cuerpo de ella no hay nada. Pero al pie del tronco, al otro lado, ve un saco de trigo como si se hubiera caído, y cuyo contenido desborda por una gran rasgadura... Con muy emocionada naturalidad, Ilegible hinca una rodilla y se llena los bolsillos con ese trigo, sin darse cuenta de que mientras tanto, Ella, joven de nuevo, le está mirando detrás de unas ramas, y que cuando echa a andar diciendo para sí: ¡Madre! ¡Madre!, ella camina en pos de él, acompañándole, como un fantasma.

Cumpliendo el propósito de viaje anunciado por Ilegible a la mujer que murió en sus brazos,

Quand on la revoit, il lui manque des dents. Arrive un moment où sa vieillesse est extrême.

À cet instant, alors qu'il la tient entre ses bras et qu'il allume sa dernière allumette, elle défaille et s'écrie en sanglotant :

— Mon fils, mon enfant !

Illisible se sent très profondément remué. Il a soudain l'impression que cette femme qu'il sent perdre toutes ses forces dans ses bras est sa mère, la mère qu'il n'a jamais eue et qui va mourir... Il la serre contre son cœur, boit son souffle :

— Mère ! Mère !

La respiration de la femme s'éteint et peu à peu elle meurt dans les bras d'Illisible qui, se rendant compte qu'elle est morte, l'allonge avec soin sur le tronc et s'éloigne en criant :

— Mère ! Mère !

Au bout d'un instant, il revient avec une lanterne qu'il a pu trouver non loin. Là où il a laissé le corps de la femme, il n'y a plus rien. Mais au pied du tronc, de l'autre côté, il voit un sac de blé, un sac qui serait tombé, et dont le contenu déborde par une grande déchirure... Avec un naturel très émouvant, Illisible fléchit un genou et emplit ses poches de ce blé, sans s'apercevoir que pendant ce temps, la femme, jeune à nouveau, le regarde dissimulée entre les branches, et que lorsqu'il se met en marche en répétant pour lui-même : Mère ! Mère !, elle se met en marche derrière lui et l'accompagne comme un fantôme.

Illisible tient la promesse de voyage qu'il a faite à la femme qui est morte dans ses bras,

se ve a nuestro personaje en el estribo de un tren que sale a pequeña velocidad de una estación. Su traje está cubierto de polvo. Se suceden al borde de la vía varios cartelones con el nombre de la ciudad en letras de a tres palmos: Villalobos. *Lleva Ilegible en la mano un cepillo de ropa con el que se frota enérgicamente levantando de su vestido una polvareda que casi compite con las bocanadas de humo de la locomotora. Cuando ya no sale más polvo se cepilla los zapatos. Tira, por último, el cepillo contra uno de los cartelones que dice* Villalobos, *que suena a lata, y entra al vagón. Se lava las manos y se acomoda en un compartimento vacío.*

Poco después penetra en ese mismo compartimento un viajero algo más viejo que Ilegible, cargado con una maleta flamante, de piel fina: un equipaje de lujo, digno de un pasajero trasatlántico, que contrasta con el porte modesto del que lo lleva. Este, después de examinar con cuidado el lugar, saluda timidamente, coloca su maleta en la red y se sienta frente a Ilegible.

Mientras galopan los paisajes por la ventanilla, el viajero de enfrente empieza a dar señales de inquietud. Se desasosiega, se demuda. Parece presa de agudos dolores. Su intranquilidad se hace tan evidente que Ilegible se inquieta. Le pregunta si puede serle útil en alguna cosa. El viajero le dice que no se siente bien, pero que no cree que nadie pueda auxiliarle.

Entablan conversación hasta que el último no pude contenerse, se descompone y empieza a hablar precipitadamente:

et on le voit sur le marchepied d'un train qui quitte à petite vitesse une gare. Son costume est couvert de poussière. Plusieurs grands panneaux portant le nom de la ville en très grosses lettres : *Villalobos*, se succèdent le long de la voie. Illisible a à la main une brosse à habits avec laquelle il se frotte énergiquement, soulevant un nuage de poussière qui rivalise presque avec les bouffées de fumée de la locomotive. Quand il n'y a plus de poussière sur ses vêtements, il brosse ses chaussures. Puis il lance la brosse contre un des panneaux où est écrit *Villalobos*, ce qui fait un bruit de fer-blanc, et entre dans le wagon. Il se lave les mains et s'installe dans un compartiment vide.

Un moment après entre dans ce compartiment un voyageur un peu plus vieux qu'Illisible, et qui porte une valise flambant neuve, de cuir fin : un bagage de luxe, digne d'un passager de transatlantique, qui contraste avec l'allure modeste de celui qui le porte. Ce dernier, après avoir examiné l'endroit avec soin, salue timidement, place sa valise dans le filet et s'assoit en face d'Illisible.

Tandis que par la fenêtre galopent les paysages, le voyageur commence à donner des signes d'inquiétude. Il se trouble, change de couleur. Il semble en proie à des douleurs aiguës. Son anxiété devient si évidente qu'Illisible s'inquiète à son tour. Il demande à l'autre s'il peut lui être utile à quelque chose. Le voyageur lui répond qu'il ne se sent pas bien, mais qu'il ne croit pas que personne puisse l'aider.

Ils entament la conversation, jusqu'au moment où l'homme ne peut plus se contenir, se décompose et commence à parler avec précipitation :

—Caballero, le dice, daría cualquier cosa por que me creyera usted. Ojalá no me tome por loco aunque pueda parecérselo. No tiene usted idea de lo que sucede. Corremos hacia la catástrofe…

Ilegible le contempla con curiosidad no exenta de desconfianza. ¿No será este sujero un loco que, aprovechando la desaparición de la policía, se ha fugado del manicomio? El viajero empieza a referirle su historia:

—Créame. Mi situación es tal que tardará usted en comprender la necesidad que en estos momentos tengo de desahogarme.

El relato del viajero es acompañado por las imágenes necesarias que entran en la pantalla por un costado, en vista fija, como las imágenes de una linterna mágica.

Dice que él era un empleado modesto de oficina, de una oficina modestísima. (Vista fija.) Al pasearse durante la hora del almuerzo por los bulevares, se sentía siempre atraído por los comercios dedicados a los artículos de viaje. Particularmente le llamó un día la atención una maleta de piel finísima detrás de la cual vió una mujer muy bella que le miraba sonriendo. (Vista fija.) A la mujer no la volvió a ver más. Pero desde entonces no pasaban 24 horas sin que fuera a mirar esa maleta con el temor de que hubiera desaparecido. Así ocurrió un día por fin.

Sintió como si su novia le hubiera abandonado para venderse…

Pero he aquí que al regresar descorazonado a su modesta pensión y entrar en su cuarto

— Monsieur, dit-il, je donnerais n'importe quoi pour que vous me croyiez. Dieu veuille que vous ne me preniez pas pour un fou, même si je peux le paraître. Vous n'avez pas idée de ce qui arrive. Nous courons à la catastrophe…

Illisible l'observe avec une curiosité non exempte de méfiance. Cet individu ne serait-il pas un fou qui, profitant de la disparition des policiers, se serait enfui de l'asile ? Le voyageur commence à lui raconter son histoire :

— Croyez-moi. Ma situation est telle que vous ne tarderez pas à comprendre la nécessité où je me trouve en ce moment de m'épancher.

Le récit du voyageur est accompagné par les images nécessaires qui paraissent sur un côté de l'écran, en vues fixes, comme les images d'une lanterne magique.

Il dit qu'il était un modeste employé de bureau, d'un très modeste bureau. [Vue fixe.] Quand il se promenait à l'heure du déjeuner sur les boulevards, il se sentait toujours attiré par les boutiques d'articles de voyage. Son attention avait été particulièrement attirée un jour par une très fine valise derrière laquelle il avait vu une très belle femme qui le regardait en souriant. [Vue fixe.] Il n'avait plus jamais revu cette femme. Mais depuis ce jour-là, il ne se passait pas vingt-quatre heures sans qu'il allât regarder cette valise, rempli de la crainte qu'elle n'eût disparu. Ce qui avait fini par arriver un jour.

Ce fut pour lui comme si sa fiancée l'avait quitté pour se vendre…

Mais voici que revenant, complètement abattu, à sa modeste pension et entrant dans sa chambre, *se encontró con que la maleta se encontraba allí, a los pies de su cama... (Vista fija.) ¿Cómo pudo ser esto? ¿Quién se la había enviado? No logró averiguarlo nunca. Un repartidor elegante, con galones, había preguntado por él, por Avendaño, y la había dejado allí...*

Al oir el nombre de Avendaño, Ilegible reacciona vivamente. Se acuerda que este nombre es el que escribió maquinalmente la víspera sobre la mesa de su cuarto. Pregunta con visible inquietud:

—¿Usted se llama Avendaño?

—Para servir a usted.

Sigue el viajero contando cómo en la tienda no supieron darle razón... Misterio. La maleta se convirtió desde entonces para él en una obsesiva invitación al viaje. No era capaz de explicarlo bien. A veces le parecía que aquella mujer que había visto junto a esa maleta el primer día le estaba esperando en algún lugar, muy lejos... (Vista fija.) El caso es que tuvo que ponerse a ahorrar con objeto de poder tomar el tren un día hacia la playa más cercana. Le era indispensable ver el mar. Cuando le fue posible hacerlo, tomó su billete emocionado, como si fuera su viaje de bodas y se acomodó, como hoy, en un compartimento. Pero no mucho después que el tren arrancó empezó a sentirse mal. Creyó en un principio que debía tratarse del mareo. Pero las molestias arreciaron hasta convertirse pronto en dolores, unos dolores cada vez más insoportables que parecían provenir de sus huesos.

—Fíjese si sería fuerte que creí que me moría. Mas de pronto...

il y avait trouvé la fameuse valise, par terre au pied de son lit... [Vue fixe.] Comment cela avait-il pu se faire ? Qui la lui avait envoyée ? Jamais il n'avait pu le savoir. Un élégant livreur, avec des galons, l'avait demandé, lui, Avendaño, et l'avait posée là...

En entendant ce nom d'Avendaño, Illisible réagit vivement. Il se souvient que c'est le nom qu'il a écrit machinalement, la veille, sur sa table de travail. Avec une inquiétude visible, il demande :

— Vous vous appelez Avendaño ?

— Pour vous servir.

Le voyageur continue à raconter son histoire, il dit qu'à la boutique personne n'avait pu le renseigner... Mystère. La valise était alors devenue pour lui une invitation au voyage obsessionnelle. Il était incapable de bien l'expliquer. Parfois il lui semblait que la femme qu'il avait vue à côté de cette valise le premier jour l'attendait quelque part, très loin... [Vue fixe.] Le fait est qu'il dut se mettre à économiser pour pouvoir prendre un jour le train vers la plage la plus proche. Il fallait absolument qu'il vît la mer. Quand il lui avait été possible de le faire, il avait pris son billet, plein d'émotion, comme si ç'avait été son voyage de noces, et il s'était installé, comme aujourd'hui, dans un compartiment. Mais peu après le départ du train, il avait commencé à se sentir mal. Au début, il avait cru que c'était le mal des voyages. Mais sa gêne s'était faite plus grande, pour se convertir bientôt en douleurs, des douleurs de plus en plus insupportables qui semblaient provenir de ses os.

— Elles étaient si fortes que j'ai cru que je mourais, alors vous pensez. Mais tout à coup...

Stock shot *de un violentísimo descarrilamiento de tres con el estruendo propio del caso. Sigue contando Avendaño que por fortuna, tanto él como su maleta resultaron ilesos y los dolores se le quitaron al instante. Pefirió volverse a Villalobos por donde había venido sin experimentar malestar alguno.*

En cuanto se le olvidó un poco el desagradable percance no tuvo más remedio que ponerse de nuevo a ahorrar. La maleta significaba para él la presencia de algo indeciblemente maravilloso... Cada vez que la abría parecía salir de ella una música que le transportaba y un aroma como de frutas tropicales maduras.

Por fin se volvió a poner en viaje no sin cierta aprensión. Desgraciadamente se repitió todo, los dolores inexplicables y rabiosos, como de quién sabe qué género de parto, para terminar en el choque de Tavira. (Vista fija instantánea representando el choque de dos trenes con las locomotoras empinadas una sobre otra.) Sobre esta imagen se oye la voz de Ilegible que comenta:

—Ocurrido el 18 de julio de 1936. Lo recuerdo perfectamente porque yo debía haber tomado ese tren y a última hora por un feliz descuido lo perdí.

—¿Usted debía haber tomado ese tren?, dice intrigado Avendaño.

—Así es en efecto.

—Pues de buena se libró. No quedó viajero sano.

El caso es que nuevamente él salió ileso del terrible percance

[*Stock shot* d'un déraillement d'une grande violence, avec le fracas approprié.] Avendaño raconte que par chance lui-même et sa valise s'en étaient sortis sains et saufs, et que ses douleurs avaient disparu à l'instant. Il avait préféré retourner à Villalobos, d'où il était venu sans avoir le moindre malaise.

Dès qu'il eut un peu oublié cet incident désagréable, il ne put faire autrement que de se mettre à économiser de nouveau. La valise signifiait pour lui quelque chose d'ineffablement merveilleux... Chaque fois qu'il l'ouvrait, on aurait dit qu'il en sortait une musique qui l'enivrait aussi fort que le parfum de fruits tropicaux trop mûrs.

Il finit par repartir en voyage, non sans une certaine appréhension. Par malheur, tout recommença, douleurs inexplicables et violentes, comme celles de Dieu sait quel genre d'accouchement, pour s'achever avec le choc de deux trains, la locomotive de l'un grimpée sur celle de l'autre. Sur cette image, on entend la voix d'Illisible qui commente :

— C'était le 18 juillet 1936. Je m'en souviens parfaitement car je devais prendre ce train, et une heureuse distraction me l'avait fait manquer.

— Vous deviez prendre ce train ? demande Avendaño, intrigué.

— En effet.

— Eh bien vous l'avez échappé belle. Il n'y a pas eu un seul voyageur indemne.

Le fait est que, quant à lui, il était encore une fois sorti sain et sauf de ce terrible accident,

y que el viaje actual es el tercero y que se están repitiendo los dolores precursores. El viajero pide auxilio a Ilegible:

—Sálveme usted. Explíqueme qué clase de cruel hado me persigue. ¿Por qué promesas tan bellas se me transforman en estos horrorosos cataclismos? ¿Soy acaso el que causa los accidentes o mi presencia en ellos obedece a otras razones que ignoro? Sálveme. Dígame que me cree, que tiene compasión de mí. Tíreme usted a la vía, quizá se evitará de este modo la catástrofe espantosa, aún mayor que las dos primeras a juzgar por los dolores que son esta vez más fuertes aún que las pasadas.

Ilegible trata, por una parte, de calmarlo. Pero a ratos cree que está siendo víctima de una broma pesada, en caso de que no se trate en realidad de un loco. A veces le contesta con desconfianza, con acritud. Además ya es demasiado lo que, suceso tras suceso, le está pasando desde la víspera. Creía estar poniéndose a salvo y he aquí que lo arbitrario se ceba sobre él de nuevo. Acabará por volverse loco, porque la verdad es que no hay nervios que resistan.

Avendaño no se da por vencido e insiste con apremio cada vez mayor. En su angustia Ilegible piensa que quizá en esa maleta misteriosa se encuentre alguna explicación acerca del viajero y de sus extrañas historias. Le pide a Avendaño que le permita examinar la maleta por dentro, ver lo que contiene. Este se niega: ¿qué objeto tiene eso? Ilegible insiste y Avendaño no cede. Su negación exaspera a Ilegible

et que le voyage actuel est le troisième qu'il entreprend, avec les mêmes douleurs annonciatrices. Le voyageur appelle Illisible au secours.

— Sauvez-moi. Expliquez-moi quel destin cruel me poursuit. Pourquoi de si belles promesses se transforment-elles pour moi en horribles cataclysmes ? Suis-je la cause de ces accidents, ou est-ce que ma présence lorsqu'ils se produisent obéit à des raisons que j'ignore ? Sauvez-moi. Dites-moi que vous me croyez, que vous avez pitié de moi. Jetez-moi sur la voie, peut-être évitera-t-on ainsi cette épouvantable catastrophe, plus grande encore que les deux premières à en juger par mes douleurs qui sont plus terribles encore que les deux premières fois.

D'un côté, Illisible essaye de le calmer. Mais par moments, il croit être victime d'une plaisanterie douteuse, si toutefois il n'a pas affaire à un fou. Il lui répond alors avec méfiance, avec acrimonie. De plus, avec tout ce qui lui arrive depuis la veille, événement après événement, cette fois c'en est trop. Il croyait s'être mis à l'abri, et voilà que l'arbitraire s'acharne de nouveau sur lui. Il va finir par devenir fou, car en vérité personne n'a les nerfs assez solides pour résister à tout cela.

Avendaño s'avoue vaincu et insiste avec une insistance de plus en plus grande. Dans son angoisse, Illisible pense que cette valise mystérieuse contient peut-être une explication relative au voyageur et à ses histoires étranges. Il demande à Avendaño de lui permettre d'examiner l'intérieur de sa valise, pour voir son contenu. Celui-ci refuse : à quoi cela peut-il servir ? Illisible insiste, mais Avendaño ne cède pas. Son refus exaspère de plus en plus Illisible,

que da señales de hallarse cada vez más nervioso. Avendaño previene a Ilegible de la inminencia de la catástrofe, lo siente en la magnitud de sus dolores. Ilegible no puede contenerse y él mismo toma la maleta y la baja de la red. Avendaño se le echa encima como energúmeno. ¿Celos? Entablan una lucha violenta, en la que trata incluso de morder a Ilegible. Ruedan abrazados por el suelo y forcejean, encontrándose así estrechísimamente ligados cuando sobreviene la catástrofe desastrosa. Se despeña el tren hasta el fondo de un barranco. Por sobre los restos destrozados y humeantes de los vagones se ve rodar la maleta que al detenerse se abre, saliendo de ella una paloma que se aleja, volando. La maleta es abrasada por el fuego ante los ojos impotentes de Ilegible y de Avendaño que han salido por entre las astillas y los hierros retorcidos milagrosamente ilesos.

Se oyen en cambio, ayes y gritos desgarradores pidiendo auxilio que nadie se encuentra en disposición de prestar. Se ven miembros destrozados y separados de sus cuerpos, charcos de sangre, etc. Los dos supervivientes se alejan del lugar de la catástrofe y se dirigen hacia una ladera que está al frente. Avendaño va un poco conmocionado. Ilegible le ayuda a caminar, pasando un brazo de Avendaño en torno de su cuello. Le pregunta si no se siente muy mal. Avendaño le contesta:

—No es nada. Estoy un poco atontado pero enseguida se pasará…

Después de una pausa, mientras van andando, comenta Ilegible:

—¿Con que esta es la tercera vez?

—¿No se lo decía a usted?

qui donne des signes d'une nervosité de plus en plus grande. Avendaño le prévient de l'imminence de la catastrophe, il se sent à nouveau atteint par ses douleurs. Illisible ne peut se retenir, il prend la valise et la descend du filet. Avendaño se jette sur lui comme un énergumène. Jalousie ? Ils se livrent à une violente lutte, au cours de laquelle Avendaño essaye même de mordre Illisible. Ils roulent par terre et se débattent, et se trouvent ainsi étroitement enlacés quand survient la désastreuse catastrophe. Le train tombe au fond d'un ravin. Sur les restes fumants des wagons on voit rouler la valise, qui s'ouvre quand elle s'immobilise, et il en sort une colombe qui prend son vol et disparaît. La valise est la proie des flammes, sous les yeux impuissants d'Illisible et d'Avendaño, qui ont émergé miraculeusement indemnes des éclats de bois et des ferrailles tordues.

En revanche, on entend des plaintes et des cris déchirants qui réclament une aide que personne n'est à même d'apporter. On voit des membres arrachés de leurs corps, des mares de sang, etc. Les deux survivants s'éloignent du lieu de la catastrophe et se dirigent vers une colline proche. Avendaño est un peu commotionné. Illisible l'aide à marcher, un bras autour de son épaule. Il lui demande s'il ne se sent pas trop mal. Avendaño lui répond :

— Ce n'est rien. Je suis un peu étourdi mais ça va passer…

Après une pause, Illisible dit :

— Alors c'est la troisième fois ?

— Ne vous le disais-je pas ?

—Y esa paloma, ¿para qué llevaba usted esa paloma?

—Pero si yo no la había puesto allí. Y no había guardado sino un poco de ropa blanca interior...

Se han sentado sobre el cesped. Avendaño que al principio estaba recostado, acaba por tenderse. Ilegible le ve con los ojos cerrados, pálido... ¿Tal vez un síncope? Se interesa por él: ¿con su agresión no le ha salvado probablemente la vida? Le dirige la palabra y no contesta. Le sacude la mano, le da aire. Le toma el pulso. Parece que no lo encuentra. Lo sacude un poco más fuerte. En vano. Por fin acerca su oído al corazón de Avendaño. Debe oir algo inusitado... En efecto, se oyen amplificados los latidos del corazón como impactos de ametralladora. Luego el estruendo de una batalla violenta. Vuelve a quedarse sola la ametralladora cuyos disparos se sujetan a un ritmo imprevisto que no tarda en identificarse con el del telégrafo Morse. Tac, tac-tac-tac-tac-tac tac- etc.

Toma Ilegible un lápiz y un papel y empieza a registrar los sonidos alfabéticamente. Se le ve como escribe:

"Por fin se acerca la hora tanto tiempo esperada... Ya la otra orilla empieza a formar la huella del pie futuro en la arena... Pronto, pronto... Si no, llegarás tarde a la creación del mundo"...

—¿A quién te diriges?, dice Ilegible.

—"A ti que me escuchas", responde el Morse.

—Pero ¿quién soy yo?

—¿Tu? Pues quién vas a ser. "Ilegible... Hijo de Flauta..."

— Et cette colombe, que faisiez-vous avec cette colombe ?

— Mais ce n'est pas moi qui l'ai mise dans ma valise. Il n'y avait dedans qu'un peu de linge…

Ils se sont assis sur l'herbe. Avendaño, qui au début était appuyé sur son coude, finit par s'allonger. Illisible le voit les yeux fermés, très pâle… Une syncope, peut-être ? Il éprouve de l'intérêt pour lui : en l'agressant, ne lui a-t-il pas sauvé la vie ? Il lui adresse la parole, mais l'autre ne répond pas. Il lui secoue la main, l'évente. Il veut lui prendre le pouls. On dirait qu'il ne le trouve pas. Il le secoue un peu plus fort. En vain. Finalement, il colle son oreille sur la poitrine d'Avendaño. Il doit entendre quelque chose d'anormal… En effet, on entend, amplifiés, des battements de cœur comme un tir de mitraillette. Puis le fracas d'une violente bataille. Puis, de nouveau, la mitraillette seule, dont les tirs prennent un rythme imprévu qu'on ne tarde pas à identifier comme celui du télégraphe morse. Ta, ti-ti-ti ta-ta, etc.

Illisible prend un crayon et un papier et commence à transcrire les sons alphabétiques. On le voit en train d'écrire :

« *L'heure tant attendue arrive enfin… Déjà l'autre rive commence à former la trace du pied futur dans le sable… Vite, vite… Sinon, tu seras en retard à la création du monde* »…

— À qui t'adresses-tu ? demande Illisible.

— À toi qui m'écoutes, répond le Morse.

— Mais… qui suis-je ?

— Toi ? Qui donc pourrais-tu être. Illisible… Fils de Flûte…

No se oye más. El corazón recobra su ritmo normal ante la perplejidad de Ilegible. El semblante de Avendaño tiende a normalizarse. Ilegible lo incorpora, lo apoya contra el tronco de un árbol. Hecho esto, Ilegible se pone a pasear yendo y viniendo con las manos cogidas tras de la espalda y presa de violenta agitación. De los restos del tren se ve salir de pronto una forma humana que se pone en movimiento y se dirige hacia ellos. Se trata de un personaje extraño. Es jorobado y parece que sus miembros no casan bien unos con otros, hasta el punto de que Ilegible, deteniéndose al dar una vuelta, tiene la impresión de que tal vez acaba de formarse allí con los restos de varias personas destrozadas. Se caracteriza ese personaje por llevar varios aparatos: Un Sonotone último modelo; un Walkie-Talkie, último modelo también, con una antena que pasa por encima de su cabeza; una pierna ortopédica de primera calidad que deja ver a través de su pantalón destrozado. Mientras va andando hace funcionar su Walkie-Talkie:

—Allo, allo... El accidente se ha producido en el lugar exacto. Llegaré como convenido pasado mañana al mediodía... Espero que todo está preparado a bordo de manera que inmediatamente podamos zarpar...

—¿Se ha fijado usted qué personaje más extraño?, dice Avendaño.

—Sí. He tenido la impresión absurda de que se debía haber formado en estos momentos con los restos de varias personas muertas en el accidente. Pero es que ya estoy medio loco..., responde Ilegible que sigue paseándose.

El extraño personaje acaba por llegar junto a ellos.

On n'entend plus rien. Devant un Illisible tout à fait perplexe, le cœur reprend son rythme normal. Le visage d'Avendaño redevient normal lui aussi. Illisible le redresse, l'appuie contre le tronc d'un arbre. Après quoi, il commence à faire les cent pas, les mains dans le dos, en proie à une violente agitation. Des restes du train, on voit soudain sortir une forme humaine qui se met en mouvement et se dirige vers eux. Il s'agit d'un personnage étrange. Il est bossu et on dirait que ses membres ne s'harmonisent pas, au point qu'Illisible, qui s'arrête au moment de faire demi-tour, a l'impression qu'il vient de se constituer, avec les restes de plusieurs personnes mutilées. Ce personnage se caractérise par les divers appareils qu'il porte : un Sonotone dernier modèle ; un talkie-walkie, dernier modèle également, avec une antenne qui dépasse sa tête ; une jambe orthopédique de première qualité qu'on peut voir à travers son pantalon déchiré. Tout en marchant, il fait fonctionner son talkie-walkie :

— Allô, allô... L'accident s'est produit à l'endroit précis. J'arriverai comme convenu après-demain midi... J'espère que tout est prêt à bord, afin que nous puissions immédiatement lever l'ancre...

— Vous avez-vu cet étrange personnage ? dit Avendaño.

— Oui. J'ai eu l'impression absurde qu'il devait venir de se former avec les restes de plusieurs personnes mortes dans l'accident. Mais c'est que je suis devenu à moitié fou..., répond Illisible tout en continuant à faire les cent pas.

L'étrange personnage finit par les rejoindre.

—Hola, compañeros, les dice campechanamente. Se diría que están Vds, un poco preocupados. ¿Les ha sucedido alguna desgracia?

—Hola, responde Ilegible secamente sin dejar de dar vueltas.

—¿Tienen Vds, alguna idea sobre el modo de salir de aquí?

—Ni la más remota, responde Avendaño.

El recién llegado toma del suelo el papel que había escrito Ilegible al descifrar los signos del Morse y lo inspecciona con curiosidad. Pregunta:

—¿Cuál de ustedes es Ilegible hijo de Flauta?

—Servidor, contesta Ilegible después de vacilar un momento.

—¿Y por qué le llaman a usted de esa manera?

—¿Le interesa a usted mucho saberlo?, responde Ilegible amoscado.

—¿Cómo no?

Ilegible vacila de nuevo. En el estado de excitación en que se encuentra se le ve a punto de mandarlo a paseo. Pero, por fin, explica:

—Porque nací inclusero. Mis condiscípulos en la universidad para significar que mi nombre no era conocido, es decir, que en realidad no tenía nombre, me llamaron Ilegible. Uno, para insultarme, me llamó en otra ocasión "Hijo de Flauta"... De ahí ese nombre.

—¿Y por eso se apura? ¿Porque no tiene madre?... Bah... ¿Qué diría si yo le confesase que me acabo de formar aquí con los restos de varios viajeros que se han juntado en un cuerpo solo? No me creería ¿verdad? ¿Y si le dijera que me llamo Carrillo Izquierdo?...

— Salut, camarades, leur dit-il sans façon. On dirait que vous êtes un peu préoccupés. Vous serait-il arrivé quelque malheur ?

— Salut, répond sèchement Illisible, sans cesser de faire les cent pas.

— Avez-vous une idée de la façon de sortir d'ici ?

— Pas la moindre, répond Avendaño.

Le nouveau venu ramasse le papier sur lequel Illisible avait transcrit le message en morse et l'examine avec curiosité. Il demande :

— Lequel d'entre vous est Illisible fils de Flûte ?

— Moi, répond Illisible après un instant d'hésitation.

— Et pourquoi vous appelle-t-on de cette manière ?

— Ça vous intéresse vraiment de le savoir ? répond Illisible, piqué.

— Bien sûr !

Illisible hésite de nouveau. Dans l'état d'excitation où il se trouve, on le devine sur le point d'envoyer l'autre promener. Mais pourtant il explique :

— Parce que je suis un enfant trouvé. À l'université, mes camarades, pour signifier que mon nom était inconnu, ou plutôt que je n'avais pas de nom, m'ont appelé Illisible. L'un d'eux, pour m'insulter, me traita un jour de « Fils de Flûte »... De là ce nom.

— Et pourquoi êtes-vous triste ? Parce que vous n'avez pas de mère ?... Bah... Que diriez-vous si je vous avouais que je viens de me former ici même avec les restes de plusieurs voyageurs, qui sont ainsi réunis en un seul corps ? Vous ne me croiriez pas, n'est-ce pas ? Et si je vous disais que je m'appelle Lajoue Gauche ?...

—¿Cómo dice?, le interrumpe Ilegible agresivo, parándose delante de él.

—Carrillo Izquierdo...

Sin poderse contener, Ilegible le suelta una tremenda bofetada. El recién llegado le mira con ojos furibundos y se echa la mano al bolsillo posterior del pantalón.

Avendaño se pone de pie de un salto para contener a Carrillo. Le dice:

—Excúsele, está demasiado excitado...

Carrillo saca, no un revólver, sino un vibrador de masaje y se frota con él la mejilla golpeada diciendo:

—No tiene importancia.

—¿Y qué lleva usted ahí?, le pregunta Ilegible sin dejar su actitud agresiva, señalando la joroba de Carrillo.

—¿Qué quiere usted que lleve? Los acumuladores... Pero, en fin dejemos esto. ¿A dónde iban ustedes?

—Ibamos a la catástrofe y ya hemos llegado, responde Avendaño.

—En ese caso ¿por qué no se vienen conmigo? Vamos por lo pronto andando.

Dominados por la sangre fría y el tono de Carrillo, echan a andar. Este les comunica que tiene un pequeño barco de vela con una tripulación de cuatro personas que le espera en la punta del Finisterre, dispuesto a zarpar en cuanto llegue él a bordo. Existen a su juicio algunos problemas esenciales dentro de la vida social del hombre que no pueden encontrar solución en las regiones superpobladas de nuestro mundo contemporáneo.

— Que dites-vous ? l'interrompt Illisible d'un ton agressif, en s'arrêtant devant lui.

— Lajoue Gauche...

Sans pouvoir se retenir, Illisible lui donne une terrible gifle. Le nouveau venu le regarde avec des yeux furibonds et porte la main à la poche revolver de son pantalon.

Avendaño bondit sur ses pieds pour retenir Lajoue. Il lui dit :

— Excusez-le, il est trop excité...

Lajoue tire de sa poche, non pas un pistolet, mais un vibromasseur dont il frotte la joue qui a été frappée en disant :

— Ça n'a pas d'importance.

— Et qu'est-ce que vous avez-là ? lui demande Illisible sans abandonner son attitude agressive, et en montrant la bosse de Lajoue.

— Que voulez-vous que ce soit ? Les accumulateurs... Mais laissons cela. Où donc alliez-vous ?

— Nous allions à la catastrophe et nous voilà arrivés, répond Avendaño.

— Dans ce cas, pourquoi ne venez-vous pas avec moi ? En avant, marche !

Dominés par le sang-froid et le ton de Lajoue, ils se mettent à marcher. Leur guide leur apprend qu'il a un petit bateau à voiles avec un équipage de quatre personnes, qui l'attend au cap Finisterre, prêt à appareiller aussitôt qu'il sera à bord. Il y a selon lui quelques problèmes essentiels dans la vie sociale de l'homme qui ne peuvent trouver de solution dans les régions surpeuplées de notre monde contemporain.

Por eso ha concebido la idea de salir en busca de una isla de que los hombres han hablado desde tiempos inmemoriales, esa isla esquiva a los navegantes, dotada de vida propia, que anda de aquí para allá en los océamos y que tal vez se sumerge como una ballena. Allí, en esa flotante y movible dimensión, en esa tierra virgen, es donde las realidades que le preocupan pueden concebirse... Es preciso hacerse el encontradizo, convertirse en cebo para que la isla venga por propia iniciativa al abordaje. Ilegible y Avendaño son invitados a sumarse a la expedición. Como ninguno de los dos tiene vínculo alguno que le sujete a este mundo, aceptan. Carrillo les felicita. Cree que son un cebo excelente, supervivientes como son de una catástrofe como la pasada. Mediante su Walkie-Talkie se pone de nuevo en comunicación con el barco para anunciar que llegará acompañado con dos compañeros.

Han llegado a la carretera. Se les ve marchar por la espalda. A lo lejos se oye la flauta de un pastor que cuida un rebaño de corderos. A medida que avanzan se hace el sonido más cercano. Se ve al pastor rodeado de seis corderos, de manera algo parecida a como se representa al Buen Pastor en el mosaico de la tumba de Gala Placidia en Rávena.

Estamos en alta mar. Se ve a nuestros tres personajes en un barco de vela, el Insaciable, *de dos palos y unos veinte metros de eslora. Con ellos viajan cuatro marineros. Están unos en mangas de camisa, otros medio desnudos, todos descalzos y con piel tostada por el sol. Las barbas largas indican que se hallan embarcados desde hace bastantes semanas.*

C'est pourquoi il a conçu l'idée de partir à la recherche d'une île dont les hommes parlent depuis des temps immémoriaux, cette île farouche aux navigateurs, douée de vie propre, qui erre à travers les océans et qui peut-être plonge comme une baleine. C'est là, dans cette flottante et mobile dimension, sur cette terre vierge, que les réalités qui le préoccupent peuvent se concevoir… Il est nécessaire de faire semblant d'être là par hasard, de se transformer en appât pour que l'île accoure de sa propre initiative à l'abordage. Illisible et Avendaño sont invités à se joindre à l'expédition. Comme ils n'ont ni l'un ni l'autre de lien qui les rattache à ce monde, ils acceptent. Lajoue les en félicite. Il pense qu'ils constituent un excellent appât, en tant que survivants d'une catastrophe comme celle qui vient de se produire. Grâce à son talkie-walkie, il se met de nouveau en communication avec le bateau pour annoncer qu'il sera accompagné de deux camarades.

Les voilà sur la route. On les voit s'éloigner, de dos. Au loin, on entend la flûte d'un berger entouré de six agneaux, un peu comme on représente le Bon Pasteur sur la mosaïque de la tombe de Galla Placidia à Ravenne.

Nous sommes en haute mer. On voit nos trois personnages sur un bateau à voiles, l'*Insatiable*, un deux-mâts de vingt mètres de long. Avec eux voyagent quatre marins. Les uns sont en manches de chemise, les autres à moitié nus, tous pieds nus et la peau brûlée par le soleil. Leurs barbes longues indiquent qu'il sont à bord depuis plusieurs semaines déjà.

Una tarde, estando el mar algo picado y viéndose en el cielo unas nubes cuya negrura comenta con inquietud alguno de los viajeros, otro de los tripulantes grita por dos veces desde lo alto del mástil. No se entiende bien lo que dice. Les parece oir: [¡]Tierra a babor!... pero tal vez lo que grita es: [¡]Ella a babor!

Todos se inquietan. Nadie percibe nada, pero piensan que lo que el vigía ve puede ser la famosa isla que andan buscando.

Por fin ven flotar no lejos del barco el cuerpo núbil y desnudo de una mujer muy hermosa. Emergen sus senos perfectos de las aguas que la rodean de espumas. Tiene los ojos cerrados y los labios encendidos aunque no da señales de vida...

—¿No será ésta la isla?, dice uno de los marineros.

—¡Quién sabe!, responde Carrillo. Por lo pronto te apuesto lo que quieras a que no es América.

Deciden subirla a bordo. La joven es idéntica a la mujer que murió en los brazos de Ilegible, posiblemente es la misma. Quizás la misma por la que se suicidó el policía del principio, la misma que vió Avendaño un día detrás de la maleta.

—Que nadie la toque, decide Carrillo.

Los siete la contemplan conturbados, cada cual a su manera. Su desnudez los intranquiliza. No comprenden como puede hallarse allí. La recogen por medio de una red y la depositan con cuidado sobre [la] cubierta. Ilegible está sumamente impresionado, conmovido. Se queda un poco al margen del grupo y pónese de nuevo a tocar la flauta muy quedito, como para sí.

Un après-midi, par une mer un peu agitée sous des nuages dont l'un des voyageurs commente avec inquiétude la noirceur, l'un des matelots crie par deux fois du haut de son mât. On n'entend pas bien ce qu'il dit. Ils croient entendre : Terre à bâbord !… mais peut-être crie-t-il plutôt : Elle à bâbord !

Tout le monde est inquiet. Personne ne voit rien, mais chacun pense que ce que voit la vigie est peut-être la fameuse île qu'ils cherchent.

Ils finissent par voir flotter non loin du bateau le corps nubile et nu d'une femme très belle. Ses seins parfaits émergent des eaux qui l'entourent d'écume. Elle a les yeux fermés et les lèvres rouges, bien qu'elle ne donne aucun signe de vie…

— C'est peut-être notre île ? dit l'un des marins.

— Qui sait ! répond Lajoue. En tout cas, je te parie ce que tu veux que ce n'est pas l'Amérique.

Ils décident de la monter à bord. La jeune femme est identique à celle qui est morte dans les bras d'Illisible, il est possible que ce soit elle. Peut-être est-elle la femme pour laquelle s'est suicidé le policier du début de cette histoire, celle qu'Avendaño a vue un jour derrière la valise.

— Que personne ne la touche, décide Lajoue.

Tous les sept la contemplent, un peu perturbés, chacun à sa façon. Sa nudité les trouble. Ils ne comprennent pas comment elle peut se trouver ici. Ils la prennent dans un filet et la déposent avec soin sur le pont. Illisible est au plus haut point impressionné, ému. Il reste un peu en marge du groupe et se met à jouer tout bas de la flûte, comme pour lui-même.

Como el mar está un poco picado y empieza a hacerse de noche, optan por entrar a la joven al cuarto de la tripulación. La llevan entre varios sirviéndose de la red y la colocan sobre la mesa del centro. Se les ve indecisos, casi molestos, sin saber qué partido tomar. Fuman, beben, discuten. Lo cierto es que nadie sabe si está realmente ahogada o si está viva. Uno afirma que la ha visto respirar, mientras que otros aseguran que se trata del oleaje. Se forman dos bandos: el de los que pretenden que está viva y el de los que sostienen que está muerta. Si se pudiera tocarla… Pero no está permitido.

Ilegible sigue en su rincón tocando la flauta. Pronto uno de los marineros empieza a tararear maquinalmente la melodía. Avendaño hace lo propio a continuación y uno tras otro van entrando en el coro que tarda en tomar cuerpo. La canción que entonan es grave y conmovedora. Es un himno en canto llano que resuena profundamente mientras se oye el ruido de la tempestad que se ha desencadenado fuera y que parece servirles de acompañamiento.

Hay galerna. El movimiento del barco es fortísimo. Las cosas se mueven, se caen. Las lámparas se balancean. Solo la mujer permanece como atornillada a la mesa sin moverse con los bandazos. Cruje el maderamen de un modo alarmante. El que está de guardia, que ha entrado de cuando en cuando a la habitación para advertir que la situación se hace inquietante, grita ahora con aspavientos de terror, que el mástil se ha quebrado y que la situación parece gravísima. Avendaño se acerca a los pies de la joven y con lágrimas en los ojos se dirige a ella en voz baja y conmovida:

—Te he reconocido desde el primer momento…

Comme la mer est un peu agitée et qu'il commence à faire nuit, on décide de descendre la jeune femme dans la cabine de l'équipage. Plusieurs des marins la transportent à l'aide du filet et la placent sur la table du milieu. Ils fument, boivent, discutent. Le fait est que personne ne sait si elle est vraiment noyée ou si elle est vivante. L'un affirme qu'il l'a vue respirer, tandis que les autres affirment que c'était l'effet de la houle. Deux groupes se forment : ceux qui prétendent qu'elle est vivante et ceux qui soutiennent qu'elle est morte. S'il était possible de la toucher… Mais c'est interdit.

Illisible joue toujours de la flûte dans son coin. Bientôt, un des marins se met à fredonner machinalement la mélodie. Avendaño fait de même à son tour et l'un après l'autre tous entrent dans le chœur qui ne tarde pas à prendre corps. La chanson est grave et émouvante. C'est un hymne de plain-chant qui résonne profondément pendant qu'on entend le bruit de la tempête qui s'est déchaînée et qui semble leur servir d'accompagnement.

Il y a un violent vent de noroît. Les choses bougent, tombent. Les lampes se balancent. Le matelot de quart, qui est entré de temps en temps dans la cabine pour aviser les autres que la situation devenait inquiétante, crie maintenant avec des gestes de terreur que le mât s'est brisé et que la situation est devenue très grave. Avendaño s'approche des pieds de la jeune femme et les larmes aux yeux, il s'adresse à elle, d'une voix basse pleine d'émotion :

— Je t'ai tout de suite reconnue…

Creía que ibas a sonreirme otra vez... Dicen que estás muerta... ¡Qué saben ellos!... Pero es lo mismo, porque voy a infundirte mi vida... a reunirme, contigo para siempre...

Se le ve a Avendaño sacar un revolver del saco de Ilegible que está colgado en un clavo. En ese momento se le oye a Carrillo, que ha debido estar discutiendo, decir con voz estentórea al tiempo que se golpea el pecho con la palma de la mano:

—¡Yo, yo, yo!...

Simultáneamente se oye una detonación. A lo que parece, Avendaño se ha disparado un tiro en la sien.

En ese momento todo se viene abajo como si el barco hubiera chocado contra un escollo. La confusión es indescriptible. Se apagan casi todas las luces y hasta el cuerpo de la mujer cae al suelo. Ilegible, que ha rodado a un rincón, se encuentra de pronto junto al cuerpo desnudo de la joven. Esta lo enlaza y lo besa profundamente en la boca. Él abre las manos de las que salen puñados de plumas blancas mientras el agua irrumpe espumosamente y anega la habitación.

Una playa desierta. Se ve en ella a Ilegible tirado, vestido como al principio, pero con los pies descalzos. Se ha de tener la impresión de que acaba de ocurrir el naufragio. Empieza a volver en sí. Se sienta. Se adivina que ordena sus recuerdos. Contempla a su alrededor. Otea el horizonte que está vacío. Mira su reloj: está parado. Le da cuerda. Levanta instintivamente los ojos hacia el sol que está en el cenit. La luz cae tan vertical que su cuerpo

Je croyais que tu allais me sourire à nouveau... Ils disent que tu es morte... Qu'en savent-ils !... Mais peu importe, car je vais t'insuffler ma vie... te retrouver, être avec toi à tout jamais...

On voit Avendaño tirer un pistolet du sac d'Illisible, qui est pendu à un clou. À ce moment-là, on entend Lajoue, qui devait être en train de discuter, dire d'une voix de stentor en se frappant la poitrine de la paume de la main :

— Moi, moi, moi !...

Simultanément, on entend une détonation. Apparemment, Avendaño s'est tiré une balle dans la tempe.

Au même instant, tout est sens dessus dessous, comme si le bateau venait de heurter un écueil. La confusion est indescriptible. Presque toutes les lumières s'éteignent et le corps de la femme lui-même glisse sur le plancher. Illisible, qui a roulé dans un coin, se retrouve soudain près du corps nu de la jeune femme. Cette dernière l'enlace et l'embrasse profondément sur la bouche. Elle ouvre ses mains, d'où s'échappent des poignées de plumes blanches, tandis que l'eau fait irruption en bouillonnant et noie la cabine.

Une plage déserte. On voit Illisible, allongé, vêtu comme au commencement, mais pieds nus. On doit avoir l'impression que le naufrage vient de se produire. Il revient à lui. Il s'assied. On devine qu'il rassemble ses souvenirs. Il observe les alentours, l'horizon vide. Il regarde sa montre : elle est arrêtée. Il la remonte. Instinctivement, il lève les yeux vers le soleil au zénith. La lumière tombe si verticalement que son corps

y los objetos que le rodean no hacen sombra. En vista de ello pone su reloj a las 12. Grita poniendo la mano a manera de bocina, pero nadie le responde.

No lejos del lugar hasta donde llegan las olas ve algo que le llama la atención. Se trata de la huella de un pie humano en la arena, una huella única —de un pie derecho— sin que se vean las otras necesarias para que alguien haya podido llegar allí.

Acuden a su memoria las palabras que oyó por Morse en el corazón de Avendaño. Se acerca a dicha huella e imprime su pie izquierdo junto a ella. Parecen ser de la misma persona. Dice:

—"Ya la otra orilla empieza a formar la huella del pie futuro en la arena... Pronto, pronto. Si no llegarás tarde a la creación del mundo".

Con el propósito de ver si esa huella coincide con la suya, pone sobre ella el pie derecho y en ese instante se imprimen espontáneamente delante de él en la arena otra huella izquierda y otra derecha, sobre las que pone sus pies sucesivamente. Así, de un modo espontáneo, van apareciendo nuevas huellas ante él que acaban por conducirle a un lugar donde aparece impreso un hueco en la arena, el molde de un cuerpo femenino con los brazos abiertos. La impronta parece muy reciente. Con emoción y alegría, Ilegible se echa sobre esa huella o molde, abrazando y besando la arena.

Cuando se levanta con el traje y la cara manchados de arena húmeda, ve a Avendaño que viene hacia él con muestras de alegría.

et les objets qui l'entourent n'ont pas d'ombre. C'est pourquoi il met sa montre à midi. Il crie en faisant un porte-voix de sa main, mais personne ne lui répond.

Non loin du lieu où meurent les vagues, on voit quelque chose attirer son attention. Il s'agit de la trace d'un pied humain sur le sable, une trace unique – celle d'un pied droit – et on ne voit pas les autres, qui devraient se trouver là pour que quelqu'un ait pu venir jusque-là.

Les mots en morse qu'il a entendus dans le cœur d'Avendaño lui reviennent à la mémoire. Il s'approche de la trace et imprime son pied gauche près d'elle. On dirait qu'elles appartiennent toutes les deux à la même personne. Il dit :

— *« L'autre rivage commence déjà à former la trace du futur pied sur le sable... Dépêche-toi, dépêche-toi. Sinon tu seras en retard à la création. »*

Dans l'intention de vérifier si cette trace coïncide avec la sienne, il y met son pied droit, et aussitôt s'impriment devant lui sur le sable une nouvelle trace gauche, puis une droite, dans lesquelles il met successivement les pieds. Ainsi, de façon spontanée, d'autres traces apparaissent devant lui, qui finissent par le conduire à un endroit où il y a un creux dans le sable, le moule d'un corps féminin les bras ouverts. L'empreinte semble récente. Avec joie et émotion, Illisible se jette sur cette trace, sur cette espèce de moule, en embrassant le sable.

Quand il se relève, son costume et son visage souillés de sable humide, il voit Avendaño qui vient à lui, avec des signes de joie.

Se entabla entre ambos un diálogo en el que Avendaño, que se expresa con un lenguaje anticuado, da a Ilegible el tratamiento de Vuesa Merced. No comprende nada de cuanto Ilegible le cuenta en relación con el naufragio y con el cuerpo de la joven por la que aquél se había suicidado. Sus recuerdos personales son muy diferentes. Habla de un naufragio, sí, pero ocurrido en muy diversa época. Cree que está en el año de 1492 y que el barco en que navega se ha ido a pique en una expedición a las islas Azores. Nada tiene este archipiélago que ver con la isla, que, según Ilegible, habían salido a buscar, Avendaño no tiene sobre ella la menor noticia.

La cicatriz que Avendaño tiene en la sien, bastante antigua por cierto, es explicada por éste de una manera sin relación alguna con el tiro de pistola que recuerda Ilegible. Este tiene otra vez la impresión de que es víctima de una broma pesada, que Avendaño es un mal cómico que le está tomando el pelo.

—Si Vuesa Merced no me tiene confianza, preguntárselo hemos a aquel que está pescando entre las rocas, dice Avendaño.

En efecto, Ilegible ve a lo lejos una persona cuya silueta le recuerda sin equivocación posible a Carrillo que aparece sentado a la orilla del mar, entre unas rocas, con una caña entre las manos. Se acercan a él, conversando. Carrillo tiene asida la caña con las dos manos y en vez de mirar al mar tiene los ojos perdidos en el infinito, encontrándose él mismo en estado de abstracción total, completamente arrobado.

Ilegible se le aproxima y coge la caña para sacudirla. Mas en el momento en que su mano toca la caña se oye

Entre les deux hommes naît un dialogue dans lequel Avendaño, qui s'exprime dans un langage vieillot, s'adresse à Illisible en lui disant Votre Grâce. Il ne comprend rien de ce qu'Illisible lui dit sur le naufrage et le corps de la jeune femme pour laquelle il s'est suicidé. Leurs souvenirs personnels diffèrent beaucoup. Il croit être en 1492 et que le bateau sur lequel il naviguait a coulé lors d'une expédition vers les Açores. Cet archipel n'a rien à voir avec l'île à la recherche de laquelle, d'après Illisible, ils s'étaient embarqués, et dont Avendaño n'a jamais entendu parler.

Avendaño explique la cicatrice qu'il porte à la tempe, et qui est assurément assez ancienne, d'une façon qui est sans rapport avec le coup de feu dont se souvient Illisible. Celui-ci a, de nouveau, l'impression d'être victime d'une lourde plaisanterie, qu'Avendaño est un mauvais comédien qui le fait marcher.

— Si Votre Grâce n'a pas confiance en moi, il nous faudra le demander à cet homme qui pêche là-bas, dans les rochers, dit Avendaño.

Illisible voit en effet au loin une personne dont la silhouette, sans erreur possible, lui rappelle Lajoue, qu'on voit assis au bord de la mer, au milieu des rochers, avec une canne à pêche entre les mains. Ils s'approchent de lui en bavardant. Lajoue tient sa canne à deux mains, et au lieu de regarder la mer, il a les yeux perdus dans l'infini, et se trouve lui-même en état d'abstraction totale, complètement extatique.

Illisible s'approche et prend la canne pour la secouer. Mais au moment où sa main la touche, on entend

resonar una música de profundidad asombrosa. Retira Ilegible la mano como si hubiera tocado un cable eléctrico y la música se extingue. Repite el juego otras dos veces con el mismo resultado. Cambia impresiones con Avendaño y despues de encontrar en el bolsillo de Carrillo unos aparejos como de pesca, deciden imitar a aquél. Buscan entre las rocas algo que parezca una caña o pértiga. Encuentran unos palos retorcidos a los que sujetan los aparejos. En el momento en que el sedal establece el contacto con las ondas, empieza a resonar una sinfonía arrebatadora producida por instrumentos difícilmente identificables, que vibran con la grandiosidad de las armonías cósmicas.

Al cabo de un momento, Carrillo se desensimisma y sobre el fondo algo apagado de la música, se entabla entre los tres una conversación inesperada.

Ilegible se ha dado cuenta de que no parece existir una relación correcta entre la marcha de su reloj y la del sol. Este se encuentra en posición sólo un poco distinta a cuando lo miró por primera vez, mientras que según las manecillas de su reloj han transcurrido cinco horas y media. El negocio se complica cuando advierte que los recuerdos de Carrillo no coinciden ni con los suyos ni con los de Avendaño, pues Carrillo habla también de un naufragio pero ocurrido el año de 1987.

La conversación versa sobre los siguientes temas, siendo Ilegible el que la dirige: Esta playa donde se encuentran y de la que ninguno es capaz de dar razón, ¿no será de la famosa isla que habían salido a buscar, donde debía

résonner une musique d'une profondeur stupéfiante. Illisible retire sa main, comme s'il avait touché un fil électrique, et la musique se tait. Il répète le jeu par deux fois, avec le même résultat. Il échange avec Avendaño des impressions, comme s'ils parlaient de pêche, et décident d'imiter Lajoue. Ils cherchent dans les rochers quelque chose qui ressemble à une canne ou une perche. Ils trouvent des bâtons tordus auxquels ils accrochent les divers accessoires. Au moment où le fil entre en contact avec l'eau, commence à résonner une exaltante symphonie produite par des instruments difficilement identifiables, qui ont la grandiose vibration des harmonies cosmiques.

Au bout d'un moment Lajoue sort de son abstraction, et sur le fond un peu éteint de la musique, les trois hommes entament une conversation inattendue.

Illisible s'est aperçu qu'il ne semble pas y avoir de relation correcte entre la marche de sa montre et celle du soleil. Celui-ci est dans une position un peu écartée par rapport au moment où il l'a regardé pour la première fois, alors que selon les aiguilles de sa montre, cinq heures et demie ont passé. L'affaire se complique quand il se rend compte que les souvenirs de Lajoue ne correspondent ni avec les siens ni avec ceux d'Avendaño, car Lajoue parle lui aussi d'un naufrage, mais qui s'est produit en 1987.

La conversation, sous la direction d'Illisible, porte sur les thèmes suivants : cette plage sur laquelle ils se trouvent et qu'aucun d'eux n'est capable de situer ne ferait-elle pas partie de la fameuse île à la recherche de laquelle ils étaient partis, et où devait

existir una dimensión distinta? y toda la escena del naufragio y de la mujer desnuda, ¿no habrá sido el modo como la isla les abordó y se apoderó de ellos? Siendo esta una isla que navega, tal vez a gran velocidad, podría explicarse el movimiento del sol mucho más lento que el de su reloj, a no ser que, simplemente, se hubiera éste descompuesto. Por otra parte, ¿no podría ser que estuvieran fuera del planeta Tierra —lo que explicaría el movimiento más lento del sol— en el planeta Venus, por ejemplo, por haber muerto en el naufragio y encontrarse en el otro mundo?

Pero sobre todo, la duda: ¿Están vivos? ¿Están muertos? ¿Están en otra especie de tiempo o acaso en la eternidad?

Dejan tan profunda conversación para hablar de cosas más inmediatamente prácticas. A lo que parece se encuentran en una playa desierta de una isla perdida, y les es necesario valerse por sí mismos instalándose como Robinsones. Lo primero es construir una cabaña donde cobijarse y encontrar algo con que nutrirse. Se les ve fabricar una choza con ramas, pero como carecen de clavos y de cuerdas se ve que su construcción no resistirá al soplo del viento. De común acuerdo se vuelven hacia el mar, cuya obligación como es debido, es proporcionar a los naúfragos los restos del navío para que puedan instalarse. No encuentran absolutamente nada. Ilegible les dice entonces: Dejadme dormir. Veréis como el mar nos traerá las cosas de mi sueño.

existier une dimension différente ? et toute la scène du naufrage et de la femme nue, ne serait-ce pas la façon dont l'île les aurait abordés et se serait emparée d'eux ? S'agissant d'une île qui navigue, et peut-être à grande vitesse, il y aurait là une explication au fait que la marche du soleil est beaucoup plus lente que celle de sa montre, si toutefois celle-ci ne s'était pas simplement détraquée. D'autre part, ne serait-il pas possible qu'ils fussent hors de la planète Terre – ce qui expliquerait la marche plus lente du soleil –, par exemple sur la planète Vénus, parce qu'ils seraient morts lors du naufrage et qu'il se trouveraient dans *l'autre monde* ?

Mais surtout, le doute : sont-ils vivants ? Sont-ils morts ? Se trouvent-ils dans une autre forme de temps, ou dans l'éternité, peut-être ?

Ils abandonnent cette si profonde conversation pour parler de choses plus immédiatement pratiques. À ce qu'il semble, ils se trouvent sur une plage déserte d'une île perdue, et il faut qu'ils se débrouillent tout seuls et qu'ils s'installent comme des Robinsons. La première chose à faire est de construire une cabane pour s'abriter et de chercher de la nourriture. On les voit bâtir une hutte avec des branches, mais comme ils n'ont pas de clous ni de cordes, on devine que leur construction ne résistera pas au souffle du vent. D'un commun accord ils se tournent vers la mer, dont l'obligation, on le sait, est de fournir aux naufragés les restes du navire, pour qu'ils puissent s'installer. Ils ne trouvent absolument rien. Illisible leur dit alors : « Laissez-moi dormir. Vous verrez que la mer nous apportera les choses que je rêverai. »

En efecto: Ilegible se tiende en la arena y en cuanto se duerme se ve cómo se desprende de su cuerpo un doble suyo que se incorpora y echa a andar invitando a Avendaño y a Carrillo, por medio de señas, a que le sigan. Se dirige hacia un lugar donde empieza a verse flotar, junto a la misma orilla, una especie de caja de madera. Se acercan y ven que se trata de un ataud.

Avendaño se echa a reir mientras que Carrillo lo contempla con visible aprensión. Invitados por Ilegible, entre ambos lo empujan a la orilla y lo abre, saliendo entonces de él un pez del tamaño de un hombre, una especie de tiburón que empieza a dar grandes saltos hasta que se vuelve al mar.

Por lo menos nos quedan las tablas y los clavos, dice Avendaño. De nuevo Ilegible echa a andar hacia otro punto donde se divisa una especie de cajón enorme, semejante a los que se usan para trasladar los decorados de teatro. Al llegar junto a él e intentar manejarlo, advierten que es pesadísimo. No logran moverlo. Pero aprovechan el impulso de las olas que lo empujan a la playa, mientras que Avendaño y Carrillo impiden que la resaca lo vuelva al mar calzándolo por medio de grandes piedras.

—¿Qué diablos habrá aquí?, se pregunta Avendaño.

Presencian entonces cómo se levanta por si sola la tapa del cajón. Dentro de él aparecen, acondicionados unos sobre otros como juguetes, no pocos personajes que se ponen en seguida en movimiento y salen a la playa formando una especie de comitiva

Et en effet : Illisible s'allonge sur le sable et on voit se détacher de son corps un double qui se dresse et se met en marche en invitant par des signes Avendaño et Lajoue à le suivre. Il se dirige vers un endroit où on commence à voir flotter, près d'un même rivage, une espèce de caisse de bois. Ils s'approchent et voient qu'il s'agit d'un cercueil.

Avendaño se met à rire tandis que Lajoue le regarde avec une appréhension visible. À l'invitation d'Illisible, ils le tirent sur le rivage et l'ouvrent, et il en sort un poisson de la taille d'un homme, une sorte de requin qui se met à faire de grands bonds et qui retourne à la mer.

— Il nous reste au moins les planches et les clous, dit Avendaño.

Illisible se remet en marche vers un autre point où l'on aperçoit une espèce d'énorme caisse, semblable à celles qu'on utilise pour transporter les décors de théâtre. Quand ils l'atteignent, et qu'ils essayent de la déplacer, ils s'aperçoivent qu'elle est extrêmement pesante. Ils ne parviennent pas à la remuer. Mais ils tirent parti des vagues qui la poussent vers la plage, et Illisible la traîne tandis qu'Avendaño et Lajoue empêchent le reflux de la remporter, en la calant avec de grosses pierres.

— Que diable y a-t-il là-dedans ? s'interroge Avendaño.

Ils voient alors le couvercle de la caisse s'ouvrir tout seul. Elle contient, rangés les uns sur les autres comme des jouets, un nombre non négligeable de personnages qui se mettent aussitôt en mouvement et descendent sur la plage en formant une espèce de cortège

o procesión. Salen primero, de tres en tres, 12 frailes franciscanos de luengas barbas, constituyendo una banda de música. Cada uno toca un instrumento de viento o percusión pero con la particularidad de que, por mucho que se les ve soplar en las trompas y trombones, redoblar los tambores y tocar los platillos, no se escucha ningún sonido. Se oye, en cambio, la voz de Avendaño que comenta:

—Discretos son los hijos de San Francisco.

A continuación de los frailes empiezan a salir los personajes del drama "La vida es sueño" de Calderón de la Barca que desfilan asimismo en formación. Se distingue entre ellos al rey Basilio, a Segismundo vestido de pieles de animal y con una cadena grande que lo sujeta y que sostiene con las manos; a Estrella, etc., todos tienen las cuencas de los ojos vacías.

Según van saliendo del cajón y avanzando por la playa detrás de los franciscanos y con dirección a una pequeña loma que se alza al lado opuesto del mar, se oyen los siguientes versos de "La vida es sueño" recitados por una voz profunda que resuena a cripta:

Y teniendo yo más alma
Tengo menos libertad?

Deja de oírse la voz para escucharse el ruido del oleaje que batido por el viento, rompe sobre la playa. Transcurrido un instante vuelve a resonar la voz.

Y yo, con mejor instinto,
tengo menos libertad?

ou de procession. Sortent d'abord, trois par trois, douze moines franciscains à longues barbes, qui constituent un petit orchestre. Chacun d'eux joue d'un instrument à vent ou à percussion, mais avec cette particularité qu'on a beau les voir souffler dans leurs trompettes et leurs trombones, frapper leurs tambours et leurs cymbales, on n'entend pas le moindre son. En revanche, on entend la voix d'Avendaño qui fait ce commentaire :

— Discrets sont les fils de saint François.

À la suite des moines commencent à sortir les personnages du drame *La Vie est un songe* de Calderón de la Barca, qui défilent eux aussi en formation. On distingue parmi eux le roi Basile, Sigismond vêtu de peaux de bêtes et avec une longue chaîne qui l'entrave et lui entoure les mains ; Estrella, etc., tous ont les orbites vides.

À mesure qu'ils sortent de la caisse et avancent sur la plage derrière les franciscains et en direction d'une petite colline qui s'élève face à la mer, on entend les vers suivants de *La Vie est un songe*, récités par une voix profonde, qui semble venir d'une crypte :

Et moi qui ai plus d'âme
ai-je moins de liberté ?

La voix se tait et l'on entend le bruit des vagues qui, battues par le vent, se brisent sur le sable. Au bout d'un moment, la voix monte de nouveau :

Et moi, avec un instinct meilleur,
ai-je moins de liberté ?

Calla de nuevo la voz para oírse el mar hasta que se oye a aquella de nuevo:

Y yo, con más albedrío,
tengo menos libertad?

Se repite el mismo juego sonoro mientras la comitiva se aleja del mar:

Y teniendo yo más vida
tengo menos libertad?

La procesión se ha ido alejando de la playa para escalar la loma mientras que los tres naúfragos, Carrillo, Avendaño y la sombra de Ilegible, echan a andar en pos de ella como arrastrados por una fuerza invencible. Al cabo de un momento se ve cómo el cuerpo dormido de Ilegible se incorpora para ponerse a andar con gestos sonámbulos de muñeco mecánico, hasta que echa a correr con todas sus fuerzas. Alcanza a su doble con el que se identifica adquiriendo su consistencia total, y se despierta.

Esta última operación ha hecho que tanto Ilegible como Avendaño se hayan quedado un poco rezagados, mientras que Carrillo ha seguido en pos de frailes y personajes dramáticos que no tardan en transponer la loma. Cuando Carrillo llega a su vez a la parte más elevada se encuentra con que la procesión se ha esfumado mientras que a una distancia regular ve desplegarse una playa inmensa atestada de gente,

La voix se tait une nouvelle fois et laisse entendre la mer, puis reprend :

Et moi, qui ai un libre arbitre
ai-je moins de liberté ?

Le même jeu sonore se répète le temps que le cortège s'éloigne du rivage :

Et moi qui ai plus de vie
ai-je moins de liberté ?

La procession s'est éloignée de la plage pour grimper sur la colline, pendant que les trois naufragés, Lajoue, Avendaño et l'ombre d'Illisible, se mettent en marche derrière elle, comme attirés par une force invincible. Au bout d'un moment on voit le corps endormi d'Illisible se dresser et commencer à marcher avec les gestes somnambules d'un pantin mécanique, puis il se met à courir de toutes ses forces. Il rejoint son double, avec lequel il s'identifie et retrouve sa consistance totale, et il se réveille.

Cette dernière opération a retardé Illisible et Avendaño, tandis que Lajoue a continué à suivre les moines et les personnages du drame, qui ne tardent pas à franchir le sommet de la colline. Lorsque Lajoue atteint à son tour ce sommet, il s'aperçoit que la procession s'est évanouie dans l'air et qu'à une distance moyenne il voit s'étendre une plage immense, bourrée de gens, *exactamente como la de Coney Island en los días de mayor afluencia.* (Stock shot *de Coney Island)*.

El rostro de Carillo se transfigura de entusiasmo a la vista de espectáculo semejante, mientras se escuchan los versos de Calderón que han empezado a recitarse en el momento en que llegaba a lo alto de la loma:

¿Qué es la vida? Un frenesí.
¿Qué es la vida? Una ilusión.
Una sombra, una ficción
Y el mayor bien es pequeño:
Que toda la vida es sueño,
Y los sueños sueños son

En su entusiasmo comunicativo, Carrillo se vuelve hacia sus compañeros para animarles con voces y gesto a que se reunan con él inmediatamente. Así lo hacen éstos. Cuando abordan la cúspide, Carrillo les muestra alborozado el espectáculo.

Sin embargo, cuando Ilegible y Avendaño miran hacia el lugar donde Carrillo les indica, no ven más que un desierto interminable donde aparecen diseminados algunos cactos pequeños y otros muy grandes.

—Como paisaje estéril, no está mal, comenta Ilegible.

—¡Cómo paisaje estéril! ¿Y aquella playa inmensa donde hierve el gentío, repleta de humanidad y riqueza...? ¿O cree usted que una aglomeración así puede tener lugar en un lugar pobre?

Ilegible y Avendaño se miran a hurtadillas y se hacen gestos para comunicarse uno a otro que Carrillo delira.

exactement comme celle de Coney Island les jours de plus grosse affluence. [*Stock shot* de Coney Island.]

Le visage de Lajoue est transfiguré d'enthousiasme à la vue de ce spectacle, et l'on entend les vers de Calderón, que la voix a commencé à réciter au moment où il arrivait au sommet de la colline :

Qu'est-ce que la vie ? Un délire furieux.
Qu'est-ce que la vie ? Une illusion.
Une ombre, une fiction.
Et le plus grand bien est petit :
Car la vie n'est qu'un songe,
et les songes ne sont que songes

Dans son enthousiasme communicatif, Lajoue se retourne vers ses compagnons pour les encourager de la voix et du geste à le rejoindre sans tarder. Ce qu'ils font. Quand ils atteignent le sommet, Lajoue, joyeusement, leur montre le spectacle.

Cependant, quand Illisible et Avendaño regardent vers l'endroit que Lajoue leur indique, ils ne voient rien d'autre qu'un interminable désert où sont disséminés quelques petits cactus, et d'autres très grands.

— Comme paysage stérile, ce n'est pas mal, commente Illisible.

— Comme paysage stérile ! Et cette plage immense fourmillante de gens, remplie d'humanité et de richesses… ? Croyez-vous peut-être qu'une foule aussi grande puisse tenir dans un endroit pauvre ?

Illisible et Avendaño se regardent en cachette et se font des gestes pour se dire l'un à l'autre que Lajoue délire.

Ellos, en efecto, no perciben nada sino un desierto como los del sur de los Estados Unidos y norte de México.

Carrillo les invita a correr hacia la playa, pero Ilegible y Avendaño lo toman a chacota. Muy excitado, Carrillo acaba por decirles:

—Pues bien, ahí os quedais.

Y echa a andar a paso gimnástico no tardando en perderse detrás de un cacto gigantesco.

Filosóficamente y sin prisa Avendaño e Ilegible se ponen a su vez en movimiento. Cuando llegan al cacto no ven por ninguna parte a Carrillo. Le llaman, miran con obstinación. Nada.

—*Se lo tragó la tierra, dice Ilegible.*

—*[¿]Y ahora qué hacemos[?], dice Avendaño.*

Ilegible se sienta en el suelo a reflexionar y se pone a jugar con la arena. Poco después Avendaño se sienta también pero en el momento de poner sus posaderas en tierra lanza un grito de dolor:

—*¡Ay!*

—*¿Qué le ocurre?*

—*Alguien ha clavado una alabarda, contesta Avendaño al tiempo que se frota la parte dolorida.*

—*Una alabarda, es lo que merece, responde Ilegible riendo. ¡Tanto escándalo por una espina de cacto!...*

—*Sí, espina, dice Avendaño, después de escarbar un poco en la arena. Aquí hay un condenado pincho de metal. Mire...*

Trata de remover el objeto que ha desenterrado pero no puede.

Eux en effet ne perçoivent autre chose qu'un désert semblable à ceux du sud des États-Unis et du nord du Mexique.

Lajoue les invite à courir vers la plage, mais Illisible et Avendaño se moquent de ce qu'il dit. Très excité, Lajoue finit par leur dire :

— Très bien, restez ici.

Et se mettant en marche au pas de gymnastique, il ne tarde pas à se perdre derrière un gigantesque cactus.

Philosophiquement et sans se presser, Avendaño et Illisible se mettent à leur tour en mouvement. Quand ils arrivent au cactus, ils ne voient nulle part Lajoue. Ils l'appellent, regardent partout avec insistance. Rien.

— La terre l'a avalé, dit Illisible.

— Et maintenant qu'est-ce qu'on fait ? dit Avendaño.

Illisible s'assied par terre pour réfléchir et joue avec le sable. Peu après, Avendaño s'assied lui aussi mais au moment de poser ses fesses sur le sol, il pousse un cri de douleur :

— Aïe !

— Qu'est-ce qui vous arrive ?

— Quelqu'un a planté là une hallebarde, répond Avendaño tout en se frottant la partie endolorie.

— Une hallebarde, c'est ce que vous mériteriez, répond en riant Illisible. Tant de bruit pour une épine de cactus !...

— Oui, une épine, dit Avendaño, après avoir un peu gratté le sable. Il y a ici une fichue pointe de métal. Regardez...

Il essaye de faire bouger l'objet qu'il vient de déterrer, mais en vain.

Se pone a escarbar con ardor hasta que advierte que detrás del pincho existe un objeto grande de metal. Ilegible entra a su vez en faena.

Se les ve a ambos trabajar enardecidamente sirviéndose de palos que han encontrado allí cerca. Descansan de cuando en cuando secándose el sudor. Acaban por descubrir una gran estatua de la libertad que con esfuerzos sobrehumanos logran poner de pie junto al cacto. Este puede sugerir por su tamaño una imagen de rascacielos. Le faltan a dicha estatua el brazo derecho con la antorcha y parte del izquierdo, mostrando algunos de los rayos de la cabeza retorcidos. Está corroida como si hiciera siglos que se encuentra enterrada allí. Junto a ella han aparecido también una serie de instrumentos de nuestra época, los mismos que Carrillo arrojó al mar cuando partió el velero. Todos ellos aparecen oxidados y dan la sensación de cosa sumamente antigua.

Aquí debió haber una ciudad inmensa, con técnicos muy avanzados.

Quizá estuvo aquí esa famosa civilización de la Atlántida. Todo este desierto debe estar lleno de ruinas..., dice Ilegible.

La estatua, iluminada por el sol poniente, casi horizontal, hace una sombra inmensa.

Mientras descansan un momento, comentando el suceso, oyen hacia la derecha un relincho de caballo seguido de un rebuzno formidable. Se levantan los dos a un mismo tiempo y corren hacia donde ha partido el sonido. Pronto ven un caballo flaco y un jumento que restriegan uno contra otro las narices.

La presencia de esos dos animales les llena de alborozo.

Il se met à gratter le sable avec fougue, jusqu'à ce qu'il s'aperçoive que derrière la pointe il y a un long objet de métal. Illisible se met à son tour à la tâche.

On les voit tous les deux travailler avec ardeur en se servant de bâtons qu'ils ont trouvés dans les environs. De temps en temps ils se reposent et essuient leur sueur. Ils viennent de découvrir une grande statue de la liberté qu'ils parviennent, au prix d'efforts surhumains, à dresser près du cactus. Celui-ci peut, par sa taille, suggérer l'image d'un gratte-ciel. Il manque à la statue le bras droit avec sa torche et une partie du gauche, et certains des rayons de sa tête sont tordus. Elle est rouillée, comme s'il y avait des siècles qu'elle était enterrée là. Près d'elle sont apparus également une série d'instruments de notre époque, les mêmes que ceux que Lajoue avait jetés à la mer quand le voilier avait appareillé. Ils ont tous l'air oxydés et donnent l'impression d'être extrêmement anciens.

— Il a dû y avoir ici une ville immense, avec des techniques très avancées. C'est peut-être ici que se trouvait la fameuse civilisation de l'Atlantide. Tout ce désert doit être plein de ruines..., dit Illisible.

La statue, éclairée par le soleil couchant, presque horizontal, projette une ombre immense.

Pendant qu'ils se reposent un instant en commentant cette affaire, ils entendent sur leur droite le hennissement d'un cheval, suivi d'un formidable braiment. Ils se lèvent tous les deux en même temps et courent vers l'endroit d'où viennent ces sons. Ils voient bientôt un cheval maigre et un âne qui se frottent les naseaux l'un contre l'autre.

La présence de ces deux animaux les remplit de joie.

Ilegible se monta inmediatamente sobre el caballo mientras le dice:

—¿No le decía que merecía usted una albarda?...

Avendaño monta a su vez sobre el burro y los dos animales, como obedeciendo a una consigna y sin que nadie les espolee se ponen en marcha. Ha atardecido.

Se les ve caminar, primero casi oscurecido, llevados por el instinto de los animales. Se hace de noche. Se amodorran sobre sus cabalgaduras. Ha de darse la impresión de que pasan la noche entera caminando.

Se ve como amanece. Al asomarse el sol por un altozano, los animales se paran bruscamente ante un poste colocado en medio del desierto, guarnecido con un letrero como los que se colocan para indicar la existencia de una frontera. La cartela dice: Columbia.

Avendaño, que se ha despertado, grita a su compañero:

—Despierte, que ya es hora. Mire qué luz más hermosa la de este sol de un nuevo día.

Ilegible se frota los ojos. Lee el letrero. Contempla el desierto.

Junto al poste corre un hilillo de agua. Bajan de sus cabalgaduras, beben, se ablucionan. Comentan que por allí debe empezar una tierra habitada o habitable.

Suben de nuevo sobre sus animales y se ponen en marcha trasponiendo la frontera. Se ve entonces cómo por unos rotos del saco de Ilegible resbalan de su bolsillo unos granos de trigo, cuyo número va en aumento y caen por tierra. Poco después, Avendaño se vuelve a mirar lo que llevan andado y ve con estupefacción

Illisible monte immédiatement sur le cheval en disant à Avendaño :

— Ne vous disais-je pas que vous méritiez une hallebarde ?...

Avendaño monte à son tour sur l'âne et les deux animaux, comme s'ils obéissaient à une consigne, et sans qu'on les ait éperonnés, se mettent en marche. Le soir est tombé.

On les voit marcher, conduits par l'instinct des deux animaux. Il fait nuit. Ils s'assoupissent sur leurs montures. Il faut qu'on ait l'impression qu'ils passent toute la nuit à cheminer.

L'aube est là. Comme le soleil paraît au-dessus d'un coteau, les animaux s'arrêtent brusquement devant un poteau planté au milieu du désert, avec un écriteau pareil à ceux qu'on trouve près des frontières. L'écriteau dit : Colombie.

Avendaño, qui s'est réveillé, crie à son compagnon :

— Réveillez-vous, c'est l'heure. Regardez comme est belle la lumière de ce soleil d'un jour nouveau.

Illisible se frotte les yeux. Il lit l'écriteau. Il contemple le désert.

Près du poteau court un filet d'eau. Ils mettent pied à terre, boivent, font leurs ablutions. Ils disent qu'une terre habitée ou habitable doit se trouver tout près de là.

Ils remontent sur leurs animaux et, se remettant en marche, traversent la frontière. On voit, par des déchirures de la veste d'Illisible, s'échapper des grains de blé, dont le nombre va en augmentant, et qui tombent par terre. Un peu après, Avendaño se retourne pour estimer la distance qu'ils ont parcourue et voit avec stupéfaction *que ha ido creciendo un reguero de matas de trigo. Se lo advierte a Ilegible, que se admira y se echa las manos a los bolsillos llenos de cereal. Con alegría infantil arroja un poco de ese trigo a la tierra y se ve que no tarda en brotar…*

—Pero qué clase de desierto es éste con tierra semejante, dice Ilegible. Coja, le dice a Avendaño invitándole a meter las manos en sus bolsillos. Así lo hace.

Los dos a una empiezan a arrojar trigo a derecha e izquierda, pero no con gesto de sembradores sino como quien echa de comer a los pájaros. Andan a derecha e izquierda y pronto se ven rodeados de un campo de trigo incipiente. Ilegible que se ha separado hacia la derecha, mientras su compañero iba hacia la izquierda, se encuentra de golpe al dar la vuelta a un montecillo, con el sol de frente que lo ilumina. Ve algo que le sorprende. Destaca sobre el cielo un gran bulto de mujer, algo así como una inmensa estatua de la Venus de Milo con sus dos brazos completos el derecho levantado a la manera de la estatua de la Libertad. Como una antorcha parece tener el globo del sol en la mano. Esta mujer es exactamente la misma que alumbrada por el sol poniente se le mostró desnuda en el bosque…

Ilegible empieza a gritar a grandes voces:

—¡Un milagro! ¡Un milagro!…

Acude Avendaño sobre su jumento. Ilegible se vuelve hacia él para señalarle la visión con el índice y repitiendo:

—¡Un milagro!

qu'une rangée de touffes de blé à poussé. Il le dit à Illisible, qui s'en étonne et met les mains dans ses poches pleines de grains. Avec une joie enfantine il jette un peu de ce blé sur le sol, et on voit qu'il ne tarde pas à pousser…

— Mais qu'est-ce que c'est que ce désert, avec une terre pareille, dit Illisible. Prenez, dit-il à Avendaño en l'invitant à mettre les mains dans ses poches. Ce qu'il fait.

Tous les deux se mettent à jeter du blé à droite et à gauche, non avec les gestes du semeur, mais comme quelqu'un qui donne à manger aux oiseaux. Ils vont de droite et de gauche, et se voient bientôt entourés d'un champ de blé naissant. Illisible, qui s'est écarté vers la droite, tandis que son compagnon se dirigeait vers la gauche, se retrouve tout à coup, en tournant autour d'un petit monticule, face au soleil qui l'éclaire. Il voit quelque chose qui le surprend. Sur le ciel se détache une grande forme féminine, quelque chose comme une immense statue de la Vénus de Milo avec ses deux bras complets, le droit levé à la manière de la statue de la Liberté. Comme une torche, elle a l'air de tenir le globe solaire dans la main. Cette femme est exactement la même que celle qui, éclairée par le soleil couchant, lui était apparue dans le bois…

Illisible se met à pousser de grands cris :

— Un miracle ! Un miracle !…

Avendaño accourt sur son âne. Illisible se tourne vers lui pour lui montrer du doigt la vision et il répète :

— Un miracle !

Pero al mirar de nuevo hacia el sol ya no se ve la mujer sino un molino de grandes aspas semejante a los famosos de la Mancha. No sin decepción exclama entonces:

—Ah, no… Esta vez es un molino.

Mais en regardant de nouveau vers le soleil, il ne voit plus la femme mais un moulin aux grandes ailes, pareil aux célèbres moulins de la Manche. Ce n'est pas sans déception qu'il s'écrie alors :

— Ah non… Cette fois c'est un moulin.

Version de 1947.

LE CINÉMA,
INSTRUMENT DE POÉSIE

LE CINÉMA, INSTRUMENT DE POÉSIE*

Le groupe de jeunes gens qui forment la direction de la Diffusion culturelle est venu me voir pour me demander une conférence. Tout en les remerciant comme il se doit pour leur attention, je refusai leur invitation : outre que je n'ai aucune des qualités nécessaires à un conférencier, j'éprouve une pudeur particulière à parler en public. Fatalement, celui qui disserte capte l'attention collective de ses auditeurs, se sent le but de leurs regards. En ce qui me concerne, je ne peux éviter une certaine confusion à la crainte qu'ils puissent me croire un peu, disons, exhibitionniste. Même si cette idée que je me fais du conférencier est exagérée ou fausse, le fait de la sentir comme vraie m'a obligé à supplier que ma période d'exhibition soit la plus brève possible, et j'ai proposé d'organiser une table ronde, à laquelle avec quelques amis, appartenant à différentes activités artistiques et intellectuelles, nous pourrions discuter en famille de quelques-uns des problèmes qui touchent à ce qu'on appelle le septième art : c'est ainsi

* Cette conférence a été pronocée à l'Université nationale autonome du Mexique (UNAM) et publiée dans la revue *Universidad de México. (N.d.É.)*

qu'il a été décidé que le thème serait « Le cinéma comme expression artistique », ou plus concrètement, comme instrument de poésie, avec tout ce que ce mot peut contenir de sens libérateur, de subversion de la réalité, de passage vers le monde merveilleux du subconscient, de non-conformité avec la société étroite qui nous entoure.

Octavio Paz a dit : « Il suffit qu'un homme enchaîné ferme les yeux pour qu'il puisse faire éclater le monde », et moi, en le paraphrasant, j'ajoute : il suffirait que la paupière blanche de l'écran puisse refléter la lumière qui lui est propre, pour qu'il fasse exploser l'univers. Mais pour l'instant, nous pouvons dormir tranquilles, car la lumière cinématographique est convenablement dosée et enchaînée. Dans aucun des arts traditionnels n'existe une aussi grande opposition entre possibilité et réalisation qu'au cinéma. Parce qu'il agit de façon directe sur le spectateur, en lui présentant des êtres et des choses concrets, parce qu'il l'isole, grâce au silence et à l'obscurité, de ce que nous pourrions appeler son habitat psychique, le cinéma est capable de l'exalter plus que n'importe quelle autre expression humaine. Mais davantage que n'importe quelle autre, il est aussi capable de l'abrutir. Malheureusement, la grande majorité des cinémas actuels ne semble avoir d'autre mission que cette dernière : les écrans tirent vanité du vide moral et intellectuel où prospère le cinéma, qui se contente d'imiter le roman ou le théâtre, avec cette différence que ses moyens sont moins riches pour exprimer les psychologies ; ils répètent à l'infini les mêmes histoires que le XIXe siècle s'est lassé de raconter, et qu'on répète encore dans le roman contemporain.

Une personne moyennement cultivée rejetterait avec dédain le livre qui contiendrait l'un ou l'autre des arguments que nous rapportent les plus grands films. Cependant, confortablement assise dans la salle obscure, éblouie par la lumière et le mouvement qui exercent sur elle un pouvoir quasi hypnotique, attirée par l'intérêt du visage humain et les fulgurants changements de lieu, cette même personne, presque cultivée, accepte placidement les topiques les plus éculés.

Le spectateur de cinéma, en vertu de cette espèce d'inhibition hypnagogique, perd un pourcentage élevé de ses facultés intellectuelles. Je donnerai un exemple concret : le film intitulé *Detective Story*. La structuration de son argument est parfaite, son metteur en scène magnifique, ses acteurs extraordinaires, la réalisation géniale, etc. Eh bien tout ce talent, tout ce *savoir-faire**, toute la complication que suppose la fabrication du film, tout cela a été mis au service d'une histoire idiote, et remarquable par sa bassesse morale. Il me vient à l'esprit cette machine extraordinaire de l'*Opus II*, appareil gigantesque, fabriqué avec le meilleur des aciers, comprenant mille engrenages compliqués, avec des tuyaux, des manomètres, des cadrans, aussi exact qu'une montre, aussi imposant qu'un transatlantique, et qui servait simplement à timbrer la correspondance.

Le mystère, élément essentiel de toute œuvre d'art, est généralement absent des films. Les auteurs, metteurs

* En français dans le texte. *(N.d.T.)*

en scène et producteurs ont bien soin de ne pas troubler notre tranquillité en ouvrant la fenêtre merveilleuse de l'écran au monde libérateur de la poésie. Ils préfèrent y refléter les thèmes qui peuvent être la suite de notre vie ordinaire, répéter mille fois le même drame, nous faire oublier les heures pénibles du travail quotidien. Et tout cela, comme il est naturel, parfaitement sanctionné par la morale habituelle, par la censure gouvernementale et internationale, par la religion, présidé par le bon goût et assaisonné d'humour blanc et d'autres prosaïques impératifs de la réalité.

Si nous voulons voir du bon cinéma, nous le trouverons rarement dans les grandes productions ou dans celles qui sont approuvées par la critique et le consensus des publics. L'histoire particulière, le drame privé d'un individu ne peuvent à mon avis intéresser personne digne de vivre son époque ; si le spectateur partage les joies, les tristesses ou les angoisses d'un personnage de l'écran, c'est probablement parce qu'il voit en lui le reflet des joies, des tristesses ou des angoisses de toute la société, et par conséquent les siennes propres. Le chômage, l'insécurité de la vie, la peur de la guerre, l'injustice sociale, etc., sont des choses qui, parce qu'elles affectent tous les hommes d'aujourd'hui, affectent aussi le spectateur ; mais que M. X ne soit pas heureux en ménage, et qu'il se cherche pour se distraire une petite amie qu'il finira par abandonner pour retrouver une épouse pleine d'abnégation, c'est sans doute quelque chose de moral et d'édifiant, mais cela nous laisse complètement indifférents.

Parfois l'essence cinématographique jaillit de façon insolite d'un film anodin, d'une comédie-bouffe ou d'un feuilleton grossier. Man Ray a dit, dans une phrase pleine de signification : « Les films les plus mauvais que j'aie pu voir, ceux qui me font profondément dormir, contiennent toujours cinq minutes merveilleuses, et les meilleurs, les plus encensés, n'ont que cinq minutes qui vaillent la peine : c'est-à-dire que dans les bons films comme dans les mauvais, par-dessus et en dépit des bonnes intentions de leurs réalisateurs, la poésie cinématographique lutte pour venir à la surface et se manifester. »

Le cinéma est une arme merveilleuse et dangereuse lorsqu'elle est maniée par un esprit libre. C'est le meilleur instrument pour exprimer le monde des rêves, des émotions, de l'instinct. Le mécanisme producteur d'images cinématographiques, par sa façon de fonctionner, est, parmi tous les moyens d'expression humaine, celui qui ressemble le plus à l'esprit de l'homme, ou mieux encore, celui qui imite le mieux le fonctionnement de l'esprit pendant le sommeil. Le film est comme une simulation involontaire du sommeil. B. Brunius nous fait observer que la nuit qui envahit lentement la salle équivaut à fermer les yeux : alors commence sur l'écran et en l'homme l'incursion dans la nuit de l'inconscience ; les images, comme dans les rêves, apparaissent et disparaissent par des jeux d'estompe et d'obscurité ; le temps et l'espace deviennent flexibles, rétrécissent et allongent à volonté ; l'ordre chronologique et les valeurs de durée relative ne correspondent plus à la réalité ; un cycle s'accomplit en quelques minutes ou en plusieurs siècles ; les mouvements accélèrent les retards.

Le cinéma semble avoir été inventé pour exprimer la vie subconsciente, qui par ses racines pénètre si profondément dans la poésie ; cependant, on ne l'utilise presque jamais à cette fin. La plus connue des tendances modernes du cinéma est ce qu'on appelle le néoréalisme. Ses films présentent au spectateur des tranches de vie réelle, avec des personnages pris dans la rue et même avec des édifices et des intérieurs authentiques. Sauf exception, et je cite tout particulièrement *Le Voleur de bicyclette*, le néoréalisme n'a rien fait pour que ressorte dans ses films ce qui est le propre du cinéma, à savoir le mystère et le fantastique. À quoi sert tout cet habillage de vues si les situations, les mobiles qui animent les personnages, leurs réactions, les arguments mêmes sont calqués sur la littérature la plus sentimentale et la plus conformiste ? Le seul apport intéressant, non du néoréalisme, mais de Zavattini personnellement, c'est l'élévation de l'acte anodin au rang de catégorie dramatique. Dans *Humberto D.*, un des films les plus intéressants qu'ait produits le néoréalisme, une petite bonne, pendant une bobine entière, c'est-à-dire pendant dix minutes, réalise des actes qui jusqu'à ces derniers temps auraient pu sembler indignes de l'écran. Nous la voyons entrer dans la cuisine, allumer son poêle, mettre la marmite à bouillir, jeter à plusieurs reprises une carafe d'eau sur une armée de fourmis qui avancent en file indienne vers les aliments, donner le thermomètre à un vieil homme qui se sent fiévreux, etc. En dépit du caractère banal de ces situations, on suit ces manœuvres avec intérêt, voire avec suspens.

Le néoréalisme a introduit dans l'expression cinématographique quelques éléments qui enrichissent son langage, mais rien de plus. La réalité néoréaliste est incomplète, officielle ; raisonnable surtout ; mais la poésie, le mystère, ce qui complète et élargit la réalité tangente, manquent totalement dans ses productions. Il confond la fantaisie ironique avec le fantastique et l'humour noir.

« Ce qu'il y a de plus admirable dans le fantastique, a dit André Breton, c'est que le fantastique n'existe pas, tout est réel. » Parlant il y a quelque temps avec Zavattini lui-même, j'exprimais mon désaccord avec le néoréalisme : nous déjeunions ensemble, et le premier exemple qui me vint à l'esprit fut le verre de vin dans lequel je buvais. « Pour un néoréaliste, lui dis-je, un verre est un verre et rien d'autre : nous le verrons le prendre dans le buffet, le remplir de liquide, l'apporter pour le laver à la cuisine, où la bonne le casse, ce qui pourra motiver son renvoi ou non, etc. Mais ce même verre observé par des hommes différents peut devenir mille choses différentes, car chacun d'eux charge ce qu'il observe d'affectivité, et aucun ne le voit tel qu'il est, mais comme ses désirs et son état d'âme veulent le voir. » Je me bats pour un cinéma qui me fasse voir ce genre de verres, parce que ce cinéma me donnera une vision intégrale de la réalité, accroîtra ma connaissance des choses et des êtres et m'ouvrira le monde merveilleux de l'inconnu, de ce que je ne peux pas lire dans la presse quotidienne ni rencontrer dans la rue.

N'allez pas croire, à cause de tout ce que je viens de dire, que je ne me bats que pour un cinéma exclusivement consacré à l'expression du fantastique et du mystère, pour un cinéma-échappatoire qui, dédaignant notre réalité quotidienne, prétendrait nous submerger dans le monde inconscient du rêve. Quoique très brièvement, j'ai indiqué récemment l'importance capitale que j'accorde au film qui traite des problèmes fondamentaux de l'homme actuel, considéré non pas isolément, comme un cas particulier, mais dans ses relations avec les autres hommes. Je fais miennes les paroles d'Engels, qui définit ainsi la fonction du romancier (lisons en l'occurrence celle d'un créateur cinématographique) : « Le romancier aura honorablement fait ce qu'il doit faire quand, à travers une peinture des relations sociales authentiques, il aura détruit les fonctions conventionnelles sur la nature, de ces relations, brisé l'optimisme du monde bourgeois et obligé le lecteur à douter de la pérennité de l'ordre existant, même s'il ne nous donne pas de conclusion directe, même s'il ne prend pas clairement parti. »

DOSSIER

Salvador Dalí, *Portrait de Luis Buñuel*, 1924 © Salvador Dalí, Fundació Gala-Salvador Dalí/Adagp, Paris 2022. Museo Nacional Centro de Arte Reina Sofía, Madrid. Photo © Photo 12/Oronoz.

CHRONOLOGIE

1900. *22 février* : naissance (rue Mayor n° 26, Calanda, province de Teruel) de Luis Buñuel, fils de Leonardo Buñuel et de María Portolés. Il est l'aîné de sept frères et sœurs.
9 mars : baptême à Calanda.
Quelques mois plus tard, toute la famille se déplace à Saragosse.

1901. Naissance de Maria Buñuel Portolés, sa première sœur.

1902. Naissance d'Alicia, sa deuxième sœur.

1904. *22 mai* : naissance de Conchita, sa sœur préférée.

1906. Début des études primaires à l'école des Frères du Sacré-Cœur de Saragosse.

1907. Entre à l'école du Salvador des Jésuites à Saragosse.

1908. L'enfant Luis va pour la première fois au cinéma pour voir un film de dessins animés à la salle Farrusini de Saragosse.

1909. *19 mars* : naissance de son frère Leonardo.

1910. *17 avril* : première communion à l'école du Salvador.

1912. *10 avril* : naissance de sa sœur Margarita.

1915. Quitte les Jésuites et s'inscrit au lycée de Saragosse.
Premier amour : Pilar Bayona.
20 novembre : naissance de son frère Alfonso.

1916. Découvre *Vie de Jésus* de Renan et *L'Origine des espèces* de Darwin.

1917. *Juin* : baccalauréat.

6 octobre : entre comme interne à la Résidence d'étudiants de Madrid, où il partage une chambre avec Augusto Centeno. Se lie d'amitié avec les résidents José Moreno Villa et Pepín Bello.
S'inscrit à un cours d'agronomie.

1919. Buñuel rencontre Federico García Lorca, qui vient d'entrer comme résident.
Pratique l'athlétisme et participe aux championnats d'Espagne de boxe.
Entame avec la poétesse et dramaturge Conchita Méndez une relation sentimentale qui durera sept ans.

1920. S'oriente vers les sciences naturelles.
Participe aux activités du ciné-club de la Résidence.

1921. Salvador Dalí entre à la Résidence. Une grande amitié se noue avec lui et Federico García Lorca.
Participe à la représentation théâtrale de *Don Juan Tenorio* de José Zorrilla à Tolède.
Lecture des *Souvenirs entomologiques* de Jean-Henri Fabre, livre de chevet pendant toute sa vie.
Commence son service militaire.

1922. *1er février* : son premier texte littéraire, « Une inqualifiable trahison », paraît dans la revue *Vltra*.
5 mai : donne la conférence « Le guignol » à la Résidence d'étudiants.
30 novembre : publication de son deuxième poème, « Instrumentation », dans la revue *Horizonte*.
Fréquentation des cafés-rencontres madrilènes.

1923. Encouragé par Américo Castro, il décide de se consacrer à la littérature.
Janvier : publication de « Banlieues » dans la revue *Horizonte*.
Février : publication de « Tragédies inaperçues comme thèmes d'un théâtre nouveau ».
Mars : avec Pepín Bello Lasierra, Augusto Centeno,

Francisco et Federico García Lorca, Pedro Garfias, Ernestina González, Rafael Sánchez Ventura et José Ucelay, il fonde l'Ordre de Tolède (19 mars). Publication de « L'aveugle aux tortues » dans la revue *Los Ciegos. Revista Tyflófila Hispanoamericana*.
Mai : mort de Leonardo Buñuel (1er mai). Publication de « Pourquoi je n'ai pas de montre » dans la revue *Alfar*.

1924. Dalí peint le portrait de Luis Buñuel.
Obtention du diplôme de Philosophie et Lettres, spécialité Histoire, après avoir abandonné les études d'Agronomie et de Sciences naturelles.

1925. *Janvier* : Buñuel s'installe à Paris.
Rencontre de sa future épouse Jeanne Rucar chez son ami le peintre Joaquín Peinado.
C'est vraisemblablement à cette époque qu'il écrit ses poèmes en vers et en prose « Théorème », « Lucille et ses trois poissons » et « Déluge ».

1926. Inscription à l'Académie du cinéma de Jean Epstein, Alex Allain et Camille Bardoux.
Probable composition de « Ramuneta à la plage ».
Interprétation d'un petit rôle dans *Carmen* de Jacques Feyder.
Mars-avril : assistant réalisateur de Jean Epstein dans *Mauprat* où il joue un petit rôle.
26 avril : mise en scène des *Tréteaux de maître Pierre*, pièce de théâtre de marionnettes basée sur la pièce musicale de Manuel de Falla, à Amsterdam.
Écriture d'un scénario sur la vie de Goya commandé par la Commission d'organisation du 1er centenaire de la mort du peintre, qui sera définitivement rejeté.

1927. C'est l'année où l'activité littéraire de Buñuel est la plus prolifique. En plus de composer « J'aimerais pour moi », « Polissoir miraculeux », « Cela ne me semble ni bien ni mal », « En nous mettant au lit » et *Hamlet*, il collabore en tant que critique de cinéma à *La Gaceta Literaria* de Madrid et aux *Cahiers d'Art* parisiens.

Se rend à Madrid, à l'initiative de la Société des Cours et Conférences, pour diriger un cycle de cinéma d'avant-garde à la Résidence d'étudiants.

Élaboration du scénario *El mundo por diez céntimos* (*Le Monde pour dix centimes*), qui sera plus tard rebaptisé *Caprichos*, sur un argument de Ramón Gómez de la Serna.

Assistant d'Henri Étiévant et de Mario Nalpas dans *La Sirène des tropiques*, film interprété par Joséphine Baker.

Hamlet est joué au Café Select de Montparnasse par Buñuel (dans le rôle du prince danois) et ses amis.

1928. *14 février* : lettre à Pepín Bello contenant « Histoire décente – Histoire indécente ».

Février-mai : assistant d'Epstein dans le film *La Chute de la maison Usher*. Il doit quitter le plateau après une dispute avec le réalisateur, dont les motifs ne sont pas très clairs aujourd'hui encore. Il paraît que ce fut pendant ce tournage qu'il composa « Cavalleria rusticana » et « Ménage à trois ».

Août : Buñuel termine le scénario de *Caprichos*.

Octobre : sortie du numéro spécial sur le cinéma de *La Gaceta Literaria* (1er octobre), qu'il dirigea et auquel il collabora avec plusieurs articles (dont l'indispensable « Découpage ou segmentation cinégraphique » et le poème en prose « Nouvelles d'Hollywood »). Il assiste au Premier Congrès national de la Cinématographie tenu à Madrid entre le 12 et le 20 octobre.

1929. *Premier semestre* : après avoir abandonné l'idée de réaliser *Caprichos* à cause de l'absence de ponctualité de Gómez de la Serna dans la livraison de son travail sur le scénario, il se déplace à Figueres, chez Salvador Dalí, où il écrit le découpage d'un film intitulé *Dangereux de se pencher dedans* [*sic*], qui finira par s'appeler *Un chien andalou*, dont le tournage commence aux studios de Billancourt début avril. Le film est présenté à Paris le 6 juin au Studio des Ursulines.

15 janvier : sortie du n° 50 de *La Gaceta Literaria* contenant les poèmes « Rédemptrice » et « Bacchanale ».

1er février : publication d'« Odeur de sainteté » (*La Gaceta Literaria*, n° 51).

10 février : lettre à Pepín Bello contenant « L'arc-en-ciel et le cataplasme ».

17 février : lettre à Bello contenant « *[Que les cache-sexe reposent en paix !!!]* ».

4 mai : la revue *helix* publie les poèmes « Palais de glace » et « Oiseau d'angoisse ».

Novembre : signature d'un contrat avec le vicomte Charles de Noailles pour réaliser un nouveau film. Il commence à développer le scénario, d'abord à Cadaqués avec Dalí et à partir du 6 décembre tout seul à Saragosse.

8 décembre : première espagnole d'*Un chien andalou* au cinéma Royalty de Madrid.

1930. *27 février* : début du tournage de *L'Âge d'or*.

Pendant les prises au cap de Creus, il filme le père de Salvador Dalí dans son manoir de la plage de Llané à Cadaqués, dans le court-métrage *Menjant garotes*. Première privée de *L'Âge d'or* chez Marie-Laure et Charles de Noailles.

Fin septembre : les Noailles projettent *L'Âge d'or* au délégué de la MGM à Paris, qui embauche Buñuel avec un contrat de six mois pour apprendre la

technique américaine et peut-être mettre en scène un film.
28 octobre : départ pour les États-Unis du Havre à bord du *Léviathan*.
3 novembre : arrivée à New York.
28 novembre : première de *L'Âge d'or* au Studio 28.
3 décembre : la séance de *L'Âge d'or* est perturbée et doit cesser en raison des sifflets, des invectives lancées par une quarantaine d'agitateurs et des bagarres survenues au sein du public. Des tableaux de Salvador Dalí, de Max Ernst et d'Yves Tanguy exposés dans le hall sont lacérés. L'intervention des forces de police donna lieu à une dizaine d'interpellations de militants d'extrême droite proches de la Ligue des Patriotes et des Jeunesses antijuives.
12 décembre : après avoir examiné le film une seconde fois, la Commission de censure cinématographique interdit toute projection. Les autorités saisissent les copies. Buñuel prend connaissance du scandale par le journal *Los Angeles Examiner*.

1931. Résiliation de son contrat avec la MGM de commun accord.
Retour en Espagne (via Le Havre) à la veille de la proclamation de la Seconde République.
Séjours alternés à Paris et en Espagne.
22 novembre : projection privée de *L'Âge d'or* au Palacio de la Prensa de Madrid.

1932. *29 janvier* : participation avec Yves Tanguy, Max Ernst et Alberto Giacometti à la première réunion de l'Association des écrivains et artistes révolutionnaires (AEAR). Une scission se produit au sein du groupe surréaliste. Buñuel et d'autres membres en sont exclus.
Avril : fête des Noailles à Hyères où Buñuel et

Giacometti vont présenter la girafe taillée en bois par ce dernier comme « surprise ».

6 mai : lettre à André Breton où Buñuel l'informe qu'il abandonne le groupe pour adhérer au Parti communiste d'Espagne (sans que l'on connaisse la date d'adhésion).

Septembre : Buñuel finit le scénario d'une adaptation des *Hauts de Hurlevent* d'Emily Brontë dont le titre sera *Luz que deslumbra* (*Lumière qui éblouit*). Voyage exploratoire à Las Hurdes avec Pierre Unik, Éli Lotar et Rafael Alberti parmi d'autres. Il est nommé directeur du doublage au département d'espagnol de Paramount Paris pour superviser le doublage de films américains dans les studios de Joinville-le-Pont. Le 23 septembre, la version « expurgée » de *L'Âge d'or*, intitulée *Dans les eaux glacées du calcul égoïste* (aujourd'hui perdue), est rejetée par la censure.

1933. *Janvier* : lettre à Bello qui contient la nouvelle « L'agréable consigne de sainte Huesca ».

23 avril : tournage de *Terre sans pain* qui finira un mois plus tard, le 22 mai. Considéré comme « insultant » envers l'Espagne, le film est interdit par le gouvernement espagnol après une projection privée d'une copie muette commentée au microphone par Buñuel lui-même au Palacio de la Prensa de Madrid.

15 mai : publication d'« Une girafe » dans le n° 6 de *Le Surréalisme au service de la révolution*.

Octobre : compose « Le combat prodigieux entre les cathédrales et les wagonnets ».

Automne : contacte la Warner Brothers pour diriger les doublages en espagnol depuis la filiale de Madrid. Tentative échouée d'adaptation des *Caves du Vatican* d'André Gide, avec qui il travaille deux semaines sur le scénario.

1934. *Janvier* : directeur de doublage pour la Warner Brothers à Madrid.
23 juin : Buñuel épouse Jeanne Rucar, enceinte de trois mois, à Paris.
9 novembre : naissance à Paris de Juan Luis, son premier fils.

1935. *2 février* : lettre à Pepín Bello où il l'informe d'un nouveau projet de nouvelle. C'est son dernier texte littéraire connu jusqu'aujourd'hui.
S'installe à Madrid et signe un contrat avec la maison de production Filmofono, fondée par son ami Ricardo María de Urgoiti, en tant que producteur associé, pour laquelle il produit et supervise quatre films entre 1935 et 1937.

1936. Première de *Terre sans pain* à Madrid. Le documentaire avait été interdit par le gouvernement de droite. Après le début de la guerre civile espagnole, il collabore avec le gouvernement républicain, qui le nomme coordinateur de la propagande au Service d'information de l'ambassade d'Espagne à Paris.
Pierre Braunberger sonorise *Terre sans pain* avec le financement de l'ambassade d'Espagne.
18 septembre : adhésion au syndicat espagnol UGT.
Novembre : avec Jean-Paul Le Chanois, commence à monter le moyen-métrage documentaire de propagande *Espagne 36* commandé par le gouvernement républicain espagnol de Largo Caballero, en utilisant du matériel d'archives des années républicaines et du début de la guerre civile, ainsi que d'actualités françaises. Le scénario fut écrit par Pierre Unik et achevé par Buñuel.

1937. *20 février* : fin du montage d'*Espagne 36*.
25 mai - 25 novembre : responsable de la programmation cinématographique du Pavillon espagnol à l'Exposition universelle de Paris.
30 septembre : première de *Terre sans pain* à Paris.

Écriture pour la Paramount du scénario *La Duchesse d'Alba et Goya*.
Remplit des fonctions d'espionnage et de protocole pour l'ambassade espagnole en France.

1938. Supervision et montage d'*Espagne 1937*, suite du documentaire précédent, mais avec des commentaires écrits par Juan Vicens.
16 septembre : avec l'aide économique de Charles de Noailles et Rafael Sánchez Ventura, la famille Buñuel quitte la France en direction des États-Unis à bord du *Britannic*. S'installe à Los Angeles, afin de superviser les films en faveur de la cause républicaine, mais par ordre du gouvernement des États-Unis, ces productions sont arrêtées.

1939. *Juillet* : à la demande d'Iris Barry, amie et fondatrice de la Film Library du MoMA de New York, il écrit son curriculum vitae, qu'il titre *Autobiography of Luis Buñuel*, destiné à diverses institutions pour se porter candidat à différents emplois.
Tentative de vendre quelques gags de sa composition à Charles Chaplin.
Novembre : comme Buñuel ne trouve pas d'emploi à Los Angeles, il décide de s'installer à New York, où Alexander Calder lui cède son appartement.

1940. *1er juillet* : naissance de son fils Rafael.

1941. Grâce à Iris Barry, il est embauché au MoMA en tant que conseiller et chef du montage de films pour le bureau de propagande pour les pays d'Amérique latine de l'Office of the Coordinator of Inter-American Affairs. En particulier, il remonte *Le Triomphe de la volonté* de Leni Riefenshtal (1935) et *Feldzug in Polen* de Fritz Hippler (1939) qu'il réduit à la moitié de leur métrage original.

1942. Sollicitation de la citoyenneté américaine.
La Vie secrète de Salvador Dalí sort aux États-Unis.

1943. *30 juin* : remise de sa démission au MoMA suite aux pressions que le musée recevait de différentes personnalités de droite. Son passé communiste, scandaleux, athée, etc., semble en avoir été la cause.
Son ami Vladimir Pozner l'engage pour mettre une voix aux documentaires de propagande militaire qui sont diffusés dans toute l'Amérique latine. On a dit que ce travail de locuteur fut réalisé sur commande de l'armée américaine. Si c'est vrai, il dut durer au plus tard jusqu'à la fin de 1943, car maintenant on sait, grâce au test que la Warner fera passer quelques mois plus tard à Buñuel, qu'au début de 1944 la société Loew's Inc., c'est-à-dire la MGM, l'engage comme directeur de production de doublage en espagnol. Une autre possibilité est qu'à partir de la date de démission du MoMA il ait été au chômage jusqu'au contrat avec Loew's, et que ce soit la MGM qui ait produit les films pour l'armée et les ait distribués sur le marché latino-américain. Quelle que soit la vraie version, le fait est que la période américaine de Luis Buñuel reste opaque.

1944. *Mai* : Buñuel déménage à Hollywood pour travailler comme directeur de doublage pour le marché latino-américain chez Warner Brothers. Ce même mois il écrit des scénarios, dont *The Sewers of L.A.* en collaboration avec Man Ray, ainsi que des gags.

1945. À la demande de Robert Florey, il rédige le scénario d'une scène courte intitulée *Hallucinations about a Dead Hand*, que Florey utilisera ensuite dans son film *La Bête aux cinq doigts* (sorti en 1946).
Écriture, cette fois-ci en collaboration avec José Rubia Barcia, de *The Bride with the Dazzled Eyes*, scénario qui ne sera tourné qu'en 1997 par Antonio Simón en Espagne avec le titre *La novia de medianoche*.
Novembre : fin du contrat avec la Warner Brothers.

1946. Denise Tual lui propose d'adapter *La Maison de Bernarda Alba* de Lorca au Mexique, dans un film produit par Óscar Dancigers. Il accepte. Départ des États-Unis pour le Mexique ou il tourne finalement *Le Grand Casino* pour Dancigers avec la star mexicaine Jorge Negrete.

1947. Collaboration avec le poète Juan Larrea au scénario *Illisible, fils de flûte*, projet qui finalement échouera.

1949. Tournage du *Grand Noceur*.
Collaboration au scénario de la comédie *Si usted no puede, yo sí*, de Julián Soler, qui sortira en 1951.
Buñuel acquiert la nationalité mexicaine.

1950. Tournage de *Los Olvidados* (février) et de *Susana la perverse*.

1951. Tournage de *Don Quintin l'amer*, d'*Une femme sans amour* et de *La Montée au ciel*.
20 avril : *Los Olvidados* obtient le Prix de la mise en scène et celui de la FIPRESCI au Festival de Cannes.

1952. Tournage de *L'Enjôleuse* et des *Aventures de Robinson Crusoé*. Ce dernier est son premier film américain (en coproduction avec le Mexique) et ne sortira en salles que deux ans plus tard.
10 mai : Prix de la FIPRESCI pour *La Montée au ciel* au Festival de Cannes.
En collaboration avec Hugo Butler il écrit le scénario *La Cadillac*, sur un fait divers, projet qui n'aboutira pas.

1953. Tournage d'*On a volé un tram* et des *Hauts de Hurlevent*.
Donne la conférence « Le cinéma, instrument de poésie », à l'Université nationale autonome du Mexique.

1954. Tournage du *Fleuve de la mort*.
Mars : s'installe dans sa nouvelle maison à Cerrada de Félix Cuevas, n° 27, Colonia del Valle, Mexico.

25 mars - 9 avril : membre du jury du Festival international du film de Cannes.
Fin octobre - début novembre : Buñuel produit et met en scène *Don Juan Tenorio* au Mexique. Il y joue le rôle de Don Diego.

1955. Tournage de *La Vie criminelle d'Archibald de la Cruz*.
Tournage de *Cela s'appelle l'aurore*.

1956. Tournage de *La Mort en ce jardin*.
Après dix-neuf ans d'exil, il retourne en Espagne et retrouve sa famille.
Rétrospective de son œuvre au National Film Theatre de Londres.

1957. Buñuel envisage plusieurs projets : l'adaptation des romans *Thérèse Étienne* de John Knittel, *La Femme et le Pantin* de Pierre Louÿs et *Le Seigneur des Mouches* de William Golding ; ainsi que le tournage de l'histoire *Los náufragos de la calle Providencia*, qui deviendra quelques années plus tard *L'Ange exterminateur*.

1958. Tournage de *Nazarín*, adaptation du roman de Benito Pérez Galdós.
Décembre : la conférence « Le cinéma, instrument de poésie » est publiée dans la revue *Universidad de México*, vol. XIII, n° 4.

1959. Tournage de *La fièvre monte à El Pao*.
15 mai : *Nazarín* remporte le Prix international au Festival de Cannes.

1960. Tournage de *La Jeune Fille*, son deuxième et dernier film américain.

1961. *4 février* : après avoir obtenu l'autorisation de la Direction générale de cinéma espagnole, débute le tournage de *Viridiana*, qui signifie le retour de Buñuel en Espagne. Le film obtient la Palme d'or au Festival de Cannes (18 mai) et provoque un grand scandale, dont le renvoi du directeur général. Le film est

interdit en Espagne et sera projeté sous la nationalité mexicaine à l'étranger.
4 avril : décès de son frère Alfonso.

1962. Tournage de *L'Ange exterminateur*, qui remportera le Prix de la FIPRESCI à Cannes.
Buñuel travaille avec Dalton Trumbo sur l'adaptation du roman de celui-ci *Johnny s'en va-t-en guerre*.

1963. *Avril* : assistance aux processions de la semaine sainte à Calanda.
Mai : rencontre du jeune scénariste Jean-Claude Carrière au Festival de Cannes avec qui il collabora dans six films.
Buñuel s'installe en France pour tourner *Le Journal d'une femme de chambre*, première des collaborations avec Carrière.
Interprétation du rôle du bourreau dans *Les Bandits* de Carlos Saura.
Abandonne définitivement le projet d'*Illisible, fils de flûte*.

1964. Tournage de *Simon du désert* qui reste inachevé faute de fonds.
Interprétation du curé dans *En este pueblo no hay ladrones*, d'Alberto Isaac.

1965. Travail sur les adaptations du roman *Le Moine*, de Matthew Gregory Lewis, et *Là-bas*, de Joris-Karl Huysmans, tous deux en collaboration avec Jean-Claude Carrière.
6 septembre : *Simon du désert* obtient le Prix spécial du Jury à la Mostra de Venise.

1966. Buñuel s'installe en France pour tourner *Belle de jour*.

1967. *8 septembre* : *Belle de jour* reçoit le Lion d'or de la Mostra de Venise.

1968. Après avoir abandonné le projet de tourner l'adaptation du *Moine*, débute le tournage de *La Voie lactée*, interrompu par les événements de mai à Paris.

1969. *Juin* : mort de María Portolés.
Octobre : débute le tournage de *Tristana*.

1972. Tournage du *Charme discret de la bourgeoisie*. Le film remportera cette même année le Prix Méliès du Syndicat français de la critique de cinéma.
Pour la première fois, il écrit un préambule, celui de la 2e édition (Argentine) du recueil de nouvelles de l'écrivain mexicain d'origine catalane, Pedro F. Miret, *Esta noche… vienen rojos y azules*.
Novembre : dans le cadre de la promotion du *Charme discret de la bourgeoisie* aux États-Unis, un dîner en honneur de Buñuel a lieu chez George Cukor avec la présence des metteurs en scène Alfred Hitchcock, John Ford, Rouben Mamoulian, William Wyler, George Stevens, Billy Wilder, Robert Wise et Robert Mulligan.

1973. *23 mars* : *Le Charme discret de la bourgeoisie* obtient l'Oscar du meilleur film étranger.

1974. Tournage du *Fantôme de la liberté*.

1977. Tournage de *Cet obscur objet du désir*, adaptation de *La Femme et le Pantin* de Pierre Louÿs.
Fin de l'interdiction de *Viridiana* en Espagne, qui sort en salles le 23 mai.
Septembre : Coquille d'or spéciale du Festival de Saint-Sébastien.
Prix national des Sciences et des Arts du Mexique.

1979. Collaboration avec Jean-Claude Carrière sur un nouveau scénario, *Agôn*, qu'il ne tournera pas.

1980. Dernier voyage en Espagne. Il reçoit les distinctions de l'Université Complutense de Madrid, et des mairies de Madrid, de Teruel et de Saragosse.
Fin mars - début avril : dernier séjour à Calanda où il participe aux *rompidas* de la semaine sainte.
4 octobre : mort de son frère Leonardo.

1981. Reprise de *L'Âge d'or* à Paris, cinquante ans après son interdiction.
Octroi de la Médaille d'or du mérite des beaux-arts de l'Espagne.

1982. Sortie en France de ses Mémoires *Mon dernier soupir*, écrits avec la collaboration de Jean-Claude Carrière, et, en Espagne, de son œuvre littéraire, compilée par Agustín Sánchez Vidal deux ans auparavant.
12 novembre : hommage au Centre Georges-Pompidou.

1983. *29 juillet* : mort de Luis Buñuel (à 16 h 05 à l'Hôpital anglais de Mexico) à la suite d'une insuffisance rénale et cardiaque.
30 juillet : incinération au crématorium de Las Lomas (Mexico).

BIBLIOGRAPHIE SÉLECTIVE

PRINCIPALES ÉDITIONS DE L'ŒUVRE LITTÉRAIRE DE LUIS BUÑUEL

En français :

Le Christ à cran d'arrêt. Œuvres littéraires, traduit par Jean-Marie Saint-Lu, Paris, Plon, 1995.

En espagnol :

Obra literaria, Saragosse, Heraldo de Aragón, 1982.

Il s'agit du premier recueil de l'œuvre littéraire de Luis Buñuel et de la seule source dont on dispose pour la fixation textuelle des poèmes qui ne furent pas publiés ou diffusés par d'autres moyens. En 1980, le professeur de l'Université de Saragosse, Agustín Sánchez Vidal, qui séjourna deux semaines chez Luis Buñuel, travailla avec lui au contenu de cette première compilation de son œuvre littéraire. Cependant, le livre ne fut publié qu'en 1982, dans une édition de Joaquín Aranda, beau-neveu de Buñuel et directeur des publications du journal *El Heraldo de Aragón*, maison d'édition qui assuma la publication. Cette édition a une structure différente du manuscrit livré par le compilateur. Nous remercions Sánchez Vidal de nous en avoir informés et d'avoir souligné qu'il est l'auteur de l'introduction et des notices (que nous abrégeons en *SV*) uniquement, et non pas le responsable de l'édition

comme il est souvent dit dans les appareils bibliographiques.
Escritos de Luis Buñuel, Madrid, Páginas de Espuma, 2000.
Obra literaria reunida, Madrid, Cátedra, 2022.
El perro andaluz, Barcelone, Animal Sospechoso, 2022.

En anglais :

An Unspeakable Betrayal, Berkeley, University of California Press, 2000.

MÉMOIRES

Mon dernier soupir, Paris, Robert Laffont, 1982 (abrégé ensuite *MDS*).

CORRESPONDANCE

Correspondencia escogida, édition de Jo Evans et Breixo Viejo, Madrid, Cátedra, 2018 (édition anglaise : *A life in Letters*, Bloomsbury Academic, 2019).
L'Âge d'or. Correspondance Luis Buñuel-Charles de Noailles. Lettres et documents (1929-1976), édition de Jean-Michel Bouhours et Nathalie Schoeller, Paris, Les Cahiers du Musée national d'Art moderne, Hors Série / Archives, 1993.

ENTRETIENS

Entretiens avec Max Aub, traduit par Lucien Mercier, préface de Jean-Claude Carrière, Paris, Belfond, 1991 (abrégé ensuite *Aub*).

PÉREZ TURRENT, Tomás, et DE LA COLINA, José, *Conversations avec Luis Buñuel. Il est dangereux de se pencher au-dedans*, traduit par Marie Delporte, préface de Charles Tesson, Paris, Cahiers du Cinéma, 2008 (abrégé ensuite *Conversations*).

ÉTUDES CRITIQUES (PAR ORDRE ALPHABÉTIQUE)

Parmi la production critique consacrée à l'œuvre littéraire de Luis Buñuel, on peut notamment mentionner :

MONEGAL, Antonio, *Luis Buñuel, de la literatura al cine. Una poética del objeto*. Barcelone, Anthropos, 1993 (abrégé ensuite Monegal).

MORRIS, C.B., *Surrealism and Spain, 1920-1936*, New York, Cambridge University Press, 1972.

ROOF, Gayle, « Buñuel and the Romantic Fantastic : Techniques of Doubling in his Avant-Garde Films », *Hispanic Journal*, vol. 13, n° 1, 1992, pp. 37-50.

— « Approaching *Las Hurdes* : The Confrontation of Avant-Garde and *Pueblo* in Luis Buñuel Early Works », *Revista de Estudios Hispánicos*, t. 27, n° 1, 1993, pp. 89-111.

— « Gómez de la Serna as Literary Mentor : Ramonian Aesthetics in the Early Work of Luis Buñuel », *Revista Hispánica Moderna*, année 47, n° 2, 1994, pp. 353-366.

— « Sombras enmohecidas : Film and Theater in Luis Buñuel's Critical Works », *Letras Peninsulares*, vol. 7, n° 1, 1994, pp. 143-164.

TENA, Jean, « *Un chien andalou* : En vers et contre tout », *Co-textes*, n° 12, 1987, pp. 135-147.

VILLANUEVA, Darío, *Imágenes de la ciudad. Poesía y cine, de Whitman a Lorca*, Madrid, Cátedra, 2015.

XIFRA, Jordi, *Buñuel et le cinéma*, Paris, Nouvelles Éditions Place, 2020.

ZINGARINI, Francesco L. P., *Luis Buñuel. Dalla poesia al cinema*, Florence, Firenze Atheneum, 2000.

À signaler également, dans le domaine des études biographiques, les textes suivants :

GIBSON, Ian, *Luis Buñuel. La forja de un cineasta universal (1900-1938)*, Madrid, Aguilar, 2013.

GUBERN, Roman et HAMMOND, Paul, *Luis Buñuel : The Red Years, 1929-1939*, Madison, The University of Wisconsin Press, 2012.

SÁNCHEZ VIDAL, Agustín, *Buñuel, Lorca, Dalí: el enigma sin fin*, Barcelone, Planeta, 1988 (abrégé ensuite *BLD*).

Bien qu'il s'agisse d'une biographie des trois génies et une analyse de leurs relations, l'auteur consacre un bon nombre de pages à l'œuvre littéraire de Buñuel et en profite pour mettre au jour ou corriger (tacitement) les fautes d'*Obra literaria*.

Sur l'œuvre cinématographique :

BERGALA, Alain, *Luis Buñuel*, Paris, Cahiers du Cinéma, 2008.

BUACHE, Freddy, *Buñuel*, Lausanne, L'Âge d'Homme, 1980.

DROUZY, Maurice, *Luis Buñuel architecte du rêve*, Paris, Lherminier, 1978.

DUPRAT, Arnaud, *Le Dernier Buñuel*, Rennes, Presses universitaires de Rennes, 2011.

OMS, Marcel, *Don Luis Buñuel*, Paris, Le Cerf, 1985.

TESSON, Charles, *Luis Buñuel*, Paris, Cahiers du Cinéma, 1995.

NOTICES ET VARIANTES

LE CHIEN ANDALOU

Le premier titre que Buñuel envisagea pour ce recueil fut *Polismes* (*Polismos*), c'est-à-dire « plusieurs ismes ». Avec ce titre Buñuel reconnaissait ce que d'autres niaient par souci d'originalité : c'était le point de convergence de plusieurs tendances avant-gardistes, où il s'agissait d'aller au-delà, d'aller de l'autre côté, comme le préconisait l'ultraïsme. Ce que nous savons du projet peut être retracé dans sa correspondance. Suivant l'ordre chronologique, le 21 septembre 1926, Dalí écrivit au Calandino : « Excuse-moi, Buñuel, mais le *polisme* soit je ne le comprends pas, soit c'est quelque chose avec peu d'intérêt et de nouveauté, il me paraît un prolongement raffiné de ce qui est si bien connu : Il faisait nuit et pourtant il pleuvait, un troupeau de cochons voltigeait, etc., etc. » Cette lettre indique qu'en 1926 Buñuel lui envoyait déjà les textes qu'il écrivait et qu'il les nommait *polismes*.

Le 28 juillet 1927, dans une lettre adressée à son ami le libraire León Sánchez Cuesta, il déplore que son travail de critique de cinéma ne lui laisse pas beaucoup de temps pour avancer dans son livre *Polismes*. Il avait l'intention de le publier en octobre 1927, bien qu'il n'eût pas encore contacté de maison d'édition : « Je prépare un livre pour octobre si comme jusqu'à présent j'ai du temps libre. J'en ai écrit plus de la moitié. Titre : *Polismes (récits)*, que vous n'aimez pas, avouant pour ma part que je ne vous les ai jamais lus. Je l'éditerai dans *Litoral* ou dans *La Gaceta* [*Literaria*]. Je le dédie à [Juan] Vicens, Sánchez V[entura] et Pepín [Bello]. Faites-vous des éditions ? »

Un an et demi après, en janvier 1929, il confie à Bello : « Je te dédie mon livre sous presse : voici un de ses poèmes en prose. (Quelques-uns seront publiés prochainement dans *La Gaceta*). » Le titre du poème qu'il lui envoie est « Pudibonderie » (« Mojigatería »), plus tard intitulé « Palais de glace » (finalement publié dans le n° 4 de la revue *helix*, en mai 1929). Ceux publiés dans *La Gaceta* furent « Rédemptrice », « Bacchanale » et « Odeur de sainteté ».

Le 10 février de la même année, dans une autre missive, il insiste sur le fait que le livre sera bientôt imprimé et lui précise que le nouveau titre est *Le Chien andalou* : « Mon livre est sous presse. Je te le dédie. [...] Il y a beaucoup de choses que tu ne sais pas et bien que légèrement démodées elles ne sont pas mauvaises. [...] Ensuite, je vais publier de gros trucs. Avec Dalí j'écrirai un livre en collaboration cet été à Cadaqués et avec toi j'en écrirai un autre dès que l'occasion se présentera. Le titre de mon livre est maintenant *LE CHIEN ANDALOU*, ce qui nous a fait pisser de rire, Dalí et moi, lorsque nous l'avons trouvé. Je dois noter qu'il n'y a pas de chien dans le livre. Mais il fait très bonne impression et a l'air docile. En plus de souriant et idiot. Dès qu'il sortira dans environ un mois, je t'enverrai une copie. Tourne la page et lis un des poèmes que j'y publie ["L'arc-en-ciel et le cataplasme"]. Je t'ai déjà envoyé un autre ["Pudibonderie"] dans ma lettre précédente [...]. »

Une semaine plus tard, le 17 février, dans une autre lettre envoyée de Paris, il insiste : « Dans vingt jours sortira le livre, que je t'enverrai par retour de courrier. » Et le 24 juin, il écrit à Dalí pour lui parler de la sortie du film *Un chien andalou* : « À la mi-août, je serai avec toi. Plans : tout et surtout LIVRE, Revue [projet avec le peintre qui n'aboutira pas non plus] et Film », ce qui veut dire que le recueil était encore un projet même si quatre mois avant il affirma qu'il était sous presse.

En fait, lorsque Buñuel a commencé à travailler sur son film *Un chien andalou*, non seulement il a conservé le titre prévu pour le livre, en modifiant involontairement l'article, mais il a mis fin à ses projets de le publier et, temporairement, à son activité d'écrivain. Après cela, les conséquences du scandale de *L'Âge d'or* le laissèrent en hors jeu cinématographique pendant longtemps et l'amenèrent à reprendre l'écriture poétique et canaliser ainsi sa créativité à travers ses récits poétiques de la première moitié des années 1930, avec lesquelles il clôtura définitivement son parcours littéraire.

En ce qui concerne son contenu, tout semble indiquer qu'avec le début de la guerre civile espagnole la famille Buñuel (Luis était à Paris), pour éviter d'éventuelles représailles, se débarrassa de poèmes qui se trouvaient dans son appartement à Madrid et étaient destinés au *Chien andalou*. En conséquence, toute tentative d'élucider le contenu du livre se situe dans le territoire de la conjecture. Nonobstant, il est également vrai que les données et les indices dont nous disposons nous amènent à pouvoir affirmer, avec, le cas échéant, une marge d'erreur inéluctable, que tous les poèmes en vers et en prose que nous avons inclus ici façonnaient, quoique partiellement, ce volume inachevé [1].

1. La structure et la composition présentées ici sont le résultat des recherches menées dans la dernière année par la Fondation Buñuel Calanda à partir de la correspondance entre Buñuel et Pepín Bello. C'est pour cette raison qu'ils actualisent le contenu du recueil indiqué dans notre étude antérieure sur l'œuvre poétique de Buñuel (voir Jordi Xifra, *Buñuel et le cinéma*, Paris, Nouvelles Éditions Place, 2020).

Tout d'abord nous savons que « Rédemptrice », « Bacchanale » et « Odeur de sainteté » (qui furent publiés dans *La Gaceta Literaria*), plus « Palais de glace » et « L'arc-en-ciel et le cataplasme » (selon les deux lettres de début de 1929 précitées), allaient en faire partie. Quant au reste des poèmes composés entre 1927 – année au cours de laquelle la production littéraire de Buñuel augmenta en raison des attentes de publication, comme le montre sa correspondance – et 1929, il n'y a aucune raison solide de les écarter, car leur unité stylistique suffirait à elle seule à justifier leur inclusion. En outre, nous invoquons un autre argument autant sinon plus concluant : toutes ces compositions entretiennent des relations hypertextuelles avec le film qui a finalement reçu le titre canin. Ce sont ces relations qui nous ont fait exclure du recueil, non sans hésitations (surtout à cause de la lettre de Dalí du 21 septembre 1926), les poèmes censés être composés entre 1925 et 1926, c'est-à-dire, « Théorème », « Lucille et ses trois poissons » (même si celui-ci annonce le fameux plan de l'œil tranché du film homonyme), « Déluge » et « Ramuneta à la plage ». Au contraire, ces mêmes raisons nous portent à inclure le poème « À Richard Cœur de Lion », que Buñuel ajouta finalement à « Une girafe ». Quoi qu'il en soit, si les futures recherches n'éclairent pas cette question, tenter de recomposer quels poèmes structuraient *Le Chien andalou* reste un exercice de pragmatique poétique passionnant, dans lequel le lecteur devient l'acteur principal.

À propos de la différence d'article dans le titre par rapport au film, il faut remarquer qu'il s'agit d'une transmutation involontaire, car Buñuel utilisait le défini ou l'indéfini à sa convenance. Même dans ses conversations avec Max Aub, quarante ans après le tournage, il a constamment utilisé l'article défini pour se référer au film. Quelle que soit la vérité, la différence d'article n'a aucun intérêt au-delà de distinguer, de façon rapide et pratique, le texte filmique de celui écrit.

J'aimerais pour moi

Poème composé vers 1927. Nous publions la version dactylographiée et corrigée à la main par Buñuel.

Variantes (texte dactylographié avant les corrections) :

1. v. 9 : *pour que les libellules puissent se reproduire.*
2. v. 10 : *Une jeune fille est-elle innocente*

Polissoir miraculeux

Composé vers 1927. Inédit.

Dans l'original, *polissoir* est écrit avec un *s* (comme dans « Palais de glace »). C'est sans doute une faute d'orthographe involontaire de quelqu'un qui était en train d'apprendre le français.

v. 2 : La scène finale de *L'Âge d'or* adapte ce vers : à la fin du film apparaît l'image d'une croix balayée par le vent, couverte de cheveux et de neige sur les extérieurs du château de Selliny.

v. 3 – 5 : Dans ces vers se rejoignent deux images irrationnelles. Mais si la première – le naufrage d'un navire dans une goutte de sang – ne donne lieu à aucune symbolisation, au-delà de celle que le lecteur veuille lui conférer, la seconde – la *marquise Louis XV d'écume* – dissimule un choix raisonné de mots pour symboliser un objet précis : Buñuel décrit l'effusion du sang du narrateur sur une coupe à champagne modèle Pompadour, c'est-à-dire celle dont le calice a la forme du sein de la marquise maîtresse de Louis XV. Ainsi, *une marquise Louis XV d'écume* n'est pas ce qui a priori semblerait une expression d'écriture automatique, mais le choix judicieux de mots pour représenter un objet concret, car ces vers témoignent de l'impérissable empreinte des *greguerías* dans l'œuvre de Luis Buñuel, même si elles se transmutent en un maillon d'une métaphore filée, comme c'est le cas ici.

Cela ne me semble ni bien ni mal

Composé vers 1927. Inédit.

Ce poème est, de tous ceux qui composent *Le Chien andalou*, celui qui évoque le plus nettement le lien entre Éros et Thanatos dans un cadre spatial constitué par la dégradation d'éléments naturels qui excitent sexuellement.

De même, le motif oculaire (yeux, observation, regard) trouve dans ce texte ses différentes manifestations dans un itinéraire poétique et symétrique qui part de la situation où le sujet lyrique est l'observé pour arriver à celle où il observe : d'être observé par des yeux *incestueux* et *poisseux* à regarder des *bêtes qui copulent*. Des limbes où la vie (copulation, coït, naissance) et la mort (échafaud, vautours, mort), le bien et le mal, s'opposent comme le suggère le titre du poème.

En nous mettant au lit

Composé vers 1927. Inédit.

Les vers de ce poème sont paradigmatiques du modèle d'inadéquation sémantique qui caractérise la production poétique de Buñuel et qui opère des associations qui n'ont aucune référence en dehors du texte et qui ne sont pas rationnellement traduisibles. De cette façon, aucun des vocables ne peut se voir attribuer un autre sens que le littéral, mais la séquence n'est susceptible que d'une lecture métaphorique, qui s'étend au prédicat lui-même. Prenons l'exemple des v. 10 – 11 : dans la mesure où il agit sur l'axe syntaxique, nous nous trouvons devant une métaphore fondée sur des relations métonymiques, c'est-à-dire de contiguïté, mais d'une contiguïté qui n'existe pas en dehors du texte (Monegal, p. 55).

Histoire décente – Histoire indécente

Poème en prose inclus dans la lettre que son auteur a envoyée à Pepín Bello le 14 février 1928.

Nous sommes devant un brouillon, un texte encore inachevé, comme c'est le cas de pratiquement tous ceux écrits avec l'implication de Bello. La fin de « Histoire indécente » en témoigne.

Le choix du nom Mariquita (*tapette*, en français) pourrait être une allusion méprisante à la condition homosexuelle de García Lorca. Des semaines auparavant, le 28 juillet 1927, dans une autre lettre envoyée à Bello, Buñuel lança : « J'ai reçu une lettre dégoûtante de Federico et de son acolyte Dalí », et dans une autre datée du 5 septembre de la même année, et adressée au même destinataire : « Federico me dégoûte d'une façon incroyable... [Dalí s]e croit un génie, imprégné par l'amour que Federico lui professe. »

La référence à la peintre Maruja Mallo a à voir avec ce qui suit, expliqué par Buñuel lui-même : « En 1928, à l'initiative de la Société de cours et de conférences de la Résidence, je vins à Madrid parler du cinéma d'avant-garde et présenter quelques films [parmi lesquels, *La Fille de l'eau* de Renoir, qui inspira "Déluge"] [...] La meilleure société de Madrid – comme on dit – assistait à cette conférence, qui connut un vrai succès [...] Avant le début de la conférence je dis à Pepín Bello que le moment me semblait bien choisi, devant cette remarquable assistance, pour annoncer l'ouverture d'un grand concours de menstruation et décerner le premier prix » (*MDS*, p. 124). L'annonce était la suivante : « Le concours de menstruation est ouvert : Maruja Mallo a la parole » (*BLD*, p. 174).

Cavalleria rusticana

Poème en prose composé vers le début de 1928. Inédit.

Le choix du titre pourrait être dû aux liens existants avec l'intrigue de l'opéra du même titre. Il vaut la peine d'évoquer les mots suivants de Buñuel : « J'ai été un fanatique de l'opéra italien. J'avais un livre merveilleux que j'ai perdu, avec les arguments d'environ quatre cents opéras. D'excellents arguments, mélodramatiques, forts, de pure action » (*Conversations*, p. 249).

« Cavalleria rusticana » est le poème de Buñuel qui représente le mieux le thème du dédoublement présent dans toute son œuvre, littéraire et cinématographique, et celui qui maintient les liens les plus clairs avec *Un chien andalou*.

Un élément important de la composition est sa numérologie – trois bergers, deux avirons et trois éléments absents (une maison, un vol, un ruisseau) –, ce qui renforce poétiquement, à travers ce procès de quantification, l'idée de la triade des héros.

De même, on y retrouve encore la trace de l'ultraïsme, dont Buñuel respecte trois règles (une autre triade) : l'usage des néologismes, des mots techniques et des proparoxytons. Néanmoins, l'emploi de certains termes n'est pas un tic ultraïste, mais un signe de sa passion pour l'entomologie. C'est le cas de l'allusion à la parthénogenèse, forme de reproduction fondée sur le développement de cellules sexuelles femelles non fécondées, qui se produit fréquemment chez les plathelminthes (jamais chez les humains), vers plats qui sont expressément mentionnés dans « Ramuneta à la plage ». Il faut souligner que les plathelminthes sont hermaphrodites, ce qui est un détail de poids au travers duquel il souligne le motif de la confusion d'identités qui parcourt toute cette œuvre.

Ménage à trois

Poème en prose inédit. Composé, selon *SV* (p. 259), vers 1927. Toutefois, il convient de préciser que la présence des échos d'Edgar A. Poe, adapté la même année par Jean Epstein dans *La Chute de la maison Usher* – film auquel Buñuel a participé en tant qu'assistant réalisateur –, laisse penser qu'il fut écrit pendant le tournage de ce film, à savoir, entre février et mai 1928.

Le lien avec ce film s'étend au domaine rhétorique. L'utilisation de la concaténation de noms et de prépositions produit une distorsion dans l'image générée similaire à celle de l'utilisation de procédures filmiques telles que le ralenti. Dans *La Chute de la maison Usher*, Epstein employa cette technique qu'il appréciait beaucoup dans les plans de Lady Madeleine, créant un effet de progression par enchaînement d'images qui insufflait, comme dans le poème buñuelien, un extraordinaire onirisme.

Rédemptrice

Poème publié, avec « Bacchanale », dans *La Gaceta Literaria*, n° 50, 15 janvier 1929.

Le motif du désir réprimé, qui traverse pratiquement toute la filmographie de Buñuel, se manifeste à travers la présence de champs lexicaux opposés (cloître / jardin, hiver / printemps, chien / colombe, neige [blanc] / coquelicot [rouge], noir [moine] / blanc [sœur]).

Les hosties ont toujours été un élément récurrent dans la poésie de son auteur, au point qu'il envisagea les titres suivants pour certains de ses poèmes : « Mules fuyant une hostie consacrée », « Combat de fourmis et hosties consacrées » et « Hostie consacrée sortant du cul d'un rossignol et saluant » (lettre à Pepín Bello, 10 février 1929).

Une version dactylographiée (non datée) présente les variantes suivantes (*SV*, p. 267) :

1. paragraphe I, l. 12-13 : La phrase suivante est omise : *Le boucher rouge s'était évanoui dans un immense champ de coquelicots.*

2. paragraphe I, l. 17 : *profanent* au lieu d'*élèvent.*

3. paragraphe II : *J'accueillis ma sœur les bras ouverts* [...]

Bacchanale

Poème publié, avec « Rédemptrice », dans *La Gaceta Literaria*, n° 50, 15 janvier 1929.

Une version dactylographiée (non datée) présente de nombreuses variantes (espaces entre strophes compris) en plus d'un vers rayé à la main :

Mouton à 125 pésètes
frisé abondant manuel comme le ventre
de la femme à 150 pésètes
les pains que mange le pauvre
peuvent être pétris avec ce ventre
et cuits avec un feu de pouces

Quand nous croisons les pouces pour former une croix
se renouvelle le martyre de saint Barthélemy
qui comme on le sut par la suite était un faune
ou un membre
qui se crispait devant la croix

Saint Barthélemy et le faune dansaient
quand les pierres jaillissaient de la terre
comme des baisers lancés du bout des doigts
Quand il mourut il fut mangé par des fourmis joyeuses
aux habitudes détendues [vers rayé à la main]

qui n'étaient pas non plus de fourmis
mais des bayadères silencieuses

Sur la tombe de saint Barthélemy
pousse un épi de chair brûlant
de chaque baiser qu'il aurait pu et n'a pas voulu voler.

Odeur de sainteté

Poème publié dans *La Gaceta Literaria*, n° 51, 1er février 1929.

L'idée provient de l'un des rêves qui l'ont le plus effrayé : Buñuel au bord d'un précipice sur le point de tomber.

Il existe une copie dactylographiée (non datée) qui recueille deux versions : celle du texte tapé et la résultante de corrections à la main postérieures. Toutes deux présentent des variantes significatives – voire, dans la deuxième, le titre. Ci-dessous nous les reproduisons en un seul texte. La première version dactylographiée se lit en suivant le texte en italique (y compris celui entre crochets, qui correspond aux mots ou syntagmes corrigés), tandis que la version résultante des ratures se lit en omettant les parties entre crochets quelle que soit leur orthotypographie (les corrections manuscrites apparaissent en romain) :

[*ODEUR DE SAINTETÉ*] IL N'Y A PAS DE DIEU

Quelqu'un me donna une poussée fatale. Je commençai à glisser à une vitesse vertigineuse sur un toboggan vertigineux. Subissant une accélération mathématique. Interplanétaire. Tendu à 45 ° avec l'impression d'avoir été changé en l'une de ces vis que perdent les étoiles et qui se précipitent à un million de tours à la seconde. Tout n'était en moi que tourbillon, tours, sifflement, cris, pointes de flèches, estomac dans la gorge, hourras de foule, gloire, suspension, crainte, froid.

Je m'écrase ! Je m'écrase !

Mais je n'arrivais jamais au bout de ma chute. Je me sentais de plus en plus comme un toboggan sans freins à l'intérieur du toboggan.

Tours de toupie de énième magnitude.

Descente de colonne du thermomètre.

[*Millions*] Un froid de millions *d'étoiles* [me] *perforant* [*mon corps*] la pointe du nez.

La gravitation était si exagérée que je me mis à rire.

Allez ! Allez ! me criait la foule, par moments en fureur.

Les siècles [*ressemblaient à*] étaient *des secondes sur ce toboggan rayé comme un mauser.*

Alors que je désespérais de trouver le repos se produisit une terrible explosion [*comme si*]. C'était *la planète Saturne* [*s'était écrasé*] qui venait de s'écraser *sur un tramway rempli* [*de gens*] d'enfants.

Je ressentis soudain une langueur équatoriale. Un manteau d'hermine amoureusement jeté sur mes épaules. Un calme de tous mes viscères jusqu'ici hérissés. Une somnolence. Une main ou une aile qui se posait sur mon front. Et une voix [*éternelle*] antique *qui disait : « Maintenant tu peux mourir ».*

Et je sentis l'entrée de la mort, de ma mort qui était comme le premier sourire d'un enfant.

L'arc-en-ciel et le cataplasme

Poème contenu dans la lettre à Pepín Bello du 10 février 1929.

C'est celui où l'on apprécie le mieux la grande influence exercée par Benjamin Péret sur Buñuel, en particulier *Le Grand Jeu*, qui venait d'être publié. À ce propos, l'Aragonais déclara : « [...] ses poèmes m'ont fait une forte impression. Quand, par la suite, j'ai fait *Un chien andalou*, j'avais constamment ses poèmes en tête » (*Aub*, pp. 46-47).

v. 1 : Parmi les titres que Buñuel a envisagés pour le film

Un chien andalou, il y avait *¡Vaya Marista!* [*Quel mariste !*] et *La marista en la ballesta* [*La mariste sur l'arbalète*]. De même, dans une scène de son film suivant, *L'Âge d'or*, apparaissent des maristes traversant une passerelle.

Palais de glace

Publié dans *helix*, n° 4, mai 1929, avec « Oiseau d'angoisse ».

La date de 1856 est postérieure à celle des sites de Saragosse. Son choix a pu être aléatoire, mais il faut remarquer que c'est l'année de naissance de Sigmund Freud, qui, si la conjecture est vraie, débarquerait dans le poème via le personnage de l'infirmière.

l. 11 : La dame qui se donne le polissoir, par intertextualité avec « Polissoir miraculeux » (v. 14), pourrait bien être la Vierge Marie.

Dernier paragraphe : Il faut souligner que « LA VILE SARAGOSSE » est une référence à la devise de ses armoiries, *très héroïque et loyale*, créée lors des sièges auxquels les troupes napoléoniennes l'ont soumise. À partir de ce moment historique, l'adjectif invariable VIL (*VILE*) fut utilisé en Espagne, d'une part, dans un jeu de mots typographique appliqué au roi (Fernando VII → Fernando VIL) et de l'autre dans la paranomase SER VIL (*ÊTRE VIL*) = SERVIL (*SERVILE*) pour évoquer les partisans du roi.

Dans une lettre adressée à Bello (janvier 1929) il l'intitule « Mojigatería » (Pudibonderie), qui présente, en plus d'un emploi apparemment maladroit de la ponctuation, les variantes suivantes :

1. paragraphe 1 : *Les flaques forment un domino décapité de donjons dont on m'a parlé dans mon enfance. Avec une seule fenêtre aussi haute que les yeux d'une mère qui se penchent sur le berceau.*
2. l. 7 : *C'est Moi.*

3. l. 13 : *gratuites.*

4. Dernier paragraphe : *Quand les soldats de Napoléon entrèrent dans Saragosse ils ne trouvèrent que du vent dans les rues désertes. Seuls dans une flaque coassaient les yeux de Luis Buñuel. Les soldats de Napoléon les achevèrent avec les baïonnettes.*

Oiseau d'angoisse

Publié dans *helix*, n° 4, mai 1929, avec « Palais de glace ».

v. 1 : Buñuel rejoint le groupe de poètes (Péret, Tzara, Aragon, parmi d'autres) qui ont incorporé le plésiosaure dans leur bestiaire. Au niveau iconographique un transfert se produit entre cette image et celle du tableau de Paul Klee *Chat et oiseau* (1928).

v. 30 et 31 : Une des images les plus puissantes et les plus énigmatiques de la filmographie de Buñuel est celle du troupeau de moutons entrant dans l'église à la fin de *L'Ange exterminateur*. Voici son préquel littéraire.

[Que les cache-sexe reposent en paix !!!]

Ce fragment de récit poétique est contenu dans la lettre du 17 février 1929 envoyée à Pepín Bello, où on lit : « Je t'inclus aussi… un fragment d'une très longue et magnifique histoire que j'ai faite récemment et qui fait partie du livre [*Le Chien andalou*]. Je suis sûr que tu seras emballé : c'est infiniment mieux et dépasse de loin l'intention d'*Hamlet.* » À la ligne suivante, et après avoir fait l'éloge de Benjamin Péret, il continue : « […] Tu verras ça, toute modestie mise à part (ça n'a pas non plus de mérite, car je n'ai fait que transcrire ce que je voyais), c'est quelque chose de grand. Il s'agit d'une soirée que je donne chez moi [Buñuel reproduit ici le projet du texte qui nous concerne] : QUE LES CACHE-SEXE REPOSENT EN PAIX !!! Avec cette phrase, qui est son titre, se termine la nouvelle. »

La ville de Tolède a toujours passionné Buñuel, au point qu'il fonda, en 1923, l'Ordre de Tolède dont il fut le connétable. C'était une association de jeunes écrivains et artistes d'avant-garde, étudiants à Madrid, qui se rendaient régulièrement à Tolède. Ses membres comprenaient Lorca, Dalí, Alberti, Bello, René Crevel, Georges Sadoul, Pierre Unik et Éli Lotar, entre autres. L'un de ses préceptes était de veiller sur le tombeau du cardinal Tavera situé dans l'église de l'hôpital de Tavera, monument qui apparaîtra dans le film *Tristana*.

UNE INQUALIFIABLE TRAHISON, ET AUTRES POÈMES EN PROSE

Une inqualifiable trahison

Ce récit poétique est le premier texte publié de Buñuel. Il le fut dans *Vltra*, n° 23, 1er février 1922.

C'est un bel exemple de littérature ultraïste, qui met l'accent sur une des maximes du mouvement : l'utilisation de proparoxytons.

La fonction dramatique du vent lui confère une portée iconographique qui renvoie à six ans plus tard, en 1928, lorsque Buñuel collabore avec Jean Epstein à la réalisation de *La Chute de la maison Usher*. Dans une séquence du film, le vent provoque la chute, filmée au ralenti, des livres d'une bibliothèque du manoir des Usher. Il ne serait pas surprenant, compte tenu de ce bagage littéraire, que la participation de l'Espagnol ait été, sinon décisive, du moins notable dans la conception et la mise en scène de ladite séquence.

Instrumentation

Publié dans *Horizonte*, n° 2, 30 novembre 1922.

C'est un hommage aux *greguerías* de Gómez de la Serna qui présente des éclairs d'une imagerie qui dépasse celle de l'écrivain madrilène. Au-delà de la caricature sympathique à travers la personnification des objets, Buñuel s'attache à créer des images de type synesthésique.

En bon connaisseur de la musique classique, Buñuel propose un répertoire des instruments qui suit celui d'un orchestre symphonique plus ou moins traditionnel : les instruments à cordes apparaissent d'abord selon leur emplacement habituel au premier plan de la scène, formant un demi-cercle autour du chef d'orchestre. Ensuite, les instruments à vent : les bois, situés derrière les cordes, dans la partie centrale, suivis des cuivres, auxquels Buñuel interpose les harpes et le xylophone. Enfin, on retrouve les instruments de percussion : d'abord ceux en métal, puis les membranophones.

Quant à la dédicace, Adolfo Salazar Castro (1890-1958), musicologue et compositeur, était le compagnon de Buñuel à la Résidence d'étudiants.

Banlieues

Publié dans *Horizonte*, n° 4, janvier 1923.

Buñuel y tisse une série de comparaisons gréguéristiques qui articulent une histoire caractérisée par un fond de dénonciation sociale de la situation provoquée par la croissance des villes. Cette démarche réapparaîtra, toujours avec la métropole comme protagoniste, vingt-sept ans plus tard dans *Los Olvidados*, un film qui met en scène la ville de Mexico qui, dans les années 1940, ressemblait, du point de vue de la structure sociale urbaine, à l'Espagne des années 1920.

Le chiffon de l'antépénultième paragraphe est aussi le héros, sous la forme de peau de chamois, de l'histoire comprise dans son texte suivant « Tragédies inaperçues comme thèmes d'un théâtre nouveau », ce qui pourrait indiquer que la chronologie de l'écriture des deux textes fut l'inverse de leur publication ou, au moins, synchrone.

Tragédies inaperçues comme thèmes d'un théâtre nouveau

Cette prose hybride en termes de genre, qui commence comme un essai sur le théâtre pour emprunter les chemins d'une nouvelle garnie de *greguerías*, fut publiée dans *Alfar*, n° 26, février 1923.

Elle semble être inspirée à la fois de la préface d'Apollinaire aux *Mamelles de Tirésias* et de celle d'Yvan Goll à *Mathusalem*.

Frank Wedekind (1864-1918) fut un dramaturge allemand dont la première pièce majeure, *L'Éveil du printemps* (1891), qui traite de la sexualité et de la puberté chez les étudiants, fit scandale car elle contenait des scènes de suicide et de masturbation. Buñuel, probablement par influence de Lorca, appréciait sa dramaturgie.

La Chauve-Souris (ou *Théâtre de la Chauve-Souris*) était le nom d'une troupe ambulante du début du XXe siècle, originaire de Moscou, mais dont l'activité, à partir de 1920, se déroula principalement à Paris. Dirigée par Nikita Balieff, la revue se composait de chants, de danses et de sketchs, dans lesquels l'utilisation de masques et de marionnettes jouait un rôle prépondérant. Buñuel avait déjà parlé d'elle dans la conférence qu'il donna en mai 1922 à la Résidence d'étudiants, intitulée « Le guignol ».

L'aveugle aux tortues

Récit poétique publié dans *Los Ciegos. Revista Tyflófila Hispanoamericana*, n° 64, mars 1923, publication mensuelle à laquelle ont collaboré quelques représentants de l'ultraïsme.

Il partage avec « Banlieues », publié la même année, le thème de la misère et des inégalités sociales dans les grandes villes, qui correspond à l'une de ses préoccupations intellectuelles et artistiques du moment.

Le livre auquel il fait référence au début du récit est celui de Pierre Villey, *Le Monde des aveugles. Essai de psychologie*, Paris, Ernest Flammarion, 1914.

Au sujet des auteurs mentionnés, l'évocation de Fren est vraisemblablement une coquille.

Pourquoi je n'ai pas de montre

Récit poétique rédigé en avril 1923 et publié le mois suivant dans *Alfar*, n° 29.

C'est un texte proche de la réflexion philosophique – bergsonienne pour être plus précis – sur le souci métaphysique du temps et les conséquences des postulats d'Einstein. En plus d'inclure plusieurs *greguerías*, l'auteur s'amuse en jouant avec une série de lieux communs sur le temps et différentes dimensions du mot : philosophique, physique, mythologique et même parodique.

Une image surréaliste, que Buñuel utilisera par la suite dans *Un chien andalou* et *L'Âge d'or*, apparaît dans l'avant-dernier paragraphe : celle où le protagoniste jette différents objets et personnes par une fenêtre, comme une girafe ou un évêque.

Théorème

Composé vers 1925. Inédit.

Malgré le caractère ultraïste pointé du poème, c'est le premier texte où Buñuel se libère de l'influence de Gómez de la Serna. Même si la trace du Madrilène ne disparaîtra jamais, le recours aux *greguerías* cède ici la place à un irrationalisme plus proche de celui de la poésie surréaliste avec laquelle il est entré en contact cette année-là, une fois installé à Paris.

L'idée d'une mer sans poissons est une allégorie de la solitude de Buñuel à son arrivée à Paris après un séjour culturellement et émotionnellement fructueux à Madrid. C'est une constante des textes qu'il écrivit durant cette période.

Lucille et ses trois poissons

Poème en prose composé vers 1925. Inédit.

C'est un texte qui se présente au lecteur comme un gros plan filmique : le visage de Lucille Love – personnage de cinéma muet interprété par Grace Cunard, que Buñuel aimait beaucoup – traversé de trois poissons. Une image qui rappelle les gros plans du visage de Gina Manès, l'héroïne de *Cœur fidèle* (Jean Epstein, 1923), superposés à des images de la mer Méditerranée. Constatons que Buñuel le considérait comme un des plus beaux films jamais réalisés et que, par conséquent, il a influencé profusément la construction de son imagerie lyrique.

En ce qui concerne le nom des poissons, *tisseur* et *corne d'ondes* (*punzón de ondas* en espagnol, qui signifie littéralement *poinçon des ondes*) font allusion à des objets tranchants, de telle sorte que leur lien avec le visage de l'héroïne, décrit *en gros plan*, place le récit au bord d'une agression physique comme celle subie par l'œil d'*Un chien andalou*. Malgré cette hypertextualité, le propos de Buñuel est plus expérimental, dans le sens de vouloir transférer à l'écrit ce qu'il était en train de découvrir à l'écran.

Déluge

Composé vers 1925-1926. Inédit.

Inspiré à nouveau par le cinéma, cette fois par la scène du rêve du film *La Fille de l'eau* (Jean Renoir, 1925), Buñuel adopte ici le registre visuel du ralenti pour donner au poème la texture fantomatique dont son onirisme a besoin (*SV*, p. 254).

L'une des images les plus fréquentes de la littérature buñuelienne est celle des objets sphériques. Parmi eux, l'œil est l'un des dominants. L'œil sert à voir et à être vu, à observer et à être observé, mais il est dénué de tout effet réflexe. Comme le jeune cinématographe, les poèmes de Buñuel sont des textes sur le regard : le regard du je lyrique et le regard sur lui. L'essentiel n'est pas toujours ce qu'il observe, mais souvent le je lyrique en tant que sujet / objet observé, de temps en temps par lui-même, comme le démontre « Déluge ».

Ramuneta à la plage

Poème en prose composé vers 1926. Inédit.

L'héroïne est Ramoneta Montsalvatge, de Figueres, une amie de Salvador Dalí que Buñuel a rencontrée lors de son séjour à Cadaqués et dont la beauté a ébloui le groupe d'amis de la Résidence d'étudiants.

L'un de ses principaux points d'intérêt c'est l'introduction, bien que très subtilement, de l'idée de putréfaction. Vers le milieu des années vingt le mot *putréfaction* faisait fureur dans les cercles artistiques et littéraires espagnols, terme dont le sens le plus répandu désignait tout ce qui était dépassé. Il est devenu l'un des mots-clés de la triade créative formée autour de Buñuel, Lorca et Dalí à Madrid, avec lequel ils désignaient des manifestations artistiques passées ou faussement modernes. La putréfaction équivalait ainsi à un degré extrême de dépérissement par immobilité, et impliquait, comme réprobation, l'accouplement avec la mauvaise odeur qui transcende tout cadavre non enterré. Le sentiment de putréfaction est mieux saisi s'il est lié à la notion de *carnuzo* : un cadavre d'animal en décomposition. Rappelant les promenades d'enfance avec son père, Buñuel dit : « Un jour, nous avons senti une odeur effroyable dans une oliveraie. Une odeur de putréfaction. *Qu'est-ce que ça peut être ?* Mon père resta derrière, fumant une cigarette. J'avançai parmi les oliviers et je vis un très gros animal entouré d'énormes vautours, qui ressemblaient à des curés. Les paysans, quand les bêtes de somme mouraient, les laissaient en plein air pour qu'en pourrissant elles servent d'engrais à la terre. Plus tard, alors que j'avais une vingtaine d'années, j'ai tué un âne avec un revolver, pour attendre les vautours » (*Conversations*, p. 28).

Il ne faut donc pas s'étonner que la décomposition charnelle soit devenue un motif récurrent de tous les genres que notre poète a abordés – y compris ses essais sur le cinéma –, et que ses seuls habitants visibles, les vers et les larves, tiennent la vedette et symbolisent les descriptions de ses compositions. L'exemple le plus révélateur se trouve aux ls. 12 et 16, p. 141, où l'on observe la délicatesse scientifique du narrateur, qui va jusqu'à utiliser un vocabulaire exceptionnel dans le domaine même de la biologie : discophores, plathelminthes et annélides sont tous des vers. Ainsi, ces invertébrés deviennent paradigmatiques de l'histoire, car, d'une part, ils servent de connotation au mouvement marin et, d'autre part, renvoient à des corps en décomposition. De ce fait, la vivacité et le dynamisme d'un corps jeune et athlétique comme celui de Ramuneta se développent au milieu d'arômes de putréfaction représentés par l'utilisation de termes vermiculaires, générant des oppositions sensorielles telles que celles qu'abritait l'auteur lui-même, qui voulait rompre avec les courants artistiques *pourris* qui étreignaient encore la valorisation esthétique d'une œuvre d'art.

Nouvelles d'Hollywood

Publié dans *La Gaceta Literaria*, n° 43, 1er octobre 1928. Il n'est pas signé, mais tout indique – le ton, le registre et le fait qu'il était responsable de la section cinématographique de la revue – que Buñuel est l'auteur de ces notes, qui représentent l'irruption de la microfiction dans un contexte dédié aux informations et opinions cinématographiques. De ce point de vue, il exemplifie les paroles suivantes de Jean-Pierre Bertrand : « Le poème [en prose] et l'article de presse (et particulièrement le fait divers ou la chronique) ont en commun la capacité à sentir et à saisir la vie moderne dans ses moindres recoins, dans ses faits grandioses et ignobles, dans sa grande et ses très petites histoires, mais l'avantage du poète est de pouvoir l'exprimer » (*Inventer en littérature. Du poème en prose à l'écriture automatique*, Paris, Seuil, 2015, p. 148).

Relatif aux noms cités :

Adolphe Menjou (1890-1963) : acteur américain, caractérisé physiquement par sa moustache. Selon Ana María Dalí, sœur du peintre : « À l'époque, Salvador et Luis avaient une grande admiration pour Adolphe Menjou. Je me souviens que dans un film de lui que nous avons vu (ces séances du mercredi et du samedi soir que nous n'avons jamais manquées) il y avait une scène dans laquelle on lui servait un œuf à la coque et il ne le trouvait pas prêt, et il ne le mange que lorsqu'on le lui sert prêt. Cette scène les a excités et ils l'ont discutée et analysée jusque dans les moindres détails. Je pense qu'elle appartient au film *The Grand Duchess and the Waiter* [réalisé par Malcolm St. Clair en 1926]. On parlait tellement de Menjou que je pense qu'on pourrait maintenant l'appeler Adolfo, comme s'il appartenait à la famille » (Antonina Rodrigo, *Lorca-Dalí, una amistad traicionada*, Barcelone, Planeta, 1981, p. 215).

Greta Nissen (1906-1988) : actrice de théâtre et de cinéma d'origine norvégienne.

Federico Beltrán Masses (1885-1949) : peintre et portraitiste cubain. Parmi ses amis et clients se trouvaient certains des acteurs de l'âge d'or d'Hollywood. Nous ne savons pas s'il a peint l'acteur John Gilbert.

Buñuel fait également référence à Baltasar Fernández Cué (1878-1966), qui fut engagé par Hollywood pour adapter en espagnol les films produits par ces studios. Sa rocambolesque vie publique a commencé comme espion au service de la Seconde République, fonction que Buñuel développa aussi.

Quant au père de Jannings, il s'appelait aussi Emil. Par conséquent, la mention est une blague sur un acteur qu'il n'appréciait guère.

Une girafe

Publié en français dans *Le Surréalisme au service de la révolution*, n° 6, 15 mai 1933. Le texte fut révisé par Pierre Unik.

Buñuel ourdit « Une girafe » dans le cadre de la surprise que lui et Alberto Giacometti allaient apporter à la fête que les vicomtes de Noailles donnèrent en avril 1932 dans leur manoir d'Hyères. Chacun des artistes invités apporta quelque chose pour l'occasion. La contribution de Buñuel et Giacometti consistait en une girafe en bois grandeur nature qui incorporait un texte écrit par Buñuel, qui a disparu. Ce qui nous reste c'est la recomposition qu'il a lui-même faite et qui constitue la version que nous connaissons aujourd'hui.

On trouve des correspondances entre cette création littéraire et son film *Terre sans pain*, le documentaire sur Las Hurdes – auquel Unik participa aussi et que Buñuel tourna la même année – sur la base des allusions espagnoles dans la première, sixième et onzième tache de la girafe, évocations d'un monde féodal de domaines ruraux poussiéreux, de paysans sans terre, d'icônes catholiques et de putréfaction qui anticipent certains thèmes qui réapparaîtront dans le documentaire.

Troisième tache : Américo Castro Quesada (1885-1972) fut un philologue cervantiste et l'un des responsables, avec García Lorca, de l'orientation littéraire de Luis Buñuel. Il a même pu influencer son choix final d'étudier l'Histoire.

Cinquième tache : le poème « À Richard Cœur de Lion » était sans doute destiné au recueil *Le Chien andalou*, et fut inclus ici une fois que ce projet eut échoué.

Buñuel a expliqué à Max Aub que, quand il collabora avec l'historien Claudio Sánchez-Albornoz au Centre d'Études historiques, il avait l'habitude de faire des fichiers sur les *fueros*, et il en trouva un qui disait : « Cinq monnaies d'or paieront la personne qui insulte le roi, en lui disant *fodido en culo et puto gafo.* » Toutefois, il est plus probable qu'il s'agisse d'un jeu de mots d'origine cervantine : dans le chapitre XXIX de la deuxième partie du *Quichotte* on peut lire : « *—Por Dios – dijo Sancho –, que vuesa merced me trae por testigo de lo que dice a una gentil persona, puto y gafo, con la añadidura de meón, o meo, o no sé cómo.* » *Fodido en culo* signifie « enculé », et *puto gafo*, « putain de lépreux ».

Neuvième tache : nouvelle référence (la première est devenue une des images iconiques d'*Un chien andalou*) au sphinx tête-de-mort (*Acherontia atropos*), lépidoptère qui fascina Buñuel dès son enfance à Calanda.

Onzième tache : la *Masada del Vicario* était la propriété des Buñuel que Luis aimait le plus. Le terme *masada* est celui utilisé dans la comarque du Bas-Aragon pour désigner un mas.

Douzième tache : cette image eut sa correspondance filmique dans *Nazarín* (1958).

Quatorzième tache : l'expérience dramaturgique du *Hamlet* resurgit avec un dialogue qui aurait pu compléter celui qui clôt cette pièce, ce qui nous fait présupposer qu'il lui était peut-être d'abord destiné.

Seizième tache : l'image de la Vierge souillée avec des excréments fut reprise dans le film *Belle de Jour*.

Vingtième tache : Buñuel avoua par la suite que « Mme… » était un hommage à la vicomtesse Marie-Laure de Noailles.

L'agréable consigne de sainte Huesca

Récit poétique écrit avec la collaboration de Pepín Bello. Même si les éditions espagnoles le datent entre fin 1932 et début 1933, la question n'est pas claire du tout. Certes, le 30 janvier 1933, Bello écrit à Buñuel : « Le morceau de viande grillée dort sous un olivier à côté de la route de San Feliu à San Guíxols, recouvert d'un journal et sous une pierre tombale qui dit : *Les Normes.* » À quoi Buñuel lui répond : « Je ne suis pas satisfait de la pierre tombale pour le morceau de viande. Il est bien enterré sous l'olivier, enveloppé dans le journal. Mais *Les Normes* n'est qu'une épitaphe pour la nouvelle année. Le reste de l'année, il doit dire… », et il écrit le texte de l'inscription pour la pierre tombale par laquelle se termine l'histoire que nous connaissons aujourd'hui et où il n'y a pas trace d'un olivier. Par conséquent, sans aucune preuve de correspondance postérieure, il s'ensuit que, ou bien le récit actuel est la dernière version qu'il composa, demeurant donc inachevé, ou bien il fut terminé plus tard, sans que nous sachions si, dans ce cas-là, le morceau de viande finit par reposer sous l'arbre ou pas.

Outre les problèmes de datation, l'analyse du texte doit s'inscrire dans le cadre des circonstances sociopolitiques de l'Espagne de l'époque. Rappelons ce que Buñuel a dit à Pierre Unik dans une lettre du 10 janvier 1934 : « Nous sommes toujours en état de guerre, et ça par peur qu'on ne parle de la tristement célèbre répression du mouvement [anarchiste]. Hitler a fait beaucoup moins que nos Lerroux et Gil [Robles]. J'ai envoyé à Hernando [Viñes], pour qu'il te la remette, une lettre d'un député radical-socialiste à Lerroux, et cela me semble un document précieux pour aider à la campagne internationale contre la répression. »

Ces propos sont le résultat d'une crise politique nationale et internationale découlant de deux événements historiques, chacun dans sa propre sphère : le massacre de Casas Viejas – une étape clé dans la répression du mouvement anarchiste évoqué dans la lettre à Unik et qui a causé la stupeur dans l'opinion publique de la Seconde République – et la montée du national-socialisme en Allemagne. Le cas espagnol est beaucoup moins connu. Le 11 janvier 1933, dans le village de Casas Viejas (province de Cadix), environ cinq cents paysans anarchistes, lassés des conditions de misère dans lesquelles ils étaient contraints de subsister, proclamèrent le communisme libertaire et encerclèrent le siège de la garde civile. Dans le combat, un sergent et un garde civil sont tués. Dans la nuit, commandés par le capitaine Manuel Rojas, des renforts sont envoyés sur place avec l'ordre du chef de la police à Madrid, Arturo Menéndez, de mettre fin immédiatement à l'insurrection en ouvrant le feu « sans pitié contre ceux qui ont tiré sur les troupes ». Le capitaine Rojas donne l'ordre de tirer avec toutes les armes disponibles et d'incendier la cabane où se réfugia un groupe qui avait refusé de se rendre. Seuls deux paysans ont échappé aux flammes, mais ont été abattus sur place. Le lendemain, le capitaine Rojas a ordonné l'exécution de douze suspects.

Le coup de canon avec lequel commence le récit et son *héros*, le morceau de viande grillée, renvoient directement à ces événements, ce qui indique que la majeure partie du texte fut écrite en janvier, et que sa partie finale, faisant référence à l'inscription, le fut en février.

Le morceau de viande grillée anticipe le lambeau de la scène du rêve de Pedro dans *Los Olvidados*, tourné deux décennies plus tard, ainsi que la séquence du même film dans laquelle le groupe de garçons protagonistes agresse un homme sans jambes qui se déplace dans une charrette. Le topique de la mutilation corporelle, qui est l'un des paradigmes de toute l'œuvre buñuelienne, est aussi à l'origine de l'adaptation du roman de Dalton Trumbo, *Johnny s'en va-t-en guerre* (1939), que Buñuel devait mettre en scène et dont il avait écrit un scénario avec ce romancier et scénariste américain.

l. 1 : Avant la première phrase, il y a une rature.

l. 6-7, p. 161 : *de San Feliu à San Guixols*. Il s'agit d'un jeu de mots humoristique basé sur le nom de la ville de la côte de Gérone, Sant Feliu de Guíxols, dont il a sûrement appris l'existence par Dalí.

l. 4-5, p. 169 : Benjamin Péret avait écrit dans le n° 9-10 de *La Révolution surréaliste* (1er octobre 1927) la prose poétique « Corps à corps », où apparaissait, entre autres, l'interrogation suivante qui éblouit Buñuel : « Est-il vrai que la mortadelle est faite par les aveugles ? »

Le combat prodigieux entre les cathédrales et les wagonnets

Composé vers octobre 1933 avec la plus que probable complicité de Pepín Bello. Cependant, comme dans le texte précédent, l'empreinte de Bello est plus inspiratrice qu'autre chose. Il faisait partie d'une autre lettre entre les deux amis.

Le titre a des réverbérations quichottesques évidentes, car l'expression « combat prodigieux » est utilisée par Cervantès dans deux des chapitres XXXVI (première partie) et LVI (deuxième partie) de *Don Quichotte*.

Le texte forme, avec « L'agréable consigne de sainte Huesca », un diptyque où Buñuel canalise sa colère et son opposition contre la situation politique et sociale de l'Espagne. La référence au Parti républicain radical socialiste indépendant faite dans la lettre à Pierre Unik susmentionnée est significative. Buñuel a dû ressentir, comme tous les militants de gauche – il le fit au sein du Parti communiste espagnol –, une grande déception face aux événements de 1933 et à ses conséquences électorales, qui ont inauguré le *bienio* noir d'une Seconde République qui, dans le texte, est symbolisée par une enfant violée (l. 12-15, p. 175). Cette situation fut donc le terreau propice à la projection d'une telle secousse à travers la littérature et le cinéma.

« Le combat prodigieux entre les cathédrales et les wagonnets » fut écrit environ cinq mois après le tournage de *Terre sans pain*. Si, dans le documentaire, Buñuel dénonce la situation de misère dans laquelle se trouvait la région espagnole de Las Hurdes, dans la nouvelle il reste fidèle au caractère militant et contestataire qu'avait déjà le film, dont les topiques, les obsessions et les soucis s'interpénètrent secrètement. Deux exemples : dans toute la nouvelle est sous-jacente la question du pouvoir de l'Église qui survole également tout le film, et le titre condense la relation entre l'oppression religieuse et les citoyens subjugués de Las Hurdes.

[Cher Pepín]

Récit poétique écrit entre la fin 1934 et le début 1935, inclus dans une lettre du 2 février 1935.

Pour la première fois dans son corpus littéraire, Buñuel recourt abondamment à des termes d'origine arabe, ce qui en fait une prose esthétiquement mudéjar, style caractéristique de l'art aragonais médiéval et de la Renaissance. Au fond, c'est son texte le plus attaché à la culture aragonaise, en commençant par la figure de San Valero, saint patron de Saragosse.

Le fait qu'avant les « Détails réalistes » Buñuel exige de Pepín qu'il écrive montre que l'on est, à nouveau, devant un travail inachevé.

l. 7 : Il fait référence au trottoir de la Librairie Cecilio Gasca, dans la rue del Coso, nº 31.

Détails réalistes :

La sœur est Conchita Buñuel (1904-2000). Quatrième de sept frères et sœurs, elle était celle qui avait la relation la plus étroite avec Luis, surtout dans les dernières années, lorsqu'il venait en Espagne pour y tourner.

La rue de San Pablo abritait à l'époque les bordels de Saragosse.

Les Parellada étaient une riche famille de Saragosse.

Le buste reliquaire de San Valero se trouve dans la cathédrale de saint Salvador (connue comme *La Seo*) et pas dans l'église de San Pablo. Étant donné son éloignement de Salvador Dalí à cette époque, l'erreur ne fut peut-être pas involontaire.

La tradition est de manger une couronne (*roscón de San Valero*) élaborée pour l'occasion le jour du saint.

Le grand-père maternel de Buñuel, Tomás Portolés Sanz, est décédé le 29 janvier 1907.

HAMLET (TRAGÉDIE COMIQUE)

Hamlet

En 1927, alors qu'il travaillait à son premier projet de film sur Goya, Buñuel écrivit une parodie du théâtre romantique et poétique contemporain, *Hamlet*. Ce n'était pas le premier contact du futur cinéaste avec les arts scéniques puisqu'en 1926 il avait mis en scène l'opéra-guignol *Les Tréteaux de maître Pierre* du compositeur espagnol Manuel de Falla, d'après un épisode du *Quichotte* (à nouveau la présence de Cervantès, personnage capital qui traverse furtivement toute la poétique buñuelienne). La première fut donnée à Amsterdam, le 26 avril 1926. Dans l'acte II, sc. 1, Marguerite évoque cet événement quand elle parle du voyage à Amsterdam d'Hamlet.

L'année suivante il écrivit, avec le concours de Pepín Bello, la pièce *Hamlet*, unique tentative réussie d'écriture théâtrale. Cette tragédie comique, comme la sous-titrait son auteur, fut jouée au Café Select de Paris par les amis du cinéaste et par Buñuel lui-même, qui interprétait le supposé prince du Danemark. Même si elle n'a pas connu la diffusion d'autres œuvres théâtrales d'avant-garde, *Hamlet* est la pièce pionnière du théâtre surréaliste en espagnol.

À travers les dialogues, Buñuel mêle l'absurde et l'irrationnel, produisant un humour que vient renforcer la rupture des attentes créées par l'histoire de la tragédie shakespearienne théoriquement mise en scène. Ainsi s'explique l'invention de mots incongrus, tels que les *bâtissons* (acte II, sc. 1), à connotation clairement sexuelle, qu'Hamlet propose à Marguerite – et qui renvoie aux *Mamelles de Tirésias* et leur « Économisons économisons » – ou les interventions des personnages dans lesquelles se mélangent les antithèses formant un langage parodique, labyrinthique et loufoque. De même, les didascalies dépassent souvent leur fonction de clarification de la mise en scène. Le libre usage du temps et surtout de l'espace, qui devient plus flexible, est une autre particularité de la dramaturgie buñuelienne qui se prolongera dans sa filmographie. Il suffit d'être attentif aux phrases de description qui ouvrent l'œuvre pour s'en convaincre.

La recherche de la nouveauté était l'une des obsessions de Buñuel, comme on peut le constater dans « Tragédies inaperçues comme thèmes d'un théâtre nouveau ». De cette perspective, même si l'influence des *Mamelles de Tirésias* est identifiable, la transformation de Thérèse en Tirésias répond à une approche différente de l'identification entre Hamlet et Lætitia : chez Buñuel la question du double, de la dissolution ou de l'identité du je, l'emporte, tandis qu'Apollinaire traite de l'impuissance, du priapisme et de l'esquisse sexuelle (*SV*, p. 260).

Le *Hamlet* buñuelien n'est pas sans lien avec l'homonyme shakespearien. Ce dernier a des éléments, au-delà de ses qualités dramaturgiques, qui ont intéressé Buñuel et ont donné lieu à des relations significatives entre les deux textes. Nous en soulignons deux. La première fait référence à tout ce qui est lié à la mort et à la putréfaction, dont l'œuvre de Shakespeare est un témoignage littéraire fondamental, avec des expressions et des métaphores qui ont sûrement ravi Buñuel, comme « Oh ! si cette trop trop solide chair pouvait fondre, / Se liquéfier et se résoudre en rosée[1] ! » (acte I, sc. 2), « [...] charogne digne d'être embrassée » (acte II, sc. 2) ou « [...] quand bâillent les cimetières » (acte III, sc. 2). La deuxième, plus éloquente, est la question de la subversion identitaire. Le dialogue suivant entre Hamlet et le Roi (acte IV, sc. 3) est paradigmatique à cet égard :

> HAMLET
> *[...] Mais en route pour l'Angleterre. Au revoir, chère mère.*
> LE ROI
> *Ton tendre père, Hamlet.*
> HAMLET
> *Ma mère. Père et mère sont mari et femme, mari et femme sont une seule chair, donc, ma mère. En route pour l'Angleterre.*

Ce qui, transféré à la pièce buñuelienne, aboutit à l'équation suivante proposée par Hamlet à Agriphon dans l'acte IV : [...] *Garçon = Fille, donc je vous dis que Homme est ce que nous voulions démontrer.*

Tout cela sans perdre de vue que Buñuel introduisit son

1. Toutes les citations du *Hamlet* de Shakespeare proviennent de la traduction de Jean-Michel Déprats pour Gallimard.

propre « Être, ou ne pas être, telle est la question » : *Avoir ou posséder, voilà la pourriture* (acte III, sc. 2).

À propos des traces d'*Hamlet* dans la filmographie postérieure du cinéaste, au-delà du motif de la putréfaction et d'éléments comme les tombeaux de marbre, la phrase du compagnon de l'acte III, sc. 1, « Pigeons, pigeonneaux, pigeonnets, pigeonneteaux », sera reprise par le lépreux dans *Viridiana*.

UN CHIEN ANDALOU ET AUTRES SCÉNARIOS

La Sancta Misa Vaticanae

Écrit vers 1927. Inédit.

Plus nettement encore que dans *[Que les cache-sexe reposent en paix !!!]*, on observe ici l'état embryonnaire de l'idée, qui place le texte presque dans le domaine d'un simple gag filmique.

Sánchez Vidal affirme avoir entendu une autre version orale, dictée par Leonardo Buñuel, le frère de Luis, dans laquelle un prêtre japonais était finaliste avec un autre de Huesca. Mais le Japonais, après une messe imparable qui l'a placé en tête de la compétition, a pris une sacrée gamelle en descendant les marches, ce qui a terni la dévotion et le respect de l'acte, raison pour laquelle il a été disqualifié et Mosén Rendueles a continué à détenir le record (*BLD*, p. 258).

Ricardo Muñoz Suay, producteur de *Viridiana*, ajouta qu'il y avait aussi « un public de bonnes sœurs envoyant, des gradins, des baisers aux curés pour les encourager dans la compétition, etc. » (*Aub*, p. 300).

Un chien andalou

Scénario de Luis Buñuel et Salvador Dalí publié dans *La Révolution surréaliste*, n° 12, 15 décembre 1929.

Denis Marion a confié à Max Aub : « Quand *Un chien andalou* a été projeté à Paris, les surréalistes ont voulu publier le scénario dans un numéro du magazine *Le Surréalisme au service de la révolution* [il se réfère à *La Révolution surréaliste*]. Buñuel leur envoya le texte et, de son côté, Georges Auriol, rédacteur en chef de la *Revue du Cinéma*, qui venait de sortir chez Gallimard, se proposa également d'obtenir et publier le texte du scénario. Je ne me souviens plus par quel moyen il s'est procuré le script, qui était différent de celui qui devait paraître dans *Le Surréalisme au service de la révolution* [par *La Révolution surréaliste*], mais en tout cas le numéro de la *Revue du Cinéma* a paru plus tôt. Cela a provoqué une violente colère dans les milieux surréalistes. Ils ont fait à Buñuel toutes sortes de griefs, et ils lui ont reproché le fait qu'*Un chien andalou* ait complété le programme d'un film américain dans lequel le héros était un policier. Les choses ont fini par s'arranger et Buñuel a été bien vu à nouveau par le groupe surréaliste » (interview publiée dans l'édition espagnole des conversations avec Aub [2020, p. 319], mais omise dans la française).

Illisible, fils de flûte

Illisible, fils de flûte représente une tentative de la part de Luis Buñuel et du poète basque Juan Larrea de créer un film poétique aux images dirigées vers l'inconscient du spectateur, qui se retrouvera devant une représentation absolument irrationnelle. Ce n'est pas un cas isolé de la collaboration entre les deux auteurs, car, en plus d'écrire un scénario intitulé « ¡Mi huerfanito jefe! » (« Mon patron orphelin ! ») à propos d'un garçon vendant des billets de loterie, ils travaillèrent au scénario de *Los Olvidados* et de *L'Ange exterminateur*, même si Larrea ne fut jamais crédité comme coscénariste.

Il existe deux versions du texte, celles de 1947 et 1957, plus son adaptation cinématographique. Dans la version de 1947, qui est celle que nous publions ici, en plus d'un registre proche d'un scénario, l'empreinte de Buñuel est plus claire en raison de son irrationalisme, qui l'éloigne de la poétique de Larrea, plus allégorique et symboliste. Cette version française, parue dans *Positif* n° 50-51-52 (mars 1963), contient quelques variantes par rapport à l'original espagnol de 1947. Ces modifications sans importance furent dues à Buñuel, qui les introduisit au moment où il autorisa la publication.

La version de 1957 fut publiée dans la revue mexicaine *Vuelta* (n° 39 et n° 40, février et mars 1980) dirigée par Octavio Paz. Elle contient les séquences ajoutées par Larrea et sa fille Luciane, qui ne furent pas acceptées par Buñuel. De plus, elle est accompagnée du texte de Larrea intitulé : *Ilegible, hijo de flauta. Complementos circunstanciales* (*Illisible, fils de flûte. Compléments circonstanciels*).

Concernant sa gestation, Juan Larrea avait écrit en 1927-28 à Paris, après avoir subi une crise spirituelle, une nouvelle intitulée *Illisible, fils de flûte*, qu'il perdit à Vallecas lors d'une perquisition pendant la guerre civile espagnole. Le 13 janvier 1947, déjà exilé au Mexique, Larrea revoit *Un chien andalou* avec un groupe d'amis à qui il fait part de l'idée que les horizons ouverts par le film de Buñuel relatifs à l'emploi du temps et de l'espace restent inexploités. Ses amis le pressent de reprendre le texte oublié et, en collaboration avec Buñuel, de le transformer en film.

Quelques jours plus tard, le 28 janvier, Larrea donne à Buñuel un synopsis de l'intrigue, que l'Aragonais trouve très approprié pour en écrire un scénario. Óscar Dancigers était le producteur chargé de le financer, mais l'échec du film que Buñuel venait de réaliser pour lui, *Le Grand Casino*, mit fin au projet. Les efforts postérieurs pour obtenir le support financier aux États-Unis échouèrent aussi.

En avril 1957 Buñuel voit la possibilité de réaliser le film avec le producteur Manuel Barbachano Ponce et en informe Larrea, qui, avec sa fille Luciane, introduit de nouvelles scènes. Parmi elles, il en ressort une où intervient une concentration massive de témoins de Jéhovah, d'une grande importance pour le poète basque. C'est l'une des scènes que Buñuel a refusé de filmer sous prétexte de son coût financier excessif, raison pour laquelle Larrea abandonne le projet.

En 1963 Buñuel prévoyait de tourner un film à sketches intitulé *Cuatro misterios* (*Quatre mystères*), basé sur quatre nouvelles. L'un serait *Illisible*, dont l'adaptation comportait une réduction de quatre bobines de pellicule et un nouveau titre : *Leandro Villalobos*. Larrea finit par accepter la proposition de Buñuel avec quelques conditions. Malgré cela, le projet échoua à nouveau pour des raisons économiques et de censure. Buñuel a dû attendre de tourner *La Voie lactée*, en 1968, pour pouvoir saisir en images la libre utilisation de l'espace et du temps envisagée dans *Illisible, fils de flûte*. Ce film comprenait également la structure itinérante du scénario d'*Illisible*, qui a aussi constitué l'épine dorsale de ses deux films suivants, *Le Charme discret de la bourgeoisie* et *Le Fantôme de la liberté*.

LE CINÉMA, INSTRUMENT DE POÉSIE

Le cinéma, instrument de poésie

Conférence prononcée, à l'invitation de la Direction de la Diffusion culturelle de l'Université nationale autonome du Mexique (UNAM), en 1953, et publiée, sur la base de sa transcription, dans la revue *Universidad de México*, vol. XIII, n° 4, décembre 1958.

Cette allocution montre la persistance des idées de Buñuel sur le cinéma vingt-six ans après ses premiers textes théoriques sur le septième art, sans perdre même son esprit provocateur.

En référence aux films cités :

Detective Story (*Histoire de détective*) : film américain réalisé en 1951 par William Wyler.

Opus II : court-métrage expérimental d'animation réalisé en 1921 par Walter Ruttmann, qui explore le potentiel du cinéma pour changer notre compréhension de l'espace, du temps et du mouvement. Cependant, il s'agit sans doute d'une erreur de transcription qui réduit la portée de la métaphore du dispositif cinématographique. En revanche, si ce qu'il dit est une référence directe au court-métrage, alors Buñuel doit le confondre avec un autre film, car tous les mécanismes et éléments mécaniques indiqués n'apparaissent pas dans ce court-métrage. La première hypothèse est la plus probable.

Umberto D. : réalisé par Vittorio De Sica en 1952, c'est un film emblématique du néoréalisme italien et le seul, avec *Le Voleur de bicyclette* (1948), du même réalisateur, que Buñuel appréciait parmi ceux liés à ce mouvement cinématographique, dont la critique qu'il fait est très révélatrice.

Le domaine hispanique
en Poésie / Gallimard

Rafael ALBERTI. *Marin à terre* suivi de *L'Amante* et de *L'Aube de la giroflée*. Présentation et traduction de Claude Couffon.

Miguel Angel ASTURIAS. *Poèmes indiens (Messages indiens. Claireveillée de printemps. Le Grand Diseur)*. Préface de Claude Couffon. Traduction de Claude Couffon et René-L.-F. Durand.

Jorge Luis BORGES. *Œuvre poétique 1925-1965*. Préface et traduction d'Ibarra.

Jorge Luis BORGES. *L'or des tigres*. Préface et traduction d'Ibarra.

Luis BUÑUEL. *Le chien andalou et autres textes poétiques*. Édition de Jordi Xifra. Préface de Philippe Lançon. Traduction de Jean-Marie Saint-Lu. Édition bilingue

Federico GARCÍA LORCA. *Livre de poèmes* suivi de *Mon village* et de *Impressions et paysages* (extraits). Traduction d'André Belamich et Claude Couffon.

Federico GARCÍA LORCA. *Romancero gitan* précédé de *Chansons* et de *Poème du Cante Jondo.*. Préface de Jean Cassou. Traduction d'André Belamich, Pierre Darmangeat, Jules Supervielle et Jean Prévost.

Federico GARCÍA LORCA. *Poète à New York* suivi de *Chant funèbre pour I. S. Mejias* et de *Divan du Tamarit* et autres textes. Préface d'André Belamich. Traduction d'André Belamich, Pierre Darmangeat, Claude Couffon et Bernard Sesé.

Federico GARCÍA LORCA. *Poésies IV : Suites. Sonnets de l'amour obscur*. Préface et traduction d'André Belamich.

Juan GELMAN. *Vers le sud et autres poèmes*. Préface et traduction de Jacques Ancet. Postface de Julio Cortázar.

Luis de GÓNGORA. *Fable de Polyphème et Galatée*. Présentation et traduction de Jacques Ancet. Édition bilingue.

JEAN de la CROIX. *Nuit obscure. Cantique spirituel* et autres poèmes. Préface de José Ángel Valente. Traduction nouvelle de Jacques Ancet. Édition bilingue.

Roberto JUARROZ. *Poésies verticales (I-II-III-IV-XI)* suivi de *Poésie et réalité*. Traduction de Fernand Verhesen et Jean-Claude Masson. Édition de Réginald Gaillard. Édition bilingue.

Antonio MACHADO. *Champs de Castille* précédé de *Solitudes, Galeries et autres poèmes* et suivi de *Poésies de la guerre*. Préface de Claude Esteban. Traduction de Sylvie Léger et Bernard Sesé.

Álvaro MUTIS. *Et comme disait Maqroll el Gaviero*. Préface d'Eduardo Garcia Aguilar. Traduction de François Maspero.

Pablo NERUDA. *Résidence sur la terre*. Préface de Julio Cortâzar. Traduction de Guy Suarès.

Pablo NERUDA. *Mémorial de l'île Noire* suivi de *Encore*. Traduction de Claude Couffon.

Pablo NERUDA. *Chant général*. Traduction de Claude Couffon.

Pablo NERUDA. *La Centaine d'amour*. Traduction de Jean Marcenac et André Bonhomme. Édition bilingue.

Pablo NERUDA. *Vingt poèmes d'amour et une chanson désespérée* suivi de *Les Vers du capitaine*. Traduction de Claude Couffon et Christian Rinderknecht. Édition bilingue.

Pablo NERUDA. *La Rose détachée* et autres poèmes. Traduction de Claude Couffon.

Pablo NERUDA. *Vaguedivague*. Traduction de Guy Suarès.

Octavio PAZ. *Liberté sur parole (Condition de nuage. Aigle ou Soleil. À la limite du monde. Pierre de Soleil)*. Préface de Claude Roy. Traduction de Jean-Clarence Lambert et Benjamin Péret.

Octavio PAZ. *Versant Est* et autres poèmes (1960-1968). Préface de Claude Esteban. Traduction de Yesé Amory, Claude Esteban, Carmen Figueroa, Roger Munier et Jacques Roubaud.

Octavio PAZ. *Le feu de chaque jour* précédé de *Mise au net* et *D'un mot à l'autre*. Traduction de Claude Esteban, Roger Caillois et Jean-Claude Masson.

Les Poètes du Tango. Édition d'Henri Deluy et Saúl Yurkievich.

Francisco de QUEVEDO. *Les Furies et les Peines* (cent deux sonnets). Choix, présentation et traduction de Jacques Ancet. Édition bilingue.

Tomás SEGOVIA. *Cahier du nomade* (choix de poèmes 1946-1997). Présentation et traduction de Jean-Luc Lacarrière.

José Ángel VALENTE. *Trois leçons de ténèbres* suivi de *Mandorle* et de *L'Éclat*. Préface et traduction de Jacques Ancet.

DERNIÈRES PARUTIONS

398. Lionel Ray — *Comme un château défait.*
399. Horace — *Odes.*
400. Henri Michaux — *Poteaux d'angle.*
401. W. H. Auden — *Poésies choisies.*
402. Alain Jouffroy — *C'est aujourd'hui toujours.*
403. François Cheng — *À l'orient de tout.*
404. Armen Lubin — *Le passager clandestin.*
405. Sapphô — *Odes et fragments.*
406. Mario Luzi — *Prémices du désert.*
407. Alphonse Allais — *Par les bois du Djinn.*
408. Jean-Paul de Dadelsen — *Jonas* suivi des *Ponts de Budapest.*
409. Gérard de Nerval — *Les Chimères* suivi de *La Bohême galante* et de *Petits châteaux de Bohême.*
410. Carlos Drummond de Andrade — *La machine du monde* et autres poèmes.
411. Jorge Luis Borges — *L'or des tigres.*
412. Jean-Michel Maulpoix — *Une histoire de bleu.*
413. Gérard de Nerval — *Lénore* et autres poésies allemandes.
414. Vladimir Maïakovski — *À pleine voix.*
415. Charles Baudelaire — *Le Spleen de Paris.*
416. Antonin Artaud — *Suppôts et Suppliciations.*
417. André Frénaud — *Nul ne s'égare* précédé de *Hæres.*
418. Jacques Roubaud — *La forme d'une ville change plus vite, hélas, que le cœur des humains.*

419. Georges Bataille	*L'Archangélique.*
420. Bernard Noël	*Extraits du corps.*
421. Blaise Cendrars	*Du monde entier au cœur du monde*. Poésies complètes.
422. ***	*Les Poètes du Tango.*
423. Michel Deguy	*Donnant Donnant.* Poèmes 1960-1980.
424. Ludovic Janvier	*La mer à boire.*
425. Kenneth White	*Un monde ouvert.*
426. Anna Akhmatova	*Requiem, Poème sans héros* et autres poèmes.
427. Tahar Ben Jelloun	*Le Discours du chameau* suivi de *Jénine* et autres poèmes.
428. ***	*L'horizon est en feu.* Cinq poètes russes du XXe siècle.
429. André Velter	*L'amour extrême* et autres poèmes pour Chantal Mauduit.
430. René Char & Georges Braque & Jean Arp	*Lettera amorosa.*
431. Guy Goffette	*Le pêcheur d'eau.*
432. Guillevic	*Possibles futurs.*
433. ***	*Anthologie de l'épigramme.*
434. Hans Magnus Enzensberger	*Mausolée* précédé de *Défense des loups* et autres poésies.
435. Emily Dickinson	*Car l'adieu, c'est la nuit.*
436. Samuel Taylor Coleridge	*La Ballade du Vieux Marin* et autres textes.
437. William Shakespeare	*Les Sonnets* précédés de *Vénus et Adonis* et du *Viol de Lucrèce.*
438. ***	*Haiku du XXe siècle.* Le poème court japonais d'aujourd'hui.
439. Christian Bobin	*La Présence pure* et autres textes.
440. Jean Ristat	*Ode pour hâter la venue du printemps* et autres poèmes.
441. Álvaro Mutis	*Et comme disait Maqroll el Gaviero.*
442. Louis-René des Forêts	*Les Mégères de la mer* suivi de *Poèmes de Samuel Wood.*

443. *** *Le Dîwân de la poésie arabe classique.*
444. Aragon *Elsa.*
445. Paul Éluard & Man Ray *Les Mains libres.*
446. Jean Tardieu *Margeries.*
447. Paul Éluard *J'ai un visage pour être aimé.* Choix de poèmes 1914-1951.
448. *** *Anthologie de l'OuLiPo.*
449. Tomás Segovia *Cahier du nomade.* Choix de poèmes 1946-1997.
450. Mohammed Khaïr-Eddine *Soleil arachnide.*
451. Jacques Dupin *Ballast.*
452. Henri Pichette *Odes à chacun* suivi de *Tombeau de Gérard Philipe.*
453. Philippe Delaveau *Le Veilleur amoureux* précédé d'*Eucharis.*
454. André Pieyre de Mandiargues *Écriture ineffable* précédé de *Ruisseau des solitudes*, de *L'Ivre Œil* et suivi de *Gris de perle.*
455. André Pieyre de Mandiargues *L'Âge de craie* suivi de *Dans les années sordides*, *Astyanax* et *Le Point où j'en suis.*
456. Pascal Quignard *Lycophron et Zétès.*
457. Kiki Dimoula *Le Peu du monde* suivi de *Je te salue Jamais.*
458. Marina Tsvétaïéva *Insomnie* et autres poèmes.
459. Franck Venaille *La Descente de l'Escaut* suivi de *Tragique.*
460. Bernard Manciet *L'Enterrement à Sabres.*
461. *** *Quelqu'un plus tard se souviendra de nous.*
462. Herberto Helder *Le poème continu.*
463. Francisco de Quevedo *Les Furies et les Peines.* 102 sonnets.
464. *** *Les Poètes de la Méditerranée.*
465. René Char & Zao Wou-Ki *Effilage du sac de jute.*
466. *** *Poètes en partance.*
467. Sylvia Plath *Ariel.*
468. André du Bouchet *Ici en deux.*

469. L. G. Damas — *Black-Label* et autres poèmes.
470. Philippe Jaccottet — *L'encre serait de l'ombre.*
471. *** — *Mon beau navire ô ma mémoire* Un siècle de poésie française. Gallimard 1911-2011.
472. *** — *Éros émerveillé.* Anthologie de la poésie érotique française.
473. William Cliff — *America* suivi de *En Orient.*
474. Rafael Alberti — *Marin à terre* suivi de *L'Amante* et de *L'Aube de la giroflée.*
475. *** — *Il pleut des étoiles dans notre lit.* Cinq poètes du Grand Nord
476. Pier Paolo Pasolini — *Sonnets.*
477. Thomas Hardy — *Poèmes du Wessex* et autres poèmes.
478. Michel Deguy — *Comme si Comme ça.* Poèmes 1980-2007.
479. Kabîr — *La Flûte de l'Infini.*
480. Dante Alighieri — *La Comédie.* Enfer – Purgatoire – Paradis.
481. William Blake — *Le Mariage du Ciel et de l'Enfer* et autres poèmes.
482. Paul Verlaine — *Cellulairement* suivi de *Mes Prisons.*
483. *** — *Poèmes à dire.* Une anthologie de poésie contemporaine francophone.
484. *** — *Je voudrais tant que tu te souviennes.* Poèmes mis en chansons de Rutebeuf à Boris Vian.
485. Pablo Neruda — *Vaguedivague.*
486. Robert Desnos — *Contrée* suivi de *Calixto.*
487. Arun Kolatkar — *Kala Ghoda.* Poèmes de Bombay.
488. Paul de Roux — *Entrevoir* suivi de *Le front contre la vitre* et de *La halte obscure.*
489. Guy Goffette — *Un manteau de fortune* suivi de *L'adieu aux lisières* et de *Tombeau du Capricorne.*
490. Yves Bonnefoy — *L'Heure présente* et autres textes.
491. Juan Gelman — *Vers le sud* et autres poèmes.
492. Michel Leiris — *Glossaire j'y serre mes gloses* suivi de *Bagatelles végétales.*

493. Michel Houellebecq — *Non réconcilié.* Anthologie personnelle 1991-2013.
494. Henri Michaux — *À distance* suivi de *Annonciation.*
495. Henri Michaux — *Moments.* Traversées du temps.
496. Roger Gilbert-Lecomte — *La Vie l'Amour la Mort le Vide et le Vent* et autres textes.
497. Philippe Jaccottet — *L'entretien des muses.* Chroniques de poésie.
498. Philippe Jaccottet — *Une transaction secrète.* Lectures de poésie.
499. Ingeborg Bachmann — *Toute personne qui tombe a des ailes.* Poèmes 1942-1967.
500. Yves Bonnefoy — *Les planches courbes* précédé de *Ce qui fut sans lumière* et de *La Vie errante.*
501. Ted Hughes — *Birthday Letters.*
502. Luís de Camões — *Les Lusiades.*
503. Xavier Bordes — *La Pierre Amour.*
504. Alain Duault — *Où vont nos nuits perdues* et autres poèmes.
505. Richard Rognet — *Élégies pour le temps de vivre* suivi de *Dans les méandres des saisons.*
506. Anise Koltz — *Somnambule du jour.* Poèmes choisis.
507. Zéno Bianu — *Infiniment proche* et *Le désespoir n'existe pas.*
508. Jacques Darras — *L'indiscipline de l'eau.* Anthologie personnelle 1988-2012.
509. Jean-Pierre Lemaire — *Le pays derrière les larmes.* Poèmes choisis.
510. James Sacré — *Figures qui bougent un peu* et autres poèmes.
511. Abdellatif Laâbi — *L'Arbre à poèmes.* Anthologie personnelle 1992-2012.
512. Olivier Barbarant — *Odes dérisoires* et autres poèmes.
513. Emmanuel Hocquard — *Les Élégies.*
514. Vénus Khoury-Ghata — *Les mots étaient des loups.* Poèmes choisis.

515. Luis de Gongora — *Fable de Polyphème et Galatée.*
516. Jacques Roubaud — *Je suis un crabe ponctuel.* Anthologie personnelle 1967-2014.
517. Percy Bysshe Shelley — *La Révolte de l'Islam.*
518. Charles Vildrac — *Chants du désespéré 1914-1920.*
519. Pierre Reverdy & Pablo Picasso — *Le Chant des morts.*
520. Gérard Chaliand — *Feu nomade* et autres poèmes.
521. François Cheng — *La vraie gloire est ici.*
522. Nimrod — *J'aurais un royaume en bois flottés.* Anthologie personnelle 1989-2016.
523. Hawad — *Furigraphie.* Poésies 1985-2015.
524. *** — *Du cloître à la place publique.* Les poètes médiévaux du Nord de la France (XIIe-XIIIe siècles).
525. Charles Dobzynski — *Je est un Juif, roman.*
526. Jean-Pierre Siméon — *Lettre à la femme aimée au sujet de la mort* et autres poèmes.
527. Andrée Chedid — *Rythmes.*
528. Roland Dubillard — *Je dirai que je suis tombé* suivi de *La boîte à outils.*
529. Jean-Claude Pirotte — *Ajoie* précédé de *Passage des ombres* et de *Cette âme perdue.*
530. Serge Pey — *Mathématique générale de l'infini.*
531. René Char & Alberto Giacometti — *Le Visage nuptial* suivi de *Retour amont.*
532. Wislawa Szymborska — *De la mort sans exagérer.* Poèmes 1957-2009.
533. Adonis — *Lexique amoureux.*
534. François Pétrarque — *Canzoniere.*
535. Guillaume Apollinaire — *Tout terriblement.* Anthologie illustrée de poèmes.
536. Volker Braun — *Poèmes choisis.*
537. Seamus Heaney — *La lucarne* suivi de *L'étrange et le connu.*
538. Lord Byron — *Le corsaire* et autres poèmes orientaux.
539. Jean-Marie Barnaud — *Sous l'imperturbable clarté.* Choix de poèmes 1983-2014.
540. Christine de Pizan — *Cent ballades d'amant et de dame.*

541. Marie-Claire Bancquart — *Terre énergumène* et autres poèmes.
542. François Cheng — *Enfin le royaume.* Quatrains.
543. Jean-Paul Michel — *« Défends-toi, Beauté violente ! »* précédé de *Le plus réel est ce hasard, et ce feu.*
544. Louis Aragon — *La Grande Gaîté* suivi de *Tout ne finit pas par des chansons.*
545. Georges Perros — *Poèmes bleus.*
546. Armand Gatti — *Comme battements d'ailes.* Poésie 1961-1999.
547. Joris-Karl Huysmans — *Le Drageoir aux épices* suivi de *Croquis parisiens.*
548. Frédéric Jacques Temple — *La chasse infinie* et autres poèmes.
549. Paul Valet — *La parole qui me porte* et autres poèmes.
550. André Velter — *La vie en dansant* suivi d'*Au Cabaret de l'éphémère* et d'*Avec un peu plus de ciel.*
551. *** — *Un feu au cœur du vent.* Trésor de la poésie indienne des Védas au XXIe siècle.
552. Andrée Chedid — *Textes pour un poème* suivi de *Poèmes pour un texte* 1949-1991.
553. Lydie Dattas — *Le Livre des anges* suivi de *La Nuit spirituelle* et de *Carnet d'une allumeuse.*
554. Charles Juliet — *Pour plus de lumière.* Anthologie personnelle 1990-2012.
555. Jehan Rictus — *Les Soliloques du pauvre* suivi de *Le Cœur populaire.*
556. Rûmî — *Cette lumière est mon désir.* Le Livre de Shams de Tabrîz.
557. François Sureau — *La Chanson de Passavant.*
558. Éric Sarner — *Sugar* et autres poèmes.
559. Erri De Luca — *Aller simple* suivi de *L'hôte impénitent.*
560. Aksinia Mihaylova — *Ciel à perdre* suivi de *Le jardin des hommes.*
561. Clément Marot — *Les Épîtres.*
562. *** — *Le Sommet de la route et l'Ombre de la croix.* Six poètes chrétiens du XXe siècle.

Ce volume,
le cinq cent soixante-dixième de la collection Poésie
a été composé par Nord Compo
et achevé d'imprimer sur les presses
de l'imprimerie Novoprint,
le 3 mai 2022.
Dépôt légal : mai 2022

ISBN 978-2-07-289385-8 / Imprimé en Espagne

365909